Studien zur Siedlungsgeschichte und Archäologie der Ostseegebiete

Band 2

Studien zur Siedlungsgeschichte und Archäologie der Ostseegebiete

Im Auftrag der Kommission für Frühgeschichtliche Archäologie
der Akademie der Wissenschaften und der Literatur
Mainz

herausgegeben von

FRIEDHELM DEBUS und MICHAEL MÜLLER-WILLE

Band 2

Toponomastik und Sprachkontakt

Eine Untersuchung der slawischen und slawisch-deutschen
Toponyme in Schleswig-Holstein

von
Christine Wulf

2000
Wachholtz Verlag

Gefördert durch das
Bundesministerium für Bildung und Forschung, Bonn
und das
Ministerium für Bildung, Wissenschaft, Forschung und Kultur
des Landes Schleswig-Holstein, Kiel

Die Deutsche Bibliothek – CIP-Einheitsaufnahme

Wulf, Christine:
Toponomastik und Sprachkontakt: eine Untersuchung der slawischen und
slawisch-deutschen Toponyme in Schleswig-Holstein / von Christine Wulf. –
Neumünster: Wachholtz, 2000
(Studien zur Siedlungsgeschichte und Archäologie der Ostseegebiete; Bd. 2)
ISBN 3-529-01391-9

Umschlag:
Ausschnitt aus der Kreiskarte 1:75000
Kreis Herzogtum Lauenburg

ISBN 3-529-01391-9
Alle Rechte, auch die des auszugsweisen Nachdruckes,
der fotomechanischen oder digitalen Wiedergabe und Übersetzung, vorbehalten.

2000
Wachholtz Verlag Neumünster

Inhaltsverzeichnis

Geleitwort 7

Vorwort 9

1 Einleitung 11
   1.1 Name und Sprachkontakt 11
   1.2 Terminologische Vorbemerkung 13

2 Entwicklung der Sprachkontaktonomastik 15

3 Gegenstand der Untersuchung 16
   3.1 Geographische Eingrenzung 16
   3.2 Das Ortsnamenkorpus 16
   3.3 Die Kontaktsprachen 17
   3.4 Quellenkritik 17
   3.5 Siedlungsgeschichte 19

4 Extralinguistische Faktoren des Sprachkontakts 21
   4.1 Der zeitliche Rahmen 21
   4.2 Ursachen des Sprachkontakts 21
   4.3 Träger des Sprachkontakts 22
   4.4 Sprachkontakt und ethnische Identität 22
   4.5 Domänen- und Diglossieproblematik 23
   4.6 Bilingualismus und Sprachtod 25

5 Kontaktlinguistische Auswertung der slawischen Toponyme 32
   5.1 Methodische Vorbemerkung 32
   5.2 Phonemische Integration 33
      5.2.1 Vokalismus 34
      5.2.2 Konsonantismus 39
      5.2.3 Abschließende Bemerkung zur phonemischen Interferenz 47
   5.3 Morphemische Integration 48
      5.3.1 Morphemische Interferenz im Bereich der Komposition 49
      5.3.2 Morphemische Interferenz im Bereich der Derivation 52
      5.3.3 Abschließende Bemerkung zur morphemischen Integration 57
   5.4 Lexikalisch-semantische Integration 58
      5.4.1 Sekundäre semantische Motivierung 58
      5.4.2 Vollständig und partiell semantisch motivierte Toponyme 59
      5.4.3 Abschließende Bemerkung zur lexikalisch-semantischen Integration .. 60
      5.4.4 Spezielle lexikalische Entlehnungen 61

6 Der areale Aspekt 63

7 Onymische Hybride 65
   7.1 Definition und Klassifikation 65
   7.2 Code-switching oder ad-hoc-Entlehnung 66

8 Schlußbetrachtung 69

9 Abkürzungsverzeichnis 72

10 Glossar	73
11 Literaturverzeichnis	77
12 Anhang	I
12.1 Phonemische Integration	I
12.1.1 Vokalismus	II
12.1.2 Konsonantismus	X
12.2 Morphemische Integration	XXVIII
12.2.1 Simplizia	XXIX
12.2.2 Kompositia	XXIX
12.2.3 Derivation	XXXI
12.2.4 Postintegrative Topomorpheme von altpolabisch {(ov)ici} / {ica/ice}, {in}/{ina/iny} und {ov}	XXXIV
12.3 Lexikalisch-semantische Integration	XXXVII
12.3.1 Semantisch nicht motivierte Toponyme	XXXVIII
12.3.2 Vollständig semantisch motivierte Toponyme	XL
12.3.3 Partiell semantisch motivierte Toponyme	XLI
12.3.4 Chronologie der semantischen Motivierung	XLV
13 Material	
13.1 Slawische Ortsnamen	XLVII
13.2 Slawisch-deutsche Mischnamen	CIV
13.3 Quellenverzeichnis	CXXV

Geleitwort

Im Mittelpunkt eines seitens der frühgeschichtlichen Archäologie, der Onomastik (Namenkunde) und der Paläobotanik gemeinsam konzipierten Forschungsprojektes stehen Besiedlung und Siedlungen im Umfeld slawischer Herrschaftszentren des südlichen und östlichen Ostseegebietes. Starigard/Oldenburg in Wagrien (Ostholstein) und Wolin im Odermündungsgebiet sind an der Nordwest- und Nordgrenze des westslawischen Siedlungsgebietes gelegen, das durch ein dichtes Netz von Burgwallanlagen gekennzeichnet ist. Novgorod befindet sich im finnougrisch-ostslawischen Grenzgebiet und stellt den nördlichen Exponenten eines nach Norden ausdünnenden Burgwallgebietes dar. Alle drei mit Befestigungen versehenen Siedlungsplätze spielen im frühen Mittelalter und in den nachfolgenden Zeiten eine wichtige Rolle: als Handelsplätze mit Zugang zur Ostsee, als Fürsten- und als Bischofssitze sowie als Orte mit frühstädtischen Funktionen. Über ihr Umland ist bisher sehr wenig bekannt.

Starigard/Oldenburg, Wolin und Novgorod fügen sich in die große Zahl von Handelsplätzen, Zentralplätzen und frühurbanen Niederlassungen in den Ostseegebieten und dem östlichen Nordseebereich aus der Zeit von 700-1100 ein. Nach Funktion, Zeitstellung und -dauer sowie nach dem Stand ihrer archäologischen Erforschung stellen sie zweifellos wichtige Exponenten eines neuartigen Siedlungstyps im südlichen und östlichen Ostseegebiet dar.

In dem Forschungsprojekt, das während seiner Startphase in den Jahren 1994-1996 von der Deutschen Forschungsgemeinschaft gefördert und seit Beginn 1997 von der Akademie der Wissenschaften und der Literatur in Mainz als Langfristprojekt übernommen worden ist, soll nunmehr versucht werden, auf breiter Quellenbasis in vergleichender Betrachtung Besiedlungsvorgänge im näheren Umfeld der drei ausgewählten Herrschaftszentren zu rekonstruieren und offene Siedlungen der slawischen Frühzeit in ihrer Struktur, Zeitstellung und wirtschaftlichen Ausrichtung zu erschließen. Die Siedlungsplätze im ländlichen Umfeld von Starigard/Oldenburg, Wolin und Novgorod und seinem Vorgänger Rjurikovoe Gorodišče sind bislang durch Oberflächenfunde, durchweg Keramik, bekannt. Großflächige Grabungen auf offenen Siedlungen der drei ausgewählten Untersuchungsgebiete haben jedenfalls bislang nicht stattgefunden.

Erst in den letzten drei Jahren konnte Dietrich Meier auf mehreren Siedlungsplätzen im Umfeld von Starigard/Oldenburg umfangreiche Grabungen einleiten. Zugleich hat Almuth Alsleben Analysen pflanzlichen Fundmateriales aus Siedlungsbereichen von Novgorod und Wolin sowie aus befestigten und offenen Siedlungen des Umlandes dieser Zentren durchgeführt, weiterhin Proben aus dem frühslawischen Handelsplatz von Groß Strömkendorf bei Wismar, wohl dem in den fränkischen Reichsannalen genannten Reric, und aus slawischen Siedlungen Mecklenburg-Vorpommerns und Ostholsteins untersucht.

Eine hervorragende Ausgangsbasis für die Einbindung der namenkundlichen Überlieferung in eine allgemeine Darstellung der siedlungsgeschichtlichen Untersuchungen bieten die Studien von Antje Schmitz über slawische und deutsche Ortsnamen sowie slawisch-deutsche Mischnamen im östlichen und südlichen Holstein. In drei monographischen Bearbeitungen hat sie die Orts- und Gewässernamen der Kreise Ostholstein, Plön und Herzogtum Lauenburg sowie der Stadt Lübeck vorgelegt (vgl. das Literaturverzeichnis in diesem Band unter A. Schmitz und F. Debus / A. Schmitz). Im Zusammenhang mit den Geländeforschungen im Bereich von Starigard/Oldenburg hat Antje Schmitz nunmehr begonnen, sich über die Orts- und Gewässernamen hinaus den Mikrotoponymen zuzuwenden, die aus mundartlichen Befragungen vor Ort, aus Flurnamenkarten sowie aus Katasterkarten und -büchern zusammengetragen werden. Auf diese Weise ist angestrebt, das Quellenmaterial in ausgewählten Untersuchungsgebieten zu verdichten und den kleinräumigen Vergleich onomastischer und archäologischer Überlieferung zu ermöglichen.

Die Ergebnisse der fachübergreifenden Untersuchungen des Forschungsprojektes „Starigard/Oldenburg – Wolin – Novgorod. Besiedlung und Siedlungen im Umland slawischer Herrschaftszentren. Die archäologische, onomastische und paläobotanische Überlieferung" sollen in der neuen Reihe „Studien zur Siedlungsgeschichte und Archäologie der Ostseegebiete" veröffentlicht werden. Als Band 1 wird demnächst ein Sammelwerk über das frühe Novgorod mit Beiträgen aus verschiedenen Disziplinen erscheinen. Der vorliegende Band 2 stellt eine eingehende Studie über die slawischen und slawisch-deutschen Siedlungsnamen Schleswig-Holsteins dar. Diese Studie behandelt die vielfältigen Sprachkontakt- und Integrationsphänomene auf der Basis des im Rahmen eines langjährigen Projektes der Deutschen Forschungsgemeinschaft erarbeiteten toponymischen Materials. Als Band 3 wird eine Dissertation über die slawischen Funde im Kreis Herzogtum Lauenburg erscheinen.

Weitere Bände befinden sich in Vorbereitung. Wir danken der Akademie der Wissenschaften und der Literatur in Mainz, daß sie die Betreuung der neuen Reihe übernommen hat. Mit dem Wachholtz Verlag setzen wir die bewährte Zusammenarbeit fort.

Friedhelm Debus
Michael Müller-Wille

Vorwort

Die Idee, den slawisch-deutschen Sprachkontakt anhand von slawischen und slawisch-deutschen Ortsnamen im ehemaligen Sprachgrenzgebiet in Schleswig-Holstein zu untersuchen, entstand durch die Herren Prof. Dr. Ludwig M. Eichinger und Prof. Dr. Friedhelm Debus am Germanistischen Seminar der Christian-Albrechts-Universität zu Kiel. Als wissenschaftliche Hilfskraft von Herrn Debus erhielt ich bereits während meines Studiums eine intensive Einarbeitung in das Gebiet der Namenkunde und wirkte an namenkundlichen Projekten in Schleswig-Holstein, so auch an Mundartaufnahmen von Flurnamen im Rahmen des Mainzer Akademieprojektes „Starigard/Oldenburg – Wolin – Novgorod. Besiedlung und Siedlungen im Umland slawischer Herrschaftszentren. Die archäologische, onomastische und paläobotanische Überlieferung" mit. Nicht nur diese Tätigkeit, sondern auch mein Interesse am Gebiet der Onomastik veranlaßten mich, der Anregung der Herren Prof. Eichinger und Debus nachzukommen.

Das Thema der vorliegenden Arbeit wurde unter der Anleitung von Prof. Eichinger als Staatsexamensarbeit an der Christian-Albrechts-Universität zu Kiel verfaßt, anschließend als Magisterarbeit unter der Korreferenz von Prof. Debus ausgearbeitet und Anfang des Jahres 1999 angenommen. Diese Magisterarbeit ist für den Druck nochmals überarbeitet worden.

Mein Dank gilt meinen beiden akademischen Lehrern, die mich während meines Studiums wissenschaftlich gefördert und die Anfertigung sowie die Veröffentlichung dieser Arbeit ermöglicht und unterstützt haben. Besonderen Dank schulde ich auch Frau Dr. Antje Schmitz, Mitarbeiterin in dem Mainzer Akademieprojekt „Starigard/Oldenburg – Wolin – Novgorod. Besiedlung und Siedlungen im Umland slawischer Herrschaftszentren. Die archäologische, onomastische und paläobotanische Überlieferung (Teilprojekt: Onomastik, Leitung: F. Debus)", für die wissenschaftliche Unterstützung in vielen Gesprächen, die Durchsicht der Arbeit und zahlreiche sachdienliche Hinweise. Auf ihre grundlegende Aufarbeitung des äußerst umfangreichen slawischen und slawisch-deutschen Ortsnamenmaterials konnte ich dankbar zurückgreifen. Nicht zuletzt gilt mein Dank auch meiner Familie und meinem Freund, die mir während der Anfertigung der Arbeit immer neuen Mut zugesprochen haben, insbesondere meiner Mutter für das mühsame Korrekturlesen. Danken möchte ich an dieser Stelle auch den Herausgebern für die Aufnahme dieser Arbeit als Band 2 in der neuen Reihe „Studien zur Siedlungsgeschichte und Archäologie der Ostseegebiete" sowie der Akademie der Wissenschaften und der Literatur in Mainz, die den Druck der Arbeit ermöglicht hat.

Hamburg, im Februar 2000   Christine Wulf

„eben deshalb verbreitet [die] ergründung [der eigennamen] licht über die sprache, sitte und geschichte unserer vorfahren."
[Grimm 1840: 133]

1 Einleitung

1.1 Name und Sprachkontakt

Die vorliegende Arbeit ist diesen Zeilen Jacob Grimms verpflichtet. Es ist sein Verdienst, die Bedeutung der Onomastik (gr. ὄνομα 'Name, Benennung') für die Erforschung historischer Sprachen und Sprachzustände betont zu haben.

Diese Indienstnahme des nomen proprium für die Sprachgeschichte beruht auf seinen spezifischen Charakteristika, die Sonderegger in zwölf ‚Grundgesetzen' formuliert.[1] Es ist u.a. das ‚Gesetz der relativen Kontinuität', das die Sonderstellung der Propria gegenüber den Appellativa begründet. Propria besitzen zwar einerseits eine appellativische Basis (‚Gesetz der appellativischen Herkunft'), auf der ihre Primärmotivation beim Namengebungsakt beruht und deren Ergründung Ziel der etymologischen Deutung ist (‚Gesetz der Motivation'); sie verlieren aber andererseits im zeitlichen Kontinuum gerade diese etymologische Durchsichtigkeit, werden semantisch isoliert (‚Gesetz der semantischen Isolierung') und nehmen die für sie charakteristische Identifikationsfunktion an (‚Gesetz der Identifikation'), die sie hauptsächlich von den Appellativa differenziert.

Diese Identifikationsfunktion bestimmt des weiteren die Sonderstellung der Propria in bezug auf ihren Charakter als sprachliche Zeichen. Erstens besitzt das nomen proprium im Sinne des Bühlerschen Organonmodells eine spezifische Referenzfunktion, und zwar diejenige des monoreferentiellen Bezugs zu einem Objekt (Anthroponym, Toponym) der außersprachlichen Wirklichkeit. Zweitens ist mit der Identifikationsfunktion verbunden, daß Propria nach dem de Saussureschen Zeichenmodell zwar bilateralen Charakter, d.h. sowohl *signifiant* als auch *signifié* haben, letzteres jedoch nicht in der für die Appellativa charakteristischen Bedeutungs-, sondern in der für die Propria spezifischen Bezeichnungsfunktion.

Sowohl aufgrund des Kontinuitätsgesetzes als auch aufgrund des Zeichencharakters besitzen Propria einen diachron-sprachübergreifenden Aussagewert, so daß mit ihrer Hilfe direkte Rückschlüsse auf historische Sprach- und Siedlerschichten legitim sind. Die im Proprium bewahrten sprachlichen „Versteinerungen" betreffen sowohl die Grammatik, d.h. Phonologie, Morphologie und Syntax, als auch das Lexikon, denn Propria stellen – im Gegensatz zum appellativischen Wortschatz – ein geschlossenes System dar, das gegenüber synchronem, insbesondere lexikalischem Strukturwandel relativ resistent ist (‚Gesetz der unvollständigen Grammatizität', ‚Gesetz der Eingeschränktheit'); hierin liegt auch die Bedeutung der Onomastik für die historische Wortforschung begründet.[2]

Die Sonderstellung der Propria, „licht über die sprache [...] unserer vorfahren" (Grimm 1840: 133) zu bringen, besitzt im besonderen für kontaktlinguistische Analysen große Relevanz:

> „[...] they can survive even after the language itself has become obsolete but is of particular significance when two languages and the cultures for which they are expressive vehicles come into contact with each other, especially in bilingual situations [...]. The fact, that names frequently [...] pass from one language to another can be largely ascribed to this lack of necessity to mean." (Nicolaisen 1996: 549)

Nicolaisen zufolge nehmen Propria im Sprachkontakt eine besonders präferierte Position ein, da sie – aufgrund der bereits erläuterten Namengesetze – neben einigen Reliktwörtern die frühesten und einzigen Sprachzeugnisse des Substratidioms[3] repräsentieren.

Dies trifft u.a. auf die deutsch-slawische Sprachkontaktsituation zwischen Sachsen und Wagriern/Polaben im Mittelalter in Schleswig-Holstein zu. Das slawische Idiom ist hier bereits im 15. bzw. Anfang des 16. Jahrhunderts erloschen[4] und – da keine schriftlichen Texte existieren – ohne die Propria

---

[1] Vgl. Sonderegger 1985: 2040ff. und 1997: 85f.
[2] Vgl. Debus 1980: 187. Zur weiterführenden Eigennamendefinition bzw. zur Abgrenzung ‚Proprium' versus ‚Appellativum' vgl. Bauer 1985: 27-38; Eichler 1968; Koß 1996: 34-59; Nicolaisen 1996: 549 und Walther 1988.
[3] Die Termini ‚Substrat' sowie ‚Superstrat' werden im Sinne Bußmanns 1990: 754, 756 definiert: ‚Substrat' ist die „bodenständige (ursprüngliche) Sprache eines unterlegenen Volkes, die von der Sprache der Eroberer überlagert wird." ‚Superstrat' ist „die Sprache von Eroberern als auch ihr Einfluß auf die bodenständige Sprache."
[4] Vgl. Schmitz 1990: 32.

als historische Quelle sowie durch ständigen Vergleich mit den slawischen Nachbarsprachen nicht rekonstruierbar.

Eine Sprachkontaktsituation wie die zwischen Slawen und Sachsen kann wie folgt definiert werden:

> „Zwei oder mehr Sprachen stehen in Kontakt miteinander, wenn sie von denselben Menschen abwechselnd gebraucht werden; der Ort des Sprachkontaktes sind also die sprechenden Individuen." (Bechert/Wildgen 1991: 1)

Diese Definition ist das Verdienst Uriel Weinreichs, des Begründers der klassischen Kontaktlinguistik. Sie läßt sich um eine soziologische Komponente erweitern: Eine Situation ist als Sprachkontakt auch dann definiert, wenn nicht alle Individuen derselben Sprachgemeinschaft bilingual sind, sondern die Zweit- bzw. Kontaktsprache erst allmählich erwerben. Sprachkontakt ist daher ein dynamischer Prozeß zwischen Individuen und Gemeinschaften, der aus direkter oder indirekter sozialer Interaktion der Kommunikationspartner resultiert.

Eine kontaktlinguistische Untersuchung darf sich demnach nicht nur auf die Analyse sprachsysteminterner Phänomene konzentrieren, z.B. auf phonemische, morphemische und semantische Auswirkungen des Sprachkontakts auf die beteiligten Idiome. Sie muß ebenso extralinguistische Faktoren wie kulturelle, politisch-administrative, militärische und wirtschaftliche Interaktionen sowie Fragen der Ethno-, Psycho- und Soziolinguistik berücksichtigen, um die sprachlichen Erscheinungen in ihrem ganzen Ausmaß adäquat beurteilen zu können.[5]

In der vorliegenden Arbeit erfolgt die Analyse des deutsch-slawischen Sprachkontakts in Schleswig-Holstein am Beispiel von slawischen[6] und slawisch-deutschen Toponymen. Eine wissenschaftliche Erklärung dieser Toponyme findet zum ersten Mal in den Monographien Reinhold Trautmanns *Die elb- und ostseeslawischen Ortsnamen* (1948/1949/1950) und *Die slawischen Ortsnamen Mecklenburgs und Holsteins* (1950) statt. Das slawische Ortsnamenmaterial wird jedoch nicht vollständig und das deutsche gar nicht erfaßt. Dieses deutet Wolfgang Laur umfassend im *Historischen Ortsnamenlexikon von Schleswig-Holstein* (¹1967/²1992).[7] Eine erste sprachwissenschaftliche Systematisierung und Deutung sowie quellenhistorische Aufarbeitung sowohl der slawischen als auch der deutschen Toponyme liefert Antje Schmitz in ihren Monographien *Die Orts- und Gewässernamen des Kreises Ostholstein* (1981), *Die Orts- und Gewässernamen des Kreises Plön* (1986) und *Die Ortsnamen des Kreises Herzogtum Lauenburg und der Stadt Lübeck* (1990). Es ist ihr Verdienst, sowohl die slawischen Ortsnamengrundformen als auch den slawischen Phonembestand aus dem toponymischen Material rekonstruiert zu haben.

Die vorliegende Arbeit setzt sich zum Ziel, die entgegengesetzte Richtung der Rekursion, und zwar die Integration[8] der slawischen Toponyme ins mittelniederdeutsche Sprachsystem auf phonemischer, morphemischer und lexikalisch-semantischer Ebene zu untersuchen. Die Ergebnisse dieser linguistischen Analyse werden dann den sprachexternen Faktoren des Sprachkontakts in Rechnung gestellt.

Neben der Würdigung der onomastischen Sprachkontaktforschung sowie der Beschreibung des Untersuchungsgegenstandes ist es unter diesem Aspekt notwendig, die sprachexternen Rahmenfaktoren zu rekonstruieren. Da es sich aber um eine historische Kontaktsituation handelt und ausschließlich auf schriftliche Quellen zurückgegriffen werden kann, sind empirische Methoden der synchronen Sprachkontaktforschung zur Ermittlung dieser Rahmenbedingungen auszuschließen. Dennoch wird – unter Vorbehalt – versucht, die Themenkomplexe ‚ethnische Identität', ‚Diglossie' und ‚Bilingualismus' zu erläutern. Den Kernpunkt der Arbeit stellt die sich daran anschließende diachrone Analyse der deutsch-slawischen Interferenz dar. Abschließend werden die slawisch-deutschen Mischnamen als ein sprachlich bedeutsames Phänomen des deutsch-slawischen Sprachkontakts gewürdigt. Eine kontaktlinguistische Untersuchung in diesem Umfang erfolgte für Schleswig-Holstein bisher nicht.

---

5 Vgl. dazu ausführlicher Clyne 1996; Oksaar 1996: 1 und Weinreich 1977: 111-144.
6 Exakt formuliert stellen diese ‚slawischen Toponyme' ‚deutsche Namen slawischer Herkunft' dar. Dieses Terminologieproblem ist mit der jeweiligen Aspektualisierung des Untersuchungsgegenstandes verbunden: Synchron sind die genannten Toponyme deutsch, da sie der Grammatik der etymologisch deutschen Toponyme genügen. Diachron handelt es sich jedoch um altpolabische Ortsnamen, die aus der slawischen Namenschicht per Integration in die deutsche Schicht gelangten. Da der Fokus der vorliegenden Untersuchung auf dem diachronen Aspekt des Sprachkontakts liegt, wird die Formulierung ‚slawisches Toponym' bevorzugt.
7 Zum Forschungsstand vgl. Schmitz 1981: 10.
8 Zum Verhältnis von Rekursion und Integration vgl. Eichler 1993 und Šrámek 1986: 33ff.

Einleitung

1.2 Terminologische Vorbemerkung

In der wissenschaftlichen Literatur zur Sprachkontaktforschung existieren mehrere, scheinbar synonyme Termini für den Prozeß, der die Übernahme phonemischer, morphemischer sowie lexemischer Einheiten vom Sprachsystem A ins Sprachsystem B und umgekehrt reflektiert. Daher ist es notwendig, diese Termini gemäß ihrer Verwendung in der vorliegenden Arbeit zu definieren.

‚Integration' repräsentiert einen übergeordneten, stark generalisierenden Begriff, der den Gesamtprozeß der gesellschaftlich-kommunikativ bedingten Übernahme sprachlicher Einheiten charakterisiert.[9] Korrespondieren diese übernommenen Spracheinheiten des Substratidioms – in der vorliegenden Untersuchung die slawischen Toponyme – mit den phonemischen, morphemischen sowie semantischen Strukturprinzipien der indigenen Elemente des superstraten – hier des deutschen – onymischen Systems, so werden diese als ‚Integrate' klassifiziert.

Die Integration wird als ein Produkt des Sprachkontakts durch zwei partielle Prozesse spezifiziert, und zwar durch ‚Transferenz' und ‚Interferenz'. Dabei beschreibt die ‚Transferenz' den positiven, d.h. auf strukturellen Übereinstimmungen zwischen beiden Sprachsystemen beruhenden Transfer von sprachlichen Elementen. In diese Kategorie sind die Lehnprozesse einzuordnen, wobei ‚Lehnübersetzungen' und ‚Lehnschöpfungen' unterschieden werden müssen.

> „Die Lehnübersetzung (LÜ) ist die Nachbildung eines sprachlichen Vorbildes aus der L^e mit den sprachlichen Mitteln der L^m als der entlehnenden Sprache." (Hengst 1973: 83f.)

Sie subklassifiziert drei Kategorien: Erstens stellt die ‚konforme Lehnübersetzung' eine Glied-für-Glied-Übersetzung der fremdsprachlichen Namenglieder durch Lexeme der L^m dar. Zweitens beschreibt die ‚inkonforme' oder ‚freie Lehnübersetzung' die weniger exakte Nachbildung des Onyms aus der L^e in der L^m; dabei können einzelne Namenglieder der L^e eliminiert, modifiziert oder durch funktionell adäquatere Elemente der L^m ersetzt werden. Drittens charakterisiert die ‚hybride Lehnübersetzung' eine partielle Übersetzung, „die außer Elementen der L^m auch Bestandteile der L^e" (Hengst 1973: 84) besitzt. Im Gegensatz dazu sind die Lehnschöpfungen als „Neubildungen von Namen in der L^m mittels Lehngut aus der L^e" (Hengst 1973: 86) zu definieren.

Der Terminus ‚Interferenz' stellt hingegen den negativen Transfer, d.h. die reziproke Beeinflussung zweier strukturell differenzierter Idiome dar, aus der Normabweichungen in der Sprachstruktur von A (bzw. B) infolge des Kontakts mit der Sprache B (bzw. A) resultieren. Interferenz impliziert demnach die

> „[...] Umordnung von Strukturschemata [...], die sich aus der Einführung fremder Elemente in die stärker strukturierten Bereiche der Sprache ergibt [...]" (Weinreich 1977: 15)

und ist somit sowohl auf phonemischer als auch auf morphemischer sowie lexikalisch-semantischer Ebene möglich. Diesbezüglich sind zwei Prozesse voneinander zu unterscheiden, und zwar die ‚Transsumtion' und die ‚Attraktion':

Als ‚Transsumtion' ist die Ersetzung substrater Phoneme durch superstrate Laute definiert, durch die demnach die phonemische Adaptation der Toponyme aus der L^e an die L^m erfolgt. Das Ergebnis dieser Transsumtion repräsentieren aus der Perspektive der rezipierenden Sprache die ‚Transsumte', aus der Perspektive der interferierten Sprache die ‚Transponate'. Diese sind noch nicht als volle, sondern vielmehr als partielle Integrate aufzufassen, „da sie auf mehr als einer sprachlichen Ebene partiell nicht integriert sind" (Hengst 1973: 86). Dennoch gehören sie nicht in die Kategorie der Fremdnamen[10], „denn die gesprochene Form eines Fremdwortes entspricht im deutschen Munde in der Regel von Anfang an nicht mehr der Lautung in der L^e als Quellensprache" (Hengst 1973: 81).

---

9 Vgl. Eichler/Šrámek 1984: 9.
10 Zur Definition des Fremdnamens s. Witkowski 1964: 32.

Demgegenüber ist als ‚Attraktion' sowohl die morphemische als auch die semantische Adaptation[11] der Transsumte an die systemgebundenen Sprachstrukturen des Superstratidioms definiert. Aus der lexikalisch-semantischen Attraktion ergibt sich die ‚Lehndeutung', die als

„[...] Wiedergabe von Namensformen der L^e in der L^m ohne Kenntnis bzw. ohne Bezugnahme auf eine in der Ausgangsform erkennbare Wortbedeutung" (Hengst 1973: 85)

charakterisiert ist. Das Ergebnis des Attraktionsprozesses stellen toponymische Integrate dar, die vollständig, d.h. sowohl phonemisch als auch morphemisch und semantisch, an die Systemstrukturen des Superstratidioms adaptiert sind.

Im Gegensatz sowohl zur Transsumtion als auch zur morphemischen Attraktion, die beide obligatorische Prozesse im toponymischen Integrationsablauf repräsentieren, ist die semantische Attraktion fakultativ.

Abbildung 1 stellt die Terminologie der Sprachkontaktonomastik nochmals systematisiert dar:

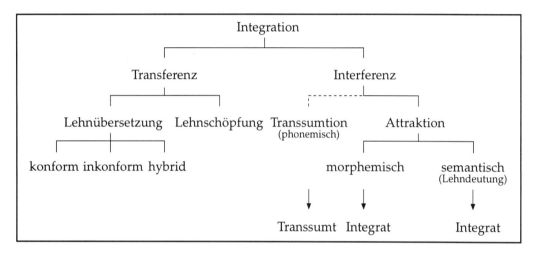

Abbildung 1: Termini der Sprachkontaktonomastik

In der Theorie wird diese toponymische Integration als ein fortschreitender Prozeß definiert, der mit der Transsumtion beginnt und mit der semantischen Attraktion abgeschlossen ist; in der Praxis erfolgt die phonemische, morphemische und semantische Adaptation jedoch meistens synchron.

---

11 Die Termini ‚Transsumt', ‚Transponat' und ‚Attraktion' sind von Hans Walther 1984: 27 grundgelegt worden. Für die lexikalisch-semantische Attraktion verwendet er den Terminus der ‚Adideation'. Dieser hat sich jedoch – im Gegensatz zu den anderen Termini – in der onomastischen Sprachkontaktforschung nicht etabliert und wird daher in der vorliegenden Arbeit nicht benutzt; vgl. Hengst 1985: 817ff. und 1996: 1008.

2 Entwicklung der Sprachkontaktonomastik

Wie aus dem bereits Dargelegten hervorgeht, sind sowohl Onomastik als auch Kontaktlinguistik zwei ursprünglich voneinander unabhängige Richtungen der Sprachwissenschaft, die erst Ende der sechziger, Anfang der siebziger Jahre in der Leipziger Namenforschung um Ernst Eichler eine Synthese zur sogenannten ‚Sprachkontaktonomastik' erfahren haben. Da die vorliegende Untersuchung beiden Disziplinen verpflichtet ist, soll die Entwicklung der onomastischen Sprachkontaktforschung in aller Kürze gewürdigt werden.

Sprachkontaktforschung als eine wissenschaftliche Disziplin etabliert sich erst Ende des 19. Jahrhunderts mit August Schleicher und Hermann Paul unter dem Einfluß der historisch-vergleichenden Sprachwissenschaft.[12] Diesem Zeitraum sind ferner erste diachrone und z.T. synchrone Ansätze einer Substrat- (Graziadio Ascoli), code-mixing- (Hugo Schuchardt) und Lehnworttheorie zuzuordnen.

Neue Impulse in Sprachkontakt- und Mehrsprachigkeitsforschung setzen mit dem Strukturalismus in den fünfziger Jahren ein. Neben der klassischen Erläuterung von sprachlichen Kontaktphänomenen der jeweiligen Idiome wird seither der Einfluß des Sprachkontakts auf Individuum und Sprachgemeinschaft in den Mittelpunkt der Forschungen gestellt. In diesen Kontext gehört das klassische Werk Uriel Weinreichs *Languages in contact* (1953). Weinreich geht über den Strukturalismus der fünfziger Jahre hinaus, der das Prinzip der Unvereinbarkeit zweier Sprachsysteme betont und somit ausschließlich die Beschäftigung mit den grammatischen Strukturen eines Einzelidioms legitimiert hatte, und ermittelt Klassifikationskriterien für den Kontakt zwischen verschiedenen Idiomen. Von gleicher Bedeutung in diesem Rahmen ist die klassische Lehnworttheorie und -terminologie von Werner Betz.

Seit den sechziger und siebziger Jahren entwickeln John J. Gumperz, Joshua A. Fishman, Dell Hymes, William F. Mackay und Els Oksaar Modelle, in denen eine Kombination von klassisch-linguistischen mit modern-extralinguistischen Bedingungsfaktoren des Sprachkontakts versucht wird. Mit ihnen wird der interdisziplinäre Charakter der Kontaktlinguistik begründet. Des weiteren werden die Problematik von Bi- bzw. Multilingualismus und – verstärkt durch die Generative Transformationsgrammatik Noam Chomskys – Fragen des Zweitspracherwerbs diskutiert. Monica Heller, Rodolfo Jacobson und Carol Myers-Scotton geben der Sprachkontaktforschung im Bereich des ‚code-switching' seit Mitte der achtziger Jahre neue Impulse.

Die Wurzeln der Namenforschung reichen bis ins 18. Jahrhundert zurück: Wilhelm von Humboldt und Gottfried Wilhelm Leibniz betonen die Bedeutung der Namen für die Erforschung der Sprach- und Siedlungsgeschichte.[13] Als eine wissenschaftliche Disziplin etabliert sich die Onomastik analog der Sprachkontaktforschung im 19. Jahrhundert im Rahmen der historisch-vergleichenden Sprachwissenschaft. Ihr wissenschaftlicher Status ist jedoch bis Adolf Bachs *Deutsche Namenkunde* (1953/1954) umstritten, so daß bis in die fünfziger Jahre ihre Funktion als eine Hilfswissenschaft für Archäologie, Siedlungsgeschichte und Geographie im Vordergrund steht. Diese Indienstnahme ist zugleich mit dem interdisziplinären Charakter der Onomastik verbunden.

Es ist das Verdienst Ernst Eichlers, die Onomastik seit den sechziger Jahren aus dem Bereich der diachronen Phonemsubstitution[14] herausgeführt, die Erkenntnisse der synchronen Linguistik für die Onomastik nutzbar gemacht und den gesamten Prozeß der Transsumtion und Integration von Substrattoponymie systematisiert zu haben. Dies umfaßt sowohl die diachrone als auch die synchrone Morphemanalyse der Substrattoponymie im strukturellen Vergleich zur Superstrattoponymie.[15] Dieses onomastische Sprachkontaktmodell ist in den siebziger und achtziger Jahren durch Karlheinz Hengst und Hans Walther um eine semantische und soziolinguistische Komponente erweitert worden. Diese Entwicklung trägt den Überlegungen Weinreichs Rechnung, in denen die Onomastik jedoch kaum Berücksichtigung findet, und wird so der Interdisziplinarität beider sprachwissenschaftlicher Richtungen gerecht.

---

12 Für ausführliche Informationen, aus denen die folgenden exzerpiert sind, vgl. Oksaar 1996. Der Terminus ‚Kontaktlinguistik' stammt von Peter Hans Nelde 1980.
13 Zur Forschungsgeschichte der Onomastik vgl. Debus 1980: 187; Schlimpert 1990 und Schmitz 1990: 37.
14 Die deutsch-slawische Phonemsubstitution ist den bahnbrechenden Arbeiten Primus Lessiaks und seiner Schüler seit Anfang des 20. Jahrhunderts verpflichtet; vgl. hierzu Eichler 1981: 7f. und Grucza 1971: 6ff.
15 Vgl. Eichler 1981: 9f.; 1976/1989: 377ff.; 1976/1996: 118 und Hengst 1985: 810.

3 Gegenstand der Untersuchung

3.1 Geographische Eingrenzung

Das Gebiet des deutsch-slawischen Sprach- und Kulturkontakts in Schleswig-Holstein ist an der westlichen Peripherie des ehemals gesamtslawischen Herrschaftsraumes gelegen und wird im Westen durch den Limes Saxoniae begrenzt, der 810 von Karl dem Großen und slawischen Stämmen als Demarkationslinie zwischen slawischem und sächsischem Siedlungsgebiet errichtet wurde. Dieser Grenzwall folgt topographischen Geländeformationen: Kieler Förde – Alte Schwentine – Bad Segeberg – Trave – Bad Oldesloe – Bille-Quellgebiet – Elbe bei Boizenburg[16] und umfaßt die heutigen Landkreise Plön, Ostholstein, Herzogtum Lauenburg sowie die Stadt Lübeck (vgl. Karte 1). Dieses geographische Gebiet wird auch durch den Landschaftsnamen „Ost- und Südholstein" bezeichnet.

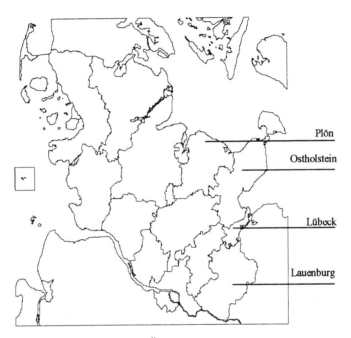

Karte 1: Geographische Übersichtskarte von Schleswig-Holstein[17]

3.2 Das Ortsnamenkorpus

Die folgende kontaktlinguistische Analyse basiert ausschließlich auf slawischem und slawisch-deutschem toponymischen Material aus den Landkreisen Plön, Ostholstein, Herzogtum Lauenburg und der Stadt Lübeck, das aus den Monographien von Schmitz exzerpiert ist.[18] Eine umfassende Analyse der gesamten Makro- und Mikrotoponymie Ost- und Südholsteins ist beim Umfang dieser Arbeit nicht möglich. Daher wird ausschließlich eine Auswertung der gesamten Oikonyme, d.h. der Orts- und Siedlungsnamen, inklusive der Wüstungsnamen durchgeführt, die Schmitz in ihren Monographien nennt; diese sind im Anhang im Rahmen der statistischen Auswertung aufgelistet. Namen für Einzelsiedlungen sowie Flur- und Gewässernamen werden nicht berücksichtigt; auf diese wird nur dann verwiesen, wenn sie ein kontaktlinguistisches Phänomen zeigen, das im analysierten Material sonst nicht vorkommt.

---

16 Vgl. Schmitz 1990: 32.
17 Diese Schleswig-Holstein-Karte wurde von den Diplom-Geographen Ulrike und Frank Schwedler zur Verfügung gestellt.
18 Sofern nicht anders vermerkt, entstammen alle Ortsnamenbeispiele, -deutungen sowie Urkundenbelege inklusive der Quellennachweise der vorliegenden Arbeit diesen Monographien; vgl. Schmitz 1981; 1986 und 1990. Es wird im folgenden auf einen entsprechenden Verweis verzichtet.

Gegenstand der Untersuchung   17

Außerdem sind die den Oikonymen zugrundeliegenden Appellativa und Anthroponyme für die folgende Untersuchung nicht weiter relevant, da der Analyseschwerpunkt auf den formalen Charakteristika der Ortsnamen sowie auf den Kontaktphänomenen liegt.

3.3   Die Kontaktsprachen

Die Kontaktsprachen Ost- und Südholsteins sind das Altsächsische bzw. Mittelniederdeutsche und das Altpolabische, d.h. zwei Mundarten unterschiedlicher Sprachfamilien.

Sowohl das Altsächsische als auch das Mittelniederdeutsche gehören zum Nordseegermanischen und wurden nördlich der Benrather Linie gesprochen. Das Altsächsische ist vom 9. bis zur Mitte des 12. Jahrhunderts, die mittelniederdeutsche Epoche von der Mitte des 12. bis zum Anfang des 17. Jahrhunderts zu datieren. Diese mittelniederdeutsche Zeit wird von der Forschung oft in drei Phasen untergliedert, und zwar in das Frühmittelniederdeutsche (1150-1370), das Klassische Mittelniederdeutsche (1370-1530) sowie das Spätmittelniederdeutsche (1530-1600/1650).[19] Davon ist seit Anfang bzw. Mitte des 17. Jahrhunderts das Neuniederdeutsche abzugrenzen, das bis in die Gegenwart in der mündlichen Kommunikation verwendet wird; hingegen dominiert als Hoch- und Schriftsprache ab Mitte des 17. Jahrhunderts das Neuhochdeutsche.

Das Altpolabische Ost- und Südholsteins ist eine westslawische Sprache, die zur polabo-pomeranischen Sprachgruppe gehört. Zu dieser Sprachfamilie zählen daneben das Drawänopolabische des Wendlands, das erst um die Mitte des 18. Jahrhunderts erloschen ist, sowie das Altsorbische der Ober- und Niederlausitz – noch heute findet sich eine sorbische Minderheit in dieser Region.[20]

3.4   Quellenkritik

Die Quellen, die für die linguistische Auswertung der Oikonyme im mittelniederdeutsch-altpolabischen Sprachkontaktgebiet zur Verfügung stehen, sind ausschließlich schriftliche, d.h. historische Zeugnisse, welche die altsächsische bzw. mittelniederdeutsche graphemische Realisation der phonemischen Form des altpolabischen Toponyms darstellen.[21] Erst diese Belege ermöglichen es, die altpolabische Phonemfolge des Toponyms zu rekonstruieren und weitere sprachsysteminterne Strukturen der altpolabischen Ortsnamen zu ermitteln. Da es sich jedoch bei diesen Texten um heterogene Quellen handelt, muß die durch verschiedene Chronisten jeweils individuell erfolgte schriftsprachliche Kombination von akustisch wahrgenommenem Laut, klassifiziertem Phonem und realisiertem Graphem berücksichtigt werden. Demzufolge ist Transsumtvarianten Rechnung zu tragen, die nicht ausschließlich auf phonetische und phonemische Varianten des Altpolabischen zurückgeführt werden können. In diesem Kontext sind besonders folgende Aspekte zu problematisieren:
1. Frühe Urkundenbelege aus dem 10. bis 13. Jahrhundert reflektieren die altpolabischen Phoneme durch deutsche Kanzleischreiber in fast ausschließlich lateinischer und nur z.T. mittelniederdeutscher Schriftsprache in einer sonst mittelniederdeutsch geprägten Gesellschafts- und Kommunikationskultur; genuin altpolabische schriftliche Quellen existieren nicht. Es ist zwar anzunehmen, daß die Kanzleischreiber bis zum 13. Jahrhundert größtenteils altpolabische Sprachkompetenz besitzen (vgl. Kapitel 4.6), d.h. es kann „davon ausgegangen werden, daß die notierten slaw. EN als Fremdnamen fixiert" (Hengst 1990c: 99) werden. Dennoch sind aber sowohl Latinisierungen als auch – wenngleich marginal – mittelniederdeutsche Interferenzen bereits beim Namenerstbeleg in Erwägung zu ziehen, so daß nicht eindeutig entscheidbar ist, ob noch mittelniederdeutsch-altpolabische Phonemersetzung oder bereits Einfluß durch mittelniederdeutschen Phonemwandel vorliegt.
2. Des weiteren muß der zeitlichen Heterogenität der Namenerstbelege verschiedener Toponyme Rechnung getragen werden: Sie sind vom 10. bis zum 15. Jahrhundert gestreut, so daß es ebenfalls nicht möglich ist, exakt zwischen mittelniederdeutsch-altpolabischer Phonemsubstitution und genuin mittelniederdeutscher Interferenz zu unterscheiden. Insbesondere für spät dokumentierte Oikonyme

---
19 Vgl. Schmidt 1996: 27ff.
20 Vgl. Schmitz 1990: 32.
21 Zu den einzelnen Quellen s. Schmitz 1981: 549-554; 1986: 299-302 und 1990: 513-522.

nimmt die Wahrscheinlichkeit zu, daß ihr Phonembestand bereits Interferenz, und zwar mittelniederdeutschen Phonemwandel reflektiert. Dies muß vor dem Hintergrund sowohl der mittelniederdeutschen Schreiblandschaft ab dem 14. Jahrhundert (vgl. Punkt 3) als auch der damit verbundenen kontinuierlichen Reduzierung der Altpolabischkenntnisse von deutschen Chronisten beurteilt werden. Ebenso sind diesbezüglich die Folgen der in Kapitel 4.5 und 4.6 eruierten extralinguistischen Bedingungen wie Diglossie und Dominanzkonfiguration zu berücksichtigen. In Anbetracht dieser Konstellation ist die Ermittlung von Strukturprinzipien für die mittelniederdeutsch-altpolabische Phonemsubstitution erschwert – wenngleich berücksichtigt werden muß, daß selbst diese spät dokumentierten, scheinbar „irregulär" transsumierten altpolabischen Toponyme bei einem eventuell früheren Erstkontakt phonemisch korrekt substituiert sein könnten und nur infolge der defizitären Quellenrezeption nicht früher „regulär" bezeugt sind.

3. Außerdem muß das Verhältnis von Mündlichkeit und Schriftlichkeit als eine weitere Ursache für die Existenz von Transsumtvarianten in Betracht gezogen werden. Es ist davon auszugehen, daß das Mittelniederdeutsche erst im Rahmen der frühbürgerlichen überregionalen Schreibsprachentwicklung in der Mitte des 14. Jahrhunderts „zu einer vollgültigen Schriftsprache entwickelt worden war" (v.Polenz 1991: 279). Die damit verbundene Variantenreduzierung wird weniger von kanzleisprachlichen Richtlinien festgeschrieben, sondern ist vielmehr Ausdruck einer soziolektalen Sprachhaltung, aus der die Vereinheitlichungstendenz nach Kriterien wie ‚Geltungsgrad', ‚Geltungsareal' sowie ‚Geltungshöhe' der Varianten erfolgt.[22] Dementsprechend ist vor dieser Standardisierungstendenz, die mit der Blütezeit der Hanse und dem damit verbundenen „Übergang vom Latein zur Volkssprache in Urkunden und anderen Texten" (v.Polenz 1991: 178) zusammenfällt, ein schriftsprachlicher Variantenreichtum in den Quellenbelegen in Betracht zu ziehen. Dies muß für das Untersuchungsgebiet aufgrund der heterogenen und defizitären Quellenlage im besonderen berücksichtigt werden und erschwert zusätzlich die Ermittlung von Gesetzmäßigkeiten in der Phonemsubstitution.

4. In Verbindung mit den schreibsprachlichen Varianten sind außerdem diatopische Interferenzen zu thematisieren, die daraus resultieren, auf welche Weise die altpolabischen Toponyme im Transsumtionsprozeß übernommen werden. Die Transsumtion erfolgt dadurch, daß der Kanzleischreiber entweder direkt die phonemische Übernahme des in seiner ursprünglichen altpolabischen Form vernommenen Toponyms vollzieht oder dieses indirekt in bereits transponierter Form von einem deutschen Kolonisten, d.h. aus einer quasi deutschen Entwicklungslinie, entlehnt. In beiden Fällen interferiert die muttersprachliche deutsche Mundart, und zwar umso stärker, je geringer die bilinguale Kompetenz des Chronisten bzw. Kolonisten und der administrative Grad der Quelle sind.

5. Diastratische Varianten in den graphemisch fixierten Namenformen sind auf unterschiedliche sprachsoziologische Herkunft der Kanzleischreiber zurückzuführen, korrespondieren mit dem Grad an Bilingualität und stehen in enger Verbindung mit der diatopischen Varianz. Kanzleiformen repräsentieren im Gegensatz zu mundartnahen Varianten bäuerlicher Kreise am ehesten den altpolabischen Phonembestand, da hier der Soziolekt am geringsten interferiert.

6. Aus dem von Schmitz vorgelegten Urkundenmaterial ist nicht immer eindeutig rekonstruierbar, ob die historische Quelle[23] ein Original, eine Abschrift bzw. Kopie oder eine Fälschung darstellt. Dieser Faktor muß berücksichtigt werden, falls ein Namenbeleg Unregelmäßigkeiten in bezug auf die ermittelten Strukturprinzipien dokumentiert.

7. Neben den Punkten 1-6 sind zwei weitere Formen von Namenvarianz in den historischen Quellen zu berücksichtigen, und zwar Namenvarianz „auf Grund der Repräsentation unterschiedlicher lautlicher Entwicklungsetappen in der Ausgangssprache" und „Varianten, die in der Zielsprache im Integrationsprozeß in Verbindung mit Wortbildungsprozessen entstehen können" (Hengst 1986: 61).[24]

---

22 Vgl. v.Polenz 1991: 180.
23 Historische Quellen können beispielsweise Annalen, Briefe, Bürgerlisten, Chroniken, Geldheberegister, Rechnungsbücher, Regesten, Schuldbücher, Stadtbücher, Taufverzeichnisse, Urkundenbücher, Viten und Zehntregister sein, vgl. dazu ausführlicher Schmitz 1990: 513ff.
24 Diese Aspekte repräsentieren im besonderen mögliche Erklärungshypothesen für Leerstellen in der mittelniederdeutsch-altpolabischen Phonemsubstitution und sind in der linguistischen Auswertung in Betracht zu ziehen.

3.5 Siedlungsgeschichte

Der Osten Schleswig-Holsteins war bis ins 5. Jahrhundert von swebischen Volksstämmen besiedelt. Danach brechen die Bodenfunde ab, „so daß man den Eindruck gewinnt, als habe die Bevölkerung dieses Raumes in der Mehrzahl ihre Wohnplätze verlassen" (Carsten 1969: 28). Ab der zweiten Hälfte des 6. Jahrhunderts wanderten Slawen im Zuge der europäischen Völkerwanderungen aus ihrer Urheimat im östlichen Mitteleuropa in die von den Germanen verlassenen Gebiete Westeuropas ein.[25] Im 7. Jahrhundert entstanden aus den slawischen Einwanderungsgruppen die slawischen Stämme der Obodriten, Wilzen und Sorben. Die Obodriten siedelten an der südlichen Ostseeküste zwischen Kieler Förde und mittlerer Warnow; Ost- und Südholstein besiedelten zwei slawische Teilstämme der Obodriten, und zwar nördlich der Trave, in Wagrien, die Wagrier und südlich der Trave, in Polabien, die Polaben. Der Stammesname der Wagrier ist auf den germanischen Bewohnernamen germ. *Wāgwari(j)oz ‚Bewohner am Meer' zurückzuführen, vgl. as./ahd. *wāg ‚bewegtes Wasser, Woge, Flut'. Die Bezeichnung der Landschaft *Wagrien* zeugt von der Namenkontinuität über die Namenschichten germanisch – slawisch – deutsch durch Sprachkontakt. Demgegenüber ist der Stammesname der Polaben ‚Bewohner an der Elbe' genuin altpolabischer Herkunft: aplb. *Polab'ane zu aplb. *po ‚an, bei' und aplb. *Labo/Lobo ‚Elbe'.

+Starigard/Oldenburg, Plön, Ratzeburg und +Alt-Lübeck waren die Hauptorte der slawischen Burgbezirke und repräsentierten politische, strategische und wirtschaftliche Machtzentren der Slawenfürsten. In der heidnisch-kultisch geprägten Gesellschaftsstruktur stellten diese Burgorte außerdem Kultstätten für die Verehrung der slawischen Gottheiten Prove (Oldenburg), Podaga (Plön) und Živa (Ratzeburg) dar. Insofern ist es nicht verwunderlich, daß die Christianisierung an diesen Orten ihren Anfang nahm, da sie in erster Linie dazu diente, die slawische Herrschaft zu unterwerfen.

Der erste, aus militärischen Notwendigkeiten resultierende deutsch-slawische Kulturkontakt in Ost- und Südholstein ist quellenhistorisch für das 9. Jahrhundert belegt: Wagrier und Polaben leisteten auf Seiten der Franken Waffenhilfe gegenüber den in Nordalbingien siedelnden Sachsen.[26] Diese Konstellation datiert den Beginn einer potentiellen Transsumtion altpolabischer Toponyme ins Altsächsische. Vom 10. Jahrhundert an werden Kulturkontakte aufgrund sächsischer Christianisierung bezeugt, die bis zum Slawenaufstand von 983 intensiv betrieben wurde.

Der erste Obodritenfürst, der in Wagrien und Polabien ein christliches Reich regierte, war Gottschalk (1043-1066). Unter seiner Gesamtherrschaft wurden sowohl die deutschen Christianisierungsbemühungen im slawischen Territorium wieder aufgenommen als auch von den Slawen friedliche, politische Beziehungen zu den Sachsenherzögen unterhalten. Nach seinem Tode 1066 stagnierte jedoch die christliche Missionierung für fast ein Jahrhundert. Der Versuch Budivojs, seines ältesten Sohnes, die christliche Herrschaft in Ost- und Südholstein zu sichern, scheiterte am heidnischen Wagrierfürsten Kruto (1066-1093), der Budivoj besiegte und seine Herrschaft in ganz Ost- und Südholstein ausdehnte. Diese heidnische Herrschaft stand sowohl der christlichen Missionierung als auch der politischen Beziehungen zum westlichen Nachbarn feindlich gegenüber.

1090 griff Gottschalks jüngerer Sohn Heinrich (1090-1127) mit Unterstützung des dänischen Königs Hermann Billung Kruto an und siegte über die heidnischen Slawen. Als neuer christlicher Gesamtherrscher über Wagrien und Polabien verzichtete er dennoch auf eine Neubelebung der christlichen Mission; seine Bemühungen um eine deutsch-slawische Kooperation in Politik und Diplomatie waren aber durchaus erfolgreich.

Nach dem Tode Heinrichs 1127 war die Etablierung einer stabilen gesamtslawischen Herrschaft aufgrund internslawischer Konflikte nicht möglich. Die deutsch-slawischen Kontakte dieser Phase waren durch fehlende politische Kooperation sowie militärisch-feindliche Interaktionen zur Demonstration von Macht- und Herrschaftsdominanz gekennzeichnet. 1139 wurde der Slawenherrschaft in Ost- und Südholstein ein gewaltsames Ende bereitet; 1140 wurde Wagrien vom Obodritenreich getrennt und der Grafschaft Holstein unterstellt.

1143 belehnte Heinrich der Löwe Adolf II. von Schauenburg mit Segeberg und Wagrien, Heinrich von Badwide mit Ratzeburg und Polabien. Mit dieser administrativen Umstrukturierung ist ebenfalls eine

---

25 Wenn nicht anders vermerkt, werden die Erläuterungen zur Siedlungsgeschichte aus den Monographien von Schmitz 1981: 2-9; 1986: 9-13 und 1990: 31-36 sowie aus der Slawenchronik Helmold von Bosaus 1963 exzerpiert.
26 Vgl. Carsten 1969: 26f.

Zäsur im deutsch-slawischen Kulturkontakt verbunden: Im Zuge der Ostkolonisation ab Mitte des 12. Jahrhunderts unter Adolf II. von Schauenburg wurde in Wagrien ein interethnisches und interkulturelles friedliches kooperatives Zusammenleben von Slawen, Sachsen, Holsten, Friesen, Westfalen und Holländern praktiziert, aus dem ein enger Sprach- und Kulturkontakt resultierte, der im toponymischen Material seinen Niederschlag fand, z.B. *Wendtorf* (PLÖ) ‚zum Dorf der Wenden, Slawen' zu mnd. *went* ‚Wende, Slawe', +*Deutsch /(Wendisch)-Salzau* (PLÖ) u.v.m. Daneben verdeutlicht der Wüstungsname +*Hollendermeinsdorf* (heute *Großmeinsdorf* (OH)) die ehemals holländische Besiedlung: mnd. *hollander(e), hollender* ‚Bewohner der Landschaft Holland'.

Aus der akuten Konfrontation des slawischen Altsiedellandes mit den deutschen Neusiedlern erfolgte die Änderung der bisher praktizierten, durch geographische Faktoren determinierten Siedlungsstruktur. Einerseits bewirkte die fast vollständige Besiedlung fruchtbarer Böden durch slawische Altsiedler den quasi zwangsweisen Zuzug deutscher Neusiedler entweder in die Randzonen dieser Altsiedelgebiete oder aber direkt in sie hinein.[27] Andererseits führte Adolf II. von Schauenburg eine totale Umstrukturierung des Altsiedellandes durch, indem er die Altsiedler in neu erschlossene Reservate für slawische Bevölkerungsgruppen auf Fehmarn, in Oldenburg, im Gebiet um die Kremper Au bei Neustadt und in die an der Ostsee gelegenen Gebiete umsiedelte. Von besonderer Bedeutung sowohl für die wagrische Kolonisation als auch für die Missionstätigkeit war die Gründung des Benediktinerklosters St. Johann in Lübeck im Jahr 1177, das 1245 nach Cismar verlegt wurde. Demzufolge gründete sich der Sprach- und Kulturkontakt zwischen Polaben/Wagriern und Sachsen neben gemeinsamer Siedeltätigkeit weiterhin auf deutschen Christianisierungsbemühungen.

Zu Beginn des 13. Jahrhunderts bis 1227 war Holstein dänischer Herrschaft unterstellt, was der Ortsname *Dänschendorf* (OH) auf Fehmarn illustriert: mnd. **Denschendorpe* ‚zum dänischen Dorf'. Von der Mitte des 13. bis zur Mitte des 14. Jahrhunderts waren Ost- und Südholstein aufgrund der Kolonisationstätigkeit am dichtesten besiedelt. Der somit neu benötigte Lebensraum wurde sowohl durch Erweiterung der slawischen Altsiedelräume an ihrer Peripherie als auch durch Rodung sowie Aufsiedlung der noch zwischen ihnen gelegenen siedlungsleeren Waldzonen geschaffen. Im Anschluß an diese ‚Rodungsperiode' setzte bis zum Ende des 15. Jahrhunderts mit der Stagnation der Siedlungstätigkeit die ‚Wüstungsperiode' ein. Vom Beginn des 16. Jahrhunderts bis in die Neuzeit wurden während der Landesausbauphase neue Siedlungen gegründet, und zwar sieben im 16., neun im 17., dreizehn im 18. und achtzehn im 19./20. Jahrhundert.

---

27 Vgl. dazu in aller Ausführlichkeit Gringmuth-Dallmer 1993: 24-31.

4 Extralinguistische Faktoren des Sprachkontakts

Extralinguistische Faktoren stellen die primären Gegebenheiten dar, unter denen sich der Sprach- und Kulturkontakt vollzieht und aus denen sekundär linguistische Trans- sowie Interferenzen der beteiligten Idiome resultieren. Im folgenden werden daher sprachexterne Rahmenbedingungen des mittelniederdeutsch-altpolabischen Sprachkontakts aus den bereits dargestellten Daten zur Siedlungsgeschichte abgeleitet.

4.1 Der zeitliche Rahmen

Der zeitliche Rahmen des mittelniederdeutsch-altpolabischen Sprachkontakts in Ost- und Südholstein umfaßt das 9. bis 15./16. Jahrhundert und wird als die sogenannte ‚Kontaktphase' beschrieben.[28] Eine Zäsur in dieser Phase bildet die deutsche Ostkolonisation in der Mitte des 12. Jahrhunderts: Die erste Periode vom 9. Jahrhundert bis ca. 1150 ist durch einen Grenz-, die zweite Periode von 1150 bis zum 15./16. Jahrhundert durch einen koarealen Sprach- und Kulturkontakt charakterisiert. Davor liegt die sogenannte ‚Präkontaktphase'; es handelt sich dabei um die Zeitspanne vor dem mittelniederdeutsch-altpolabischen Sprachkontakt. Auf die Kontaktphase folgt die ‚Postkontaktphase', in der sich die Substrattoponymie im Superstratsystem ohne weiteren Kontakt zum Substratidiom entwickelt. Sie setzt mit dem 16. Jahrhundert in Ost- und Südholstein ein und ist durch mittelniederdeutsche Monolingualität geprägt.

4.2 Ursachen des Sprachkontakts

In der ersten Periode der Kontaktphase – der Zeitraum vom 9. Jahrhundert bis 1150 – gibt es zwei Gründe für sprachliche und kulturelle Kontakte zwischen den verschiedensprachigen Bevölkerungsgruppen. Erstens kommt es zu politisch-militärischen Interaktionen, wobei es zu teils kooperativ-freundlichen, teils zu militärisch-kriegerischen Grenzkontakten zwischen den damals politisch gleichberechtigten Völkern kam. Zweitens ist der Kulturkontakt durch deutsche Christianisierungsbemühungen motiviert. Beide Faktoren sind dadurch kausal verknüpft, daß ausschließlich die Kontakte zwischen christlich-missionierten Slawenfürsten und Sachsenherzögen als diplomatisch-kooperativ zu beschreiben sind. In diese Periode ist die frühe, administrativ bedingte Entlehnung militärisch-strategisch sowie religiös-missionarisch bedeutsamer altpolabischer Toponyme ins Altsächsische einzuordnen, z.B. *Lübeck* (1143), +*Alt-Lübeck* (1090) und *Plön* (1090).

Die Sprach- und Kulturkontakte der zweiten Periode der Kontaktphase von 1150 bis zum 16. Jahrhundert sind durch eine ökonomisch bedingte, militärisch-gewaltsam initiierte deutsche Kolonisation Ost- und Südholsteins im Kontext der gesamtdeutschen Ostexpansion des 12. Jahrhunderts motiviert. Infolge der Ostkolonisation kommt es zu verstärkter Migration in die Altsiedelgebiete des Ostens. Aus dieser demographischen Verschiebung resultiert eine Umstrukturierung des slawischen Gesellschafts- und Siedlungssystems. Die damit verbundenen koarealen interethnischen Kontakte auf ehemals slawischem Siedlungsterritorium verlaufen kooperativ-friedlich und führen zur Interferenz zwischen mittelniederdeutschem und altpolabischem Idiom. Neben der Kolonisation und den daraus folgenden interethnischen Siedlungsgemeinschaften bleibt die christliche Missionstätigkeit durch die Kolonialmacht ein bedeutsamer Faktor im Sprach- und Kulturkontakt und führt letztlich zur religiösen Einheit, die als eine notwendige Komponente für eine sowohl interethnische als auch interkulturelle Gemeinschaft angesehen werden kann. Im Rahmen dieser Ostkolonisation wird eine systematischere Erfassung der Toponyme administrativ erforderlich, so daß ab Mitte des 12. Jahrhunderts die Verschriftlichung der Ortsnamen eingehender betrieben wird und somit eine Verbesserung der Quellenrezeption einsetzt.

---

28 Zur Klassifizierung des Sprachkontakts in voneinander zu differenzierende Phasen vgl. Hengst 1985: 816f.

4.3 Träger des Sprachkontakts

Träger des Sprachkontakts in der ersten Periode der Kontaktphase sind ausschließlich bilinguale Einzelindividuen der adeligen Ober- und Führungsschicht beider Ethnien sowie deutsche Missionsgeistliche, Kanzleischreiber und Juristen, die im Rahmen ihrer beruflichen Tätigkeit mit dem altpolabischen Idiom konfrontiert werden. Demnach handelt es sich in diesem Stadium um einen Sprachkontakt innerhalb höherer sozialer Schichten.

In der zweiten Periode der Kontaktphase, in der infolge der Ostkolonisation koareale interethnische Siedlungsgemeinschaften entstehen, dehnt sich der Sprachkontakt wegen der großen Menge deutscher Siedler, die mit der Migration ins Land kamen, horizontal auf allen sozialen Schichten beider Ethnien aus. Diese Zeit ist als die Phase der Sprachenmischung zu charakterisieren.

4.4 Sprachkontakt und ethnische Identität

In dem gesamten Umstrukturierungsprozeß, der aus der Ostkolonisation resultierte, ändert sich die Beziehung der beiden Ethnien zueinander. Sind in der Periode des Grenzkontakts sowohl die deutsche als auch die slawische Ethnie voneinander unabhängig auf ihrem jeweiligen Territorium dominant, so erfolgt durch die Kolonisation eine politisch-administrative sowie kulturell-religiöse Unterwerfung des slawischen Volkes durch die militärisch-strategische deutsche Oberhoheit.

Die daraus resultierende interethnische Beziehung als Relation der Dominanz einer deutschen Majorität gegenüber einer slawischen Minorität zu beschreiben, ist jedoch nicht legitim, wenngleich betont werden muß, daß die Ablösung der heidnisch-slawischen Kultur durch das Christentum einen partiellen kulturellen und damit ethnischen Identitätsverlust der autochthonen Bevölkerung zur Folge hat. Das interethnische Zusammenleben nach vollzogener Kolonisation ist vielmehr als eine wechselseitige Interaktion zwischen slawischen und deutschen Bevölkerungsanteilen charakterisiert, die beide unter deutscher Verwaltung stehen. Darauf deutet das toponymische Material, aus dem Indizien für eine ethnische Gleichheit rekonstruierbar sind. Zum einen zeugen die Oikonyme mit ethnisch-differenzierenden Zusätzen wie +*Deutsch/Wendisch-Gneningen* (OH) von einem intensiven, interethnischen Zusammenleben. Diese Deutung wird durch siedlungsarchäologische Erkenntnisse bestätigt: Bei diesen Siedlungen handelt es sich entweder um die Einsiedlung von Deutschen in ein slawisches Dorf während der Ostkolonisation oder aber um die Gründung neuer Siedlungen mit gleichartiger Namenbildung im Rahmen des jüngeren Landesausbaus, der von Deutschen und Slawen gemeinsam getragen wird.[29] Zum anderen deuten die slawisch-deutschen Mischnamen wie *Bankendorf* (OH), die im Erstglied auf den slawischen Lokator, Lehnsträger oder Besitzer der Siedlung verweisen, auf „eine gemeinsame Beteiligung von Slawen und Deutschen am Landesausbau" (Debus/Schmitz 1990: 76) (vgl. Kapitel 7). Aus diesen Gründen wird diese Situation nach Laroussi/Marcellesi als ‚interne Kolonisation' klassifiziert: Die Integration des eroberten Landes erfolgt mit Gleichheitsrecht für alle Ethnien.[30]

Die an der Peripherie Wagriens gelegenen slawischen Reservate besitzen in diesem Kontext einen Sonderstatus, denn aus dem toponymischen Material ist nicht zu ermitteln, ob die geographische Ausgrenzung der dort siedelnden Slawen eine Form der ethnischen Diskriminierung darstellt. In Anbetracht der ethnischen Gleichberechtigung der im koarealen Kontakt mit der deutschen Ethnie siedelnden Slawen ist jedoch ein generelles Postulat bezüglich einer ethnischen Hierarchisierung aus dieser Konstellation nicht ableitbar.

Wenn somit in dieser Phase die beiden Ethnien im Hinblick auf den Landesausbau und das Zusammenleben in interethnischen Siedlungsgemeinschaften als gleichberechtigt anzusehen sind, muß jedoch

---

29 Vgl. Gringmuth-Dallmer 1988: 24; 1990: 81ff.; Schmitz 1981: 512ff.; 1986: 291f.; 1990: 493ff. und Wauer 1993: 176. Es ist anzumerken, daß ein direkter Schluß von einem slawischen Ortsnamen auf ausschließlich slawische Bevölkerung und von einem deutschen Toponym auf nur deutsche Bewohner nicht korrekt ist. Vielmehr müssen hier die einzelnen Urkundenbelege in Betracht gezogen werden, vgl. z.B. den deutschen Namen *Schiphorst* (LAU) < 1230 *sciphorst sclaui sunt*, dessen Urkundenbeleg eindeutig auf eine slawische Bevölkerung deutet. Größtenteils gehen diese Belege für ethnische Zugehörigkeit aber in die differenzierenden Zusätze ein, z.B. +*Wendisch-Berkenthin* (LAU) < 1230 *ad sclavicum Parketin sclavi sunt* und *Klein Klinkrade* (LAU) < 1337 *duos mansos in sclavicali Clincrode*. Hier gilt ebenso, daß genuin deutsche Ortsnamen den Zusatz ‚Wendisch', genuin slawische Toponyme den Zusatz ‚Deutsch' erhalten können. Neuhochdeutsch geht der Zusatz ‚Deutsch' oftmals in ‚Groß', der Zusatz ‚Wendisch' hingegen in ‚Klein' über; vgl. Gringmuth-Dallmer 1990: 78.
30 Vgl. Laroussi/Marcellesi 1996: 195.

betont werden, daß das altpolabische Idiom durch die deutsche Kolonialmacht eine Prestigeminderung erfährt (vgl. Kapitel 4.5 und 4.6). Sie geht – wie bereits in bezug auf die Folgen der Christianisierung festzustellen war – mit einem Verlust ethnischer Identifizierungsmöglichkeiten für die autochthone Bevölkerung einher und birgt insofern ethnisches Konfliktpotential in sich.

4.5   Domänen- und Diglossieproblematik

In der ersten Periode der Sprachkontaktphase bis 1150 wird auf dem deutschen Territorium Altsächsisch bzw. Mittelniederdeutsch gesprochen – Schriftsprache ist das Lateinische – auf slawischem Gebiet wird das Altpolabische verwendet. Demzufolge lassen sich beim Sprach- und Kulturkontakt keine Domänen[31] ableiten, sondern die jeweils dominante Sprache wird vielmehr durch das geographische Areal vorgegeben, auf dem der Kontakt stattfindet. Dementsprechend werden beispielsweise Predigten zum Zwecke der christlichen Missionierung des slawischen Siedlungsgebiets in altpolabischer Sprache formuliert.[32] Somit ist der Sprachkontakt der Frühphase als ein wechselseitiger Prozeß zu charakterisieren: $L_A \rightarrow L_B, L_B \rightarrow L_A$.

Durch die deutsche Ostkolonisation in der zweiten Periode der Kontaktphase wird mit der Aufhebung der ethnischen Trennung eine sprachliche Mischung und Koexistenz des mittelniederdeutschen und altpolabischen Idioms hervorgerufen.

> „Ob sich daraus zunächst eine überregionale mündliche Ausgleichssprache bildete, die sich schon vor der schriftlichen Konsolidierung [...] bewährt hatte [...], bleibt umstritten [...]."
> (v.Polenz 1991: 179)

Es ist vielmehr anzunehmen, daß das Mittelniederdeutsche in Anbetracht der gesellschaftlichen Oberhoheit des Deutschen zur offiziellen Landessprache funktionalisiert wird und demzufolge in den Domänen ‚Administration' und ‚Öffentlichkeit' dominiert; hingegen werden „slawische Sprachkenntnisse nur für spezielle Tätigkeiten [wie] Ernährung, Fischfang, Wasser- und Waldwirtschaft" (v.Polenz 1991: 303), d.h. in der Domäne ‚Nicht-Öffentlichkeit', benötigt.

Diese Dominanz des Mittelniederdeutschen in der Domäne ‚Administration' wird durch die Verschriftlichung der altpolabischen Toponyme bestätigt, die – wie bereits erwähnt (vgl. Kapitel 3.4) – ausschließlich durch deutsche Kanzleischreiber entsprechend dem mittelniederdeutschen Phonemsystem vorgenommen wird (vgl. Kapitel 5.2). Dabei muß jedoch die Bedeutung des Lateinischen als der dominierenden Schriftsprache bis Mitte des 14. Jahrhunderts betont werden, wenngleich die altpolabischen Transsumte selbst nur selten latinisiert werden (1); es überwiegen sogar im 12./13. Jahrhundert historische Belege in lateinischer Sprache, welche die altpolabischen Toponyme mit mittelniederdeutscher Morphologie zeigen (2):

   (1) *in Liubicensem episcopatum* (Ende 12. Jahrhundert)
       → Akkusativ Singular
   (2) *in campum qui dicitur Zmilowe* (Ende 12. Jahrhundert)
       → Dativ localis Singular

Die Klassifizierung der Kontaktidiome nach Domänen ist vor dem Hintergrund derjenigen altpolabischen Toponyme, die erst nach 1150 schriftlich fixiert werden, zu problematisieren: Sofern diese Toponyme auch erst nach 1150 entstehen, könnte der Benennungsakt in altpolabischer Sprache darauf deuten, daß sich das Altpolabische innerhalb der Verwaltungssprache eine Nische erhalten hätte. Dieser Hypothese ist jedoch zu widersprechen, denn es ist wahrscheinlicher, daß die besagten Ortsnamen größtenteils bereits vor 1150 existieren und erst im Rahmen der unter deutscher Oberhoheit verlaufenden administrativen Erfassung des ehemals slawischen Siedlungsgebiets verschriftlicht werden. Selbst wenn Siedlungsneugründungen in der Landesausbauphase mit einem altpolabischen Ortsnamen benannt werden, so dokumentieren diese Belege nur die letzten Relikte der altpolabischen Sprache und stellen

---

31 Der Terminus ‚Domäne' (= Sprachbereich) wurde von Fishman geprägt; vgl. hierzu Bechert/Wildgen 1991: 60.
32 Vgl. Helmold von Bosau 1963: 296.

demzufolge Indizien dafür dar, daß während der Rodungsperiode im 14. Jahrhundert noch auf altpolabisch kommuniziert wird und bilinguale Sprachkompetenz vorhanden ist (vgl. Kapitel 4.6).

Diese Distribuierung der beiden Kontaktidiome auf bestimmte Domänen kann nach v.Polenz als Sprachenpolitik mit ‚exoglossisch-interethnischem' Charakter definiert werden, d.h. es handelt sich um einen Prozeß, der sich zwischen zwei verschiedenen Sprachen bzw. Volksgruppen vollzieht.[33] Die Ursache dieser Sprachenpolitik besteht jedoch nicht nur im Chauvinismus der Kolonialmacht, sondern ist vielmehr aus dem Kontext der „gesellschaftlichen Folgen kultureller ‚Modernisierungen' der frühbürgerlichen Zeit" (v.Polenz 1991: 271) ableitbar. Vor diesem Hintergrund ist die hier vorliegende Dominanzkonfiguration als ein organisierter Eingriff der Kolonialmacht in „die Verteilung der sozialen Funktionen zwischen Sprachen bzw. Varietäten" (Glück 1979: 22f.) zu charakterisieren, wenngleich aber ebenfalls berücksichtigt werden muß, daß sich die Besetzung der Domänen nicht ausschließlich durch diese Sprachenpolitik erklären läßt. Vielmehr ist nachdrücklich zu betonen, daß ein Kontinuum zwischen unbewußten sprachkulturellen Folgen von Kolonisation und Christianisierung bis zu direkten sprachenpolitischen Maßnahmen besteht.[34] Ebenso ist in Betracht zu ziehen, daß die Konsolidierung und Akzeptierung der Dominanzkonfiguration einen Prozeß darstellt, „der sich ‚hinter dem Rücken der Subjekte', auch der Herrschenden, vor allem der Betroffenen, abspielt" (v.Polenz 1991: 275) und unbewußt mit dem Sozialprestige der jeweiligen Idiome korreliert ist. Das entscheidende Prinzip der – unbewußten oder bewußten – Sprachenpolitik im mittelniederdeutsch-altpolabischen Sprachkontakt besteht in der Manifestierung der mittelniederdeutschen Sprach- und Schreibkultur als eines Prestigeidioms in den Domänen ‚Administration' und ‚Öffentlichkeit'. Dieser Sonderstatus des Mittelniederdeutschen ist mit der Etablierung der frühbürgerlichen mittelniederdeutschen Schreiblandschaft verbunden. Dies führt zu seiner Funktionalisierung als ein Herrschafts- und Sozialdistanzierungsmerkmal sowie zur Stigmatisierung des autochthonen Idioms.[35]

Was läßt sich im Anschluß daran über die gesellschaftliche Verteilung der beiden Sprachen sagen? Kommt es hier durch den Sprachkontakt zu einer Diglossiesituation?[36] Unter ‚Diglossie' ist ein soziales Phänomen zu verstehen, das – im Gegensatz zum Bilingualismus als individuelle Zweisprachigkeit – in Abhängigkeit von der Dominanz- sowie Domänenkonfiguration und des sozialen Sprachprestiges kollektive Zwei- bzw. Mehrsprachigkeit bedeutet. Diglossie stellt somit einen eher statischen, gesellschaftlich normierten Zustand dar, der den Gebrauch unterschiedlicher Idiome in verschiedenen Domänen in funktionaler Hinsicht bestimmt und demzufolge sprachenpolitischen Charakter besitzt. Der Terminus ‚Diglossie' ist 1959 von Ferguson in einer Weise definiert worden, die von Kremnitz sinngemäß wie folgt wiedergegeben wird:

> „Il fait la différence entre une variété haute (H) et une variété basse (L) d'une seule langue ou de deux langues génétiquement étroitement apparentées, et qui remplissent des fonctions différentes dans les sociétés respectives." (Kremnitz 1996: 247)

In Anbetracht dieser Definition ist der mittelniederdeutsch-altpolabische Sprachkontakt nicht als Diglossie zu beschreiben. Es existiert zwar sowohl eine Verteilung der Idiome auf verschiedene Domänen als auch eine Hierarchisierung bezüglich Sozialprestige, aber das Kriterium der genetischen Sprachverwandtschaft ist nicht erfüllt.

Diese Definition ist 1967 von Fishman um drei Komponenten erweitert worden: Erstens ist das von Ferguson geforderte Kriterium der genetischen Verwandtschaft beider Idiome nicht mehr relevant, zweitens ist eine Hierarchisierung der Idiome nach gesellschaftlichem Sozialprestige nicht mehr notwendig, und drittens ist das Diglossieverhältnis als unabhängig von der bilingualen Sprecherkompetenz der Individuen der Sprachgemeinschaft definiert.[37]

---

33 Im Unterschied zur Sprachenpolitik als ‚exoglossisch-interethnischem' Prozeß definiert v.Polenz Sprachpolitik als einen ‚endoglossisch-intraethnischen' Prozeß, wenn sich dieser innerhalb einer Sprache bzw. Volksgruppe vollzieht, vgl. v.Polenz 1991: 272.
34 Vgl. v.Polenz 1991: 274.
35 Vgl. v.Polenz 1991: 290.
36 Zur Theorie der Diglossie vgl. Bechert/Wildgen 1991: 60f.; Kremnitz 1996 und Weinreich 1977: 251ff.
37 Vgl. Kremnitz 1996: 248 und Lüdi 1996: 237.

Extralinguistische Faktoren des Sprachkontakts   25

Im Kontext dieser erweiterten Definition nach Fishman kann für den mittelniederdeutsch-altpolabischen Sprachkontakt ein sogenanntes ‚externes Diglossieverhältnis'[38] angenommen werden. Dieses ist nicht durch eine statische, deterministische, sondern vielmehr durch eine dynamische, integrative Diglossie gekennzeichnet, die im zeitlichen Kontinuum zugunsten des dominanten mittelniederdeutschen Idioms mit dem Sprachtod des Altpolabischen im 15./16. Jahrhundert endet.[39]

Demzufolge ist der mittelniederdeutsch-altpolabische Sprachkontakt der zweiten Periode der Kontaktphase nicht mehr als wechselseitig, sondern vielmehr als einseitig konzipiert zu betrachten. Daher verlaufen insbesondere die phonemischen, aber partiell auch die morphemischen sowie semantischen Interferenzen vom Mittelniederdeutschen als Primär- bzw. Superstratsprache (A) in Richtung des Altpolabischen als Sekundär- bzw. Substratsprache (B): $L_A \rightarrow L_B$.

4.6   Bilingualismus und Sprachtod

Gemäß der in der Einleitung vorgelegten Definition stellt Mehrsprachigkeit eine unabdingbare Voraussetzung für Sprachkontakt dar. Als mehrsprachig ist nach Wiesinger eine Situation definiert,

> „[...] wenn in einem Gebiet zur gleichen Zeit eine Gemeinschaft mit benachbarten anderssprachigen Gemeinschaften in Kontakt steht und die Sprachen jener Gemeinschaften neben der Muttersprache zumindest von einem Teil der Angehörigen dieser Gemeinschaft beherrscht und in bestimmten Kommunikationssituationen gebraucht werden." (Wiesinger 1996: 979)

Nach dieser Definition repräsentiert der mittelniederdeutsch-altpolabische Sprachkontakt Ost- und Südholsteins aus diachroner Perspektive einen historischen Fall von Bilingualismus. Die altpolabischen Toponyme durchlaufen bis zur aktuellen neuhochdeutschen Form insgesamt zwei Sprachstufen: altpolabische Form → mittelniederdeutsche Form → neuhochdeutsche Form. Dementsprechend ist es legitim, diese Oikonyme infolge ihrer Herkunft aus ehemals bilingualen Verhältnissen als ‚historisch mehrsprachige Ortsnamen' zu charakterisieren.[40]

Die zweisprachigen Verhältnisse der ersten Periode der Kontaktphase werden durch die folgenden Belege aus der Slawenchronik Helmold von Bosaus bezeugt:

(1)
„Quibus et sacerdos Dei Bruno iuxta creditam sibi legacionem sufficienter amministravit verbum Dei, habens sermones conscriptos Slavicis verbis, quos populo pronuntiaret oportune." (Helmold von Bosau 1963: 296)

(2)
„Filius Godescalcus nomine apud Lunenburg scolaribus erudiebatur disciplinis." (1028) (Helmold von Bosau 1963: 96)

(3)
„Sane magnae devocionis vir dicitur tanto religionis divinae exarsisse studio, ut sermonem exhortationis ad populum frequenter in ecclesia ipse fecerit, ea scilicet quae ab episcopis vel presbiteris mistice dicebantur cupiens Slavicis verbis reddere planiora." (1044) (Helmold von Bosau 1963: 100)

---

[38] Kloss definiert als ‚extern' eine Diglossie zwischen genetisch nicht-verwandten Sprachen. Im Gegensatz dazu ist als ‚intern' eine Diglossie zwischen genetisch verwandten Idiomen zu verstehen; vgl. hierzu Kremnitz 1996: 249.
[39] Diese ‚externe Diglossie' wird im 17. Jahrhundert durch ein ‚internes Diglossieverhältnis' abgelöst, das zwischen der niederdeutschen und hochdeutschen Varietät besteht. Die mit der neuhochdeutschen Schriftsprachentwicklung verbundenen sprachenpolitischen Zwänge betreffen ebenfalls die soziale Stigmatisierung des Mittelniederdeutschen, das – obwohl es eine der frühbürgerlichen Schreiblandschaften darstellt – nicht „am überregionalen Ausgleich auf dem Wege zur nhd. Schriftsprache beteiligt" (v.Polenz 1991: 181) ist.
[40] Vgl. Wiesinger 1990: 218; 1996: 980 und Sonderegger 1983: 48ff.

(4)
„Cumque pervenissent ad rivulum qui dicitur Suale, quique disterminat Saxones a Slavis, premiserunt virum gnarum Slavicae linguae, qui exploratet, quid Slavi agerent aut qualiter expugnacioni verbis instarent." (1075) (Helmold von Bosau 1963: 114)

Demzufolge ist Zweisprachigkeit bereits vor der deutschen Ostkolonisation belegt, und Kaestners These, daß „[d]ie Voraussetzungen für eine echte Zweisprachigkeit [...] erst nach der Christianisierung und Eingliederung der Slawen" (Kaestner 1979: 208) gegeben seien, ist somit widerlegt. Jedoch muß in diesem Kontext – mit Bezug auf Kapitel 4.3 – nochmals betont werden, daß ausschließlich Repräsentanten höherer sozialer Schichten beider Ethnien wie Missionare (1), Fürsten (2, 3) und Diplomaten (4) eine bilinguale Kompetenz besitzen; die Mehrzahl der Bevölkerung beider Ethnien bleibt in dieser ersten Phase monolingual, da sich der Sprach- und Kulturkontakt nur in Domänen vollzieht, die keine Beteiligung breiter sozialer Schichten erfordern.

Mit Hengst[41] kann festgehalten werden, daß die in deutschen Domschulen unterrichteten slawischen Fürstensöhne (2) dort selbst Lehrtätigkeiten übernehmen und sowohl Missionare als auch Diplomaten und Kanzleischreiber in altpolabischer Sprache unterweisen. In dieser Phase ist demnach der Erwerb bilingualer Kompetenzen als ein bewußter, systematischer Prozeß charakterisiert.[42] Diese Zweisprachigkeit ist als eine Art ‚koordinierter Bilingualismus' definiert,[43] d.h. jeder Sprache ist jeweils ein Wirklichkeitsmodell zugeordnet, so daß beide Idiome ohne Mischung in getrennten sozialen Kontexten verwendet werden.

Sowohl in Anbetracht dieser koordinierten Zweisprachigkeit als auch aufgrund der intensiven Kenntnisse des altpolabischen Idioms bei deutschen Kanzleischreibern ist davon auszugehen, daß die Toponyme im Sprachkontakt als Transsumte mit großer Nähe zur altpolabischen phonemischen Basis fixiert werden und nur minimale mittelniederdeutsche Interferenz bezeugen; sie werden lediglich graphemisch an die geläufigen Phonem-Graphem-Relationen des Lateinischen bzw. Deutschen jener Zeit angeglichen.[44]

Im Gegensatz zu dieser Vorkolonisationszeit muß für die zweite Periode der Kontaktphase ein quantitativ erweiterter Personenkreis bilingualer Individuen angenommen werden, der – in Anbetracht der deutschen Ostkolonisation und demzufolge gemeinsamer Siedeltätigkeit – aus einem kulturellen und sprachlichen Nahkontakt zwischen allen sozialen Bevölkerungsschichten beider Ethnien resultiert. Diese neue Art von Zweisprachigkeit ist nach Bellmann[45] als ein ‚naturaler Bilingualismus' charakterisiert, d.h. die Kompetenz des zweiten Kodes wird ohne systematische Unterweisung sukzessiv erworben und beruht ausschließlich auf direktem Kontakt und der Koexistenz beider Idiome auf demselben geographischen Areal. Dieser Bilingualismus ist ferner im Gegensatz zu demjenigen der Vorkolonisationszeit nicht mehr als koordiniert, sondern vielmehr – infolge der Sprachenmischung – als ‚kombiniert' zu erachten,[46] d.h. es existiert nur ein Wirklichkeitsmodell für beide Idiome, aus dem konsequenterweise mittelniederdeutsch-altpolabische Interferenzen resultieren. Die mehrsprachigen Ortsnamen, die auf diesen Nahkontakt zurückgehen, sind mit Wiesinger[47] als ‚direkte indigene Toponyme' klassifiziert,

„[...] die im Rahmen des Sprachkontakts auf natürlichem Weg durch phonologische und morphologische Integrierung oder als Namenpaare durch Übersetzung von der einen in die andere Sprache gelangt sind [...]." (Wiesinger 1996: 980)

---

41 Vgl. Hengst 1990b: 109; 114ff. und 1990c.
42 In Anbetracht des schriftsprachlichen Gebrauchs des lateinischen Idioms besitzen die deutschen Missionare, Chronisten und Kanzleischreiber sogar trilinguale Kompetenz. Da die nachfolgenden Ausführungen ausschließlich die mittelniederdeutsch-altpolabische Zweisprachigkeit fokussieren, wird die individuelle Mehrsprachigkeit, die durch weitere Idiome verursacht wird, nicht berücksichtigt; daher wird ebenfalls bei den deutschen Kanzleischreibern im folgenden von Zweisprachigkeit geprochen.
43 Vgl. Lüdi 1996: 235 und Weinreich 1977: 247ff.
44 Vgl. Hengst 1990a: 254f. und 1990b: 114f.
45 Vgl. Bellmann 1973: 90.
46 Vgl. Lüdi 1996: 235.
47 Vgl. Wiesinger 1990: 217, 219f. und 1996: 979f.

Demzufolge ist die Zweisprachigkeit des mittelniederdeutsch-altpolabischen Sprachkontakts direkt am toponymischen Material zu belegen:[48]

(5)
„*Est autem Aldenburg, ea quae Slavica lingua Starigard, hoc est antiqua civitas, dicitur, sita in terra Wagirorum, in occiduis partibus Balthici maris, et est terminus Slaviae.*" (1163-1168) (Helmold von Bosau 1963: 68)

(6)
1322 *Johannes de Ghneninghe*

(6a)
1433 *Wendeschen Gnenynghe*

(6b)
1363 *de Moscelinge*

(7)
1280 *de ... Gummesse/Gumesce*
1316 *desse dhorp ... Gomice*
1376 *Gometze*

(7a)
1198/99 *Grobnize*
1280 *Grobenisse*
1316 *tho der Grobenice*
1322 *villam Grobenitze*

(7b)
1220 *Benedictus de Prodole*
1221 *Benedictus et frater suus Scacko de Perdole*
1316 *Prodole*

(7c)
1194 *in parrochia Stralige*
1370 *to Sterley*
1442 *in deme kerspele to Stralye*

(8)
„*villam dictam Gutow cum stagnis et locis silvestribus propie mit den rōden Rǎdlaze, Dolgolaze et Trampze...*" (1390)

(9)
„*wente Lubeke in Wendesscher tuncghen hete ene vroude veler lude; wente Lubech an Wendescher tuncghen het en vrolicheit aller lude*" (14. Jh.)

(9a)
„*vocavitque eam nomine antiquo Lubek, quod Slavonicum idioma est in vulgari Theutonico amoenum sonat, eo quod locus amoenus esset et delectabilis*" (Anfang 15. Jh.)

(9b)
„*insgeheim heisset sie Lübeck, welches so viel in der Wenden Mutter-Sprach bedeutet als ein Liebchen*" (1521)

Textbeispiel (5) illustriert am Toponym mnd. *Aldenburg* (OH) zu mnd. *olt, alt* ‚alt' und mnd. *borch, borg* ‚Burg' das Phänomen einer konformen Lehnübersetzung von altpolabisch +*Starigard* zu aplb. **stary* ‚alt' und aplb. **gard* ‚Schloß, Stadt, Burg'. Neben der semantischen Übereinstimmung der beiden Namenglieder ist des weiteren eine äquivalente Wortbildung vorhanden: Sowohl die altpolabische Grundform als auch die mittelniederdeutsche Übersetzung repräsentieren beide Wortverbindungen aus Adjektiv und Substantiv, wobei das Adjektiv des mittelniederdeutschen Namengliedes aufgrund der Isolierung aus der syntaktischen Fügung mnd. **to der alden, olden borch* ‚zur alten Burg' dekliniert ist und das

---

[48] Unter diesem Gliederungspunkt werden die bilingualen Verhältnisse am Beispiel von Namenübersetzungen u.ä. dokumentiert. Die „phonologische und morphologische Integrierung" (Wiesinger 1996: 980) als weiteres Dokument von Zweisprachigkeit wird in Kapitel 5 analysiert.

Flexionselement als Fugenzeichen behält. Dadurch, daß das deutsche Grundwort {burg} ein für deutsche Toponyme spezifisches Kompositionsglied darstellt, erfolgt intuitiv die Klassifizierung dieses altpolabischen Toponyms als ein deutsches Kompositum. Diese Transferenzerscheinung repräsentiert die bedeutsamste Form des ‚kulturellen Bilingualismus' und stellt ein Zeugnis für einen längeren, intensiven Sprachkontakt dar.[49]

Ferner dokumentieren die hybriden Lehnübersetzungen +Deutsch/+Wendisch-Gneningen (OH), aplb. *Gněvnici, sowie Moisling (OH), aplb. *Myslici, in den Belegen (6) bis (6b) bilinguale Sprecherkompetenz. In diesen altpolabischen Toponymen ist jeweils das patronymische Suffix aplb. {ici} durch das deutsche patronymische Suffix {ing(en)} substituiert worden. Demnach ist den mittelniederdeutschen bilingualen Individuen nicht nur das altpolabische Lexikon wie im Fall der konformen Lehnübersetzung bekannt, sondern die bilinguale Kompetenz umfaßt vielmehr Kenntnisse sowohl der funktionalen Bedeutung der altpolabischen Topoformanten als auch der Morphemstruktur der altpolabischen Ortsnamen.

Trotz dieser eindeutigen Zweisprachigkeitsdokumente ist jedoch der zeitliche Rahmen der bilingualen Verhältnisse in Anbetracht der defizitären Quellenlage nicht exakt rekonstruierbar. Die Namenerstbelege dieser hybriden Lehnübersetzungen aus dem 14./15. Jahrhundert zeigen bereits eine durchgeführte partielle Übersetzung. Dadurch, daß keine älteren Belege existieren, muß der Möglichkeit Rechnung getragen werden, daß die Namenentlehnungen und somit die bilingualen Verhältnisse in ein früheres Jahrhundert datiert werden könnten. Ebenso muß in Erwägung gezogen werden, daß die Zweisprachigkeit im 14./15. Jahrhundert bereits erloschen sein könnte und diese Namenbelege allenfalls einen historischen Bilingualismus repräsentierten.

Die Existenz einer – zumindest partiellen – bilingualen Kompetenz bis ins 14./15. Jahrhundert ist jedoch anhand von ‚Mehrfachentlehnungen' aus kontinuierlichen Namenbelegreihen (7-7c) ableitbar. Als mehrfach entlehnte Toponyme sind Ortsnamen klassifiziert,

> „[...] die in der Graphie [...] erkennbare anhaltende lautliche Nähe [...] zur ausgangssprachlichen Form bzw. evtl. im 14./15. Jh. erkennbare partielle Neuanlehnung des Lehnnamens an die Ausgangsform" (Hengst 1988: 13)

zeigen. Die Toponyme Gömnitz (OH) (7), aplb. *Gum'nica ‚Tenne, Hütte, Wirtschaftshof', sowie Grömitz (OH) (7a), aplb. *Grob'nica ‚Grabhügel, Graben, Kanal', illustrieren dieses Phänomen exemplarisch an der Integration des altpolabischen Topoformanten {ica/ice}, der im Mittelniederdeutschen bzw. Neuhochdeutschen systematisch {itz} ergibt (vgl. Kapitel 5.3.2). Beide Belegreihen dokumentieren nach bereits erfolgter phonemischer Integration im 12./13. Jahrhundert (1280 Gummesse/Gumesce; 1198/99 Grobnize) eine das Namenzweitglied betreffende Mehrfachentlehnung im 14. Jahrhundert, die eine sowohl graphemische als auch morphemische Nähe zur altpolabischen Grundform besitzt: Gomice (1316), Grobenice (1316). Somit besteht zwischen Erst- und Zweitintegrat Diskontinuität. Die These, daß noch im 14./15. Jahrhundert einer bilingualen Sprachgemeinschaft Rechnung getragen werden muß, wird durch zwei weitere Exemplare von Mehrfachentlehnungen (7b, 7c) im 13./14. und 15. Jahrhundert gestützt. Die phonemische Integration der Oikonyme Perdöl (PLÖ), aplb. *Predol'e (Sg.), *Predoly (Pl.) ‚Tal, untere Seite, Boden, Fußboden, Grube, Vertiefung', sowie Sterley (LAU), aplb. *Str'aly (Pl.) ‚Pfeil, Flußarm', zeigt sich an der für Perdöl 1221 und für Sterley 1370 durchgeführten frühmittelniederdeutschen Liquidametathese.[50] Diese wird in den Belegen vom 13./14. (Prodole) bzw. 15. Jahrhundert (Stralye) durch eine Namenform, die der altpolabischen Grundform nahesteht, resubstituiert. Unter Berücksichtigung des Faktors, daß einer schriftlichen Übernahme des Toponyms eine akustisch-lautliche Realisation vorausgeht, deuten diese Mehrfachentlehnungen direkt darauf, daß das altpolabische Idiom im 14. Jahrhundert in Ost- und Südholstein noch aktiv gesprochen wird.

Einen weiteren Beleg sowohl für intensiven Sprachkontakt als auch für Zweisprachigkeit beider Ethnien in der Rodungsperiode des 14. Jahrhunderts repräsentiert der Flurname Rodlaze (OH), aplb. *Dolgolaz(y) (8). Es handelt sich bei diesem Toponym um ein tautologisches Kompositum, dessen Bildung auf bilingualer Kompetenz beruht: Das erste Namenglied ist zu mnd. rod ‚Rodung', das zweite zu aplb. *laz ‚Rodung' zu stellen. Damit wird die These Laurs widerlegt, der die Existenz von Namentautologien auf den Kenntnisverlust der ursprünglichen Namenmotivation zurückführt.[51] Mit obiger Erörterung steht

---

49 Vgl. Walther 1978: 48.
50 Vgl. Schmitz 1981: 464 und 1990: 458.
51 Vgl. Laur 1996: 1375.

jedoch außer Frage, daß absolut synonyme Appellative zu den in der Namenausgangsform zugrundegelegten nur dann gebildet werden können, wenn eine ausreichende Kenntnis beider Idiome, d.h. also Bilingualität, vorliegt. Außerdem ist nicht rekonstruierbar, welches Namenglied, d.h. entweder das mittelniederdeutsche oder das altpolabische, als das primär gegebene zu klassifizieren ist. Es ist daher in Anbetracht sowohl der intensiven interethnischen Siedeltätigkeit als auch der Sprachenmischung anzunehmen, daß dieses Toponym als ein bereits tautologisch konzipiertes beim Namengebungsakt in der Rodungsperiode gebildet wird.

Einen hochfrequenten Spezialfall für den Nachweis bilingualer Kompetenz breiter sozialer Schichten beider Ethnien stellen die slawisch-deutschen Mischnamen dar, die analog der Namentautologie infolge des intensiven interethnischen Zusammenlebens entstanden sind. In Anbetracht ihrer besonderen Bedeutung sowohl für den Sprach- und Kulturkontakt als auch für den Bilingualismus werden sie in Kapitel 7 ausführlich diskutiert.

Von den bisher analysierten Toponymen, die auf eine aktive bilinguale Kompetenz zumindest einzelner Individuen bis ins 15. Jahrhundert deuten, sind die Namenbelege (9) bis (9b) zu unterscheiden. Hier wird allenfalls dokumentiert, daß den Chronisten sowohl die etymologische Herkunft als auch die lexikalisch-semantische Bedeutung z.B. des Toponyms *Lübeck* (HL) zu aplb. *luby ‚lieb, angenehm, geliebt, freundlich' noch bewußt ist.[52] Das Oikonym selbst wird jedoch ausschließlich als mittelniederdeutsches Integrat ohne aktuelle altpolabische Interferenz realisiert, so daß nur eine minimale passive Kompetenz des altpolabischen Idioms für das 16. Jahrhundert festgestellt werden kann; eine aktive bilinguale Sprachgemeinschaft ist somit spätestens zu diesem Zeitpunkt erloschen.

Resümierend ist festzuhalten, daß einerseits eine aktive bilinguale Kompetenz für eine breite Bevölkerungsschicht von der Mitte des 12. Jahrhunderts bis zur Rodungsperiode im 14. Jahrhundert vorhanden ist. Da in Anbetracht der Sprachenmischung konkurrierende Ausdrücke für dieselben Objektbereiche existieren (vgl. die Namentautologie *Rodlaze* (OH)), ist andererseits aus sprachökonomischen Gründen logisch und nachvollziehbar, daß eines der Idiome im zeitlichen Kontinuum aussterben müßte.

Unter Berücksichtigung sowohl der Dominanzkonfiguration als auch der Verwendung des mittelniederdeutschen Idioms in den Domänen ‚Öffentlichkeit' und ‚Administration' ist – um der psycholinguistischen Komponente der Sprachwahl des Individuums in Zweisprachigkeitssituationen Rechnung zu tragen – eine Lösung der slawischen Ethnie von der affektiven Bindung an ihre Muttersprache und deren kontinuierliche Substituierung durch das mit höherem Sozialprestige konnotierte mittelniederdeutsche Idiom erwartbar. Dieser Sprachenwechsel „ist von der Funktions- und Prestigeminderung her auch aus einer strukturellen ‚Destabilisierung' der schriftlosen slawischen Sprachen zu erklären" (v.Polenz 1991: 303). Damit korrespondiert in entgegengesetzter Richtung die Reduktion der Altpolabischkenntnisse bei deutschen Kanzleischreibern im 13./14. Jahrhundert, d.h. nach der vollständigen Durchsiedlung Ost- und Südholsteins[53] sowie der Etablierung der mittelniederdeutschen Schreibsprachkultur. Demzufolge wird ebenfalls die mündliche Kommunikation in der Domäne ‚Nicht-Öffentlichkeit' durch den zunehmenden Gebrauch des Mittelniederdeutschen geprägt, so daß eine phonemische, morphemische sowie semantische Adaptation der altpolabischen Integrate ans mittelniederdeutsche onymische System erfolgt.[54]

Mit Kaestner kann daher gefolgert werden, daß die zu Beginn der Ostexpansion existierende wechselseitige Zweisprachigkeit sukzessiv durch eine einseitige seitens der slawischen Ethnie ersetzt[55] und im 15./16. Jahrhundert durch weitgehend mittelniederdeutsch monolinguale Verhältnisse abgelöst wird.

Aus der Perspektive der Superstratsprache ist dieser Prozeß als ‚Reunilingualisierung', vom Standpunkt der Substratsprache als ein ‚Sprachtod' zu charakterisieren, der aus der Eliminierung altpolabischer Elemente aus der mittelniederdeutsch geprägten Kommunikationskultur resultiert. Diese Eliminierung des Altpolabischen vollzieht sich nach Vincenz in Form eines ‚approximativen Systems',[56] das sowohl eine vom Mittelniederdeutschen als auch vom Altpolabischen abweichende Sprachstruktur besitzt, die sich über mehrere aufeinanderfolgende Sequenzen dem System der Superstratsprache annä-

---

52 Zu einer ausführlichen Diskussion des Toponyms *Lübeck* s. Schmitz 1990: 205ff. und 1992: 100ff.
53 Vgl. Hengst 1988: 12 und 1990c: 103.
54 Trotz dieser Interferenz bleibt die Identifizierung der Ortsnamen in Anbetracht des monoreferentiellen Charakters von Onymen garantiert.
55 Vgl. Kaestner 1979: 208; vgl. auch Fischer 1972: 14 und v.Polenz 1991: 302f.
56 Vgl. Weinreich 1977: 270. Bechert/Wildgen 1991: 118ff. erläutern diesen Prozeß mit dem sequentiellen Modell der Generativen Transformationsgrammatik auf ähnliche Weise.

hert, bis es diesem äquivalent ist. Dadurch wird jeweils nur ein reduziertes Modell des altpolabischen Idioms an die nachfolgende Generation tradiert, was im zeitlichen Kontinuum zum Sprachtod des Altpolabischen führt. In Anbetracht dieses Sachverhalts ist ersichtlich, daß Sprachenwechsel und Sprachtod nicht durch sprachstrukturinterne Faktoren motiviert sind, sondern vielmehr auf sprachexternen Bedingungen beruhen. Darauf verweist ebenfalls v.Polenz, der den Sprachtod als die „radikalste Folge" (v.Polenz 1991: 272) der diglossischen Sprachenpolitik charakterisiert, die sozialgeschichtlich als „kulturelle Unterdrückung" (v.Polenz 1991: 281) des slawischen Idioms erklärbar ist.[57]

In diesem Kontext ist es von Bedeutung, daß die Reunilingualisierung bzw. der Sprachtod des Altpolabischen in etwa mit dem Sprachenwechsel von mittelniederdeutscher zu hochdeutscher Schriftsprache in der zweiten Hälfte des 16. bzw. Anfang des 17. Jahrhunderts zusammenfällt. Offenbar ist es im Rahmen dieser neuhochdeutschen Schriftsprachentwicklung sowie der damit verbundenen Ausgleichs- und Standardisierungsprozesse von sprachenpolitischem Interesse, die letzten, noch in der mündlichen Kommunikation existierenden fremdsprachlichen Elemente vollständig zu eliminieren.[58]

Der hier dargelegte alternierende Wechsel von mono- und bilingualen Sprachzuständen ist wie folgt zu schematisieren (vgl. Abbildung 2):

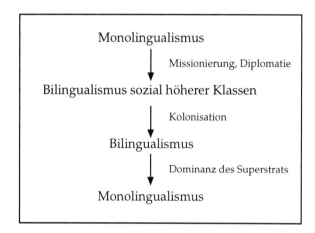

Abbildung 2: Reunilingualisierung

Diese Reunilingualisierung findet ebenfalls im toponymischen Material ihren Niederschlag. Zahlreiche Oikonyme altpolabischer Herkunft bezeugen, daß sie mit dem Sprachtod des Altpolabischen unverständlich werden und eine Umbenennung erfahren. Beispielsweise wird das altpolabische Toponym +Widöle (OH) nach 1466 in mnd. Häven umbenannt, das eine erstarrte Form des pluralischen Lokaldativs zu mnd. hof, Dativ Singular hove, have ‚eingefriedigter Raum, Landsitz, Landgut, Meierhof' darstellt:

(10)
1466 up deme have to Wedole, to Wydole
1549 to den Hoven

Ebenso verhält es sich mit den Oikonymen +Deutsch/+Wendisch-Gneningen (OH), die Ende des 16. Jahrhunderts in Güldenstein zu mnd. gülden ‚golden', mnd. stē͡n ‚Fels, steinernes Haus, Turm' – eine poetische Namengebung in Analogie zu den Burgennamen Mittel- und Süddeutschlands – umbenannt werden:[59]

(11)
1504 to Gneninghen
1528 Katharina Pogwisch ... tho Gneninge
1599 zu ... Güldenstein

---

57 Vgl. auch Boot 1996: 579f. Zu den Konsequenzen, die aus Sprachverfremdung für die ethnische Identität resultieren, vgl. Nelde 1980: 24.
58 Vgl. v.Polenz 1991: 272ff.
59 Zu weiteren umbenannten Toponymen s. Schmitz 1981: 519f. und 1990: 490f.

Neben diesen im 15./16. Jahrhundert umbenannten altpolabischen Toponymen existiert eine geringere Anzahl von Ortsnamen altpolabischer Herkunft wie +*Kolatza* (LAU) (umbenannt +*Klotesfelde*) und +*Pukendorf* (LAU) (umbenannt *Großschenkendorf*), die bereits im 12. Jahrhundert umbenannt werden. Offenbar handelt es sich hier um von Slawen verlassene Wohnplätze, die im Zuge der deutschen Ostexpansion ausschließlich von deutschen Kolonisten besiedelt und dementsprechend nach deutschem onymischen Muster benannt werden.

Im Unterschied zu den indigenen mehrsprachigen Toponymen, bei denen auch nach dem Sprachtod altpolabischer Substrateinfluß sowohl in Anbetracht ihrer etymologischen Herkunft aus dem Slawischen als auch infolge phonemischer, morphemischer und semantischer Interferenzen identifizierbar ist, werden die umbenannten Toponyme nach Wiesinger als ‚artifizielle' mehrsprachige Ortsnamen definiert, „deren Form durch einen meist politischen Akt der Namengebung als Umbenennung entstanden ist" (Wiesinger 1996: 980). Diese Toponyme sind somit durch eine diskontinuierliche Entwicklung vom Altpolabischen zum Mittelniederdeutschen bzw. Neuhochdeutschen charakterisiert, wobei deren neuhochdeutschen Namenformen keine altpolabischen Interferenzen aufweisen.

5 Kontaktlinguistische Auswertung der slawischen Toponyme

5.1 Methodische Vorbemerkung

Eine umfassende linguistische Analyse des toponymischen Integrationsprozesses hat alle sprachlichen Ebenen zu berücksichtigen, die in der Struktur der entlehnten Toponyme enthalten sind, um den Erfordernissen der Kontaktlinguistik Rechnung tragen zu können. Diesem Prinzip gemäß ist das innerhalb der Sprachkontaktonomastik entworfene linguistische Beschreibungsmodell[60] Ernst Eichlers konzipiert, das drei Analyseebenen umfaßt. Der ‚Aspekt der Sprachebenen' erläutert die

> „[...] Auswirkungen der onymischen Interferenz [...] unter Berücksichtigung von Parallelen und Unterschieden zwischen dem onymischen und nichtonymischen [...] Bereich der Lexik, [die] Prozesse, die die Integration auf den einzelnen Sprachebenen begleiten und [die] sprachlichen Einheiten, die verändert werden." (Eichler 1976/1989: 379)

Für eine diachrone Untersuchung historischer Sprachkontakte betont Eichler die Vorrangigkeit einer Analyse von phonemischer, morphemischer sowie lexikalisch-semantischer Interferenz. Diese Kriterien stimmen mit denen des klassischen Modells Weinreichs überein, der für die Betrachtung linguistischer Interferenz im Appellativwortschatz ebenfalls phonemische, grammatische und lexikalische Aspekte anführt.[61] Daher stellt die Auswertung der sich auf diesen Ebenen vollziehenden Interferenz im toponymischen Material den Kernpunkt der folgenden kontaktlinguistischen Untersuchung dar. Daneben wird dem ‚arealen Aspekt' in Kapitel 6 Rechnung getragen, unter dem sowohl die postintegrative Fixierung der Toponyme – basierend auf den Topoformanten – nach namengeographischen Prinzipien als auch die

> „[...] Herausbildung von Arealen bei den durch die onymische Interferenz verursachten Erscheinungen, besonders auf morphematischer Ebene" (Eichler 1976/1989: 379)

zu verstehen ist.[62]

Bevor die linguistische Auswertung des onymischen Materials dargelegt wird, muß vorab methodisch Grundsätzliches bemerkt werden. Die Untersuchung der phonemischen Integration erfolgt diachron und fokussiert die mittelniederdeutsch-altpolabische Phonemsubstitution sowie phonemische Interferenzen, die zwischen rekonstruierter altpolabischer Grundform und Urkundenerstbeleg des Toponyms bezeugt sind. Genuin mittelniederdeutsche sowie neuhochdeutsche Phonemwandelerscheinungen, die im zeitlichen Kontinuum die Phonemgestalt des altpolabischen Toponyms beeinflussen, werden nicht diskutiert, es sei denn, sie sind bereits im Urkundenerstbeleg dokumentiert. Die Analyse sowohl der morphemischen als auch der semantischen Integration der altpolabischen Toponyme erfolgt vorwiegend synchron und legt die neuhochdeutsche Namenform zugrunde; wo nötig, wird jedoch auch auf die diachrone Entwicklung der altpolabischen Ortsnamen zurückgegriffen.

Die jeweils exakte Darlegung der methodischen Vorgehensweise für die Auswertung der phonemischen, morphemischen und lexikalisch-semantischen Integration ist im Anhang ausführlich erläutert. Dort befindet sich ebenso eine nach spezifischen phonemischen, morphemischen und semantischen Analysekriterien systematisierte Auflistung der untersuchten Toponyme nebst einer statistischen Doku-

---

60 Vgl. Eichler 1976/1996: 379; 1980: 129; 1981: 10; 1996: 119; Eichler/Hengst/Wenzel 1986: 20f.; Eichler/Šrámek 1984: 12ff. und Hengst 1985: 810; 1996: 1007.
61 Vgl. Weinreich 1977: 30-95. Lötzsch 1977: 594f. formuliert ebenfalls strukturelle Konsequenzen des Sprachkontakts und differenziert zwischen indirekten lexikalischen Entlehnungen sowie direkten phonemischen und morphemischen Auswirkungen. Ebenfalls liegt der Fokus neuerer kontaktlinguistischer Untersuchungen sowohl im appellativischen als auch im onymischen Bereich auf diesen Ebenen; vgl. Bechert/Wildgen 1991: 115; Clyne 1996: 13; Krier 1990: 1728 und Nicolaisen 1996.
62 Eine Analyse des toponymischen Materials unter dem von Eichler neben diesen Kriterien erwähnten ‚soziologischen Aspekt', nach dem sowohl die Realisierung der Toponyme in Sozio- und Idiolekten als auch die aus der Interferenz resultierenden Namenvarianten untersucht werden, ist im Umfang dieser Arbeit nicht durchführbar. Ebenfalls wird sich vom ‚Interferenzfilter' Sondereggers 1983: 53ff. distanziert, da dieses Modell auf einer abstrakten Ebene formuliert ist und keine konkreten Kriterien zur Verfügung stellt, anhand derer die onymische Interferenz untersucht werden kann. Dennoch ist die Leistung dieses Modells zu betonen, die in der Darlegung der Kausalverknüpfung von einerseits sprachexternen und andererseits sprachinternen Faktoren besteht.

mentation der Interferenzerscheinungen. In bezug auf die im folgenden Text genannten Ortsnamenbeispiele (Angabe erfolgt, wenn nicht anders vermerkt, immer in neuhochdeutscher Form) sowie in bezug auf die dargelegten prozentualen Angaben verweise ich auf diese Statistik im Anhang.

Ziel der Auswertung ist nicht, Einzelfälle der toponymischen Integration zu beschreiben, sondern auf der Basis des transsumierten und integrierten altpolabischen toponymischen Materials strukturbildende, systematische Prinzipien und Regeln der mittelniederdeutsch-altpolabischen Interferenz auf allen sprachlichen Ebenen abzuleiten. Deren Generalisierbarkeit muß jedoch vor dem Hintergrund der Quellenproblematik beurteilt werden. Methodisch zweckmäßig ist die Annahme, daß der Sprachkontakt einen statisch-stabilen Zustand darstellt, um die Möglichkeit zur Abstraktion strukturbildender Prinzipien zu besitzen, wenngleich aber beachtet werden muß, daß die Integration faktisch einen dynamischen Prozeß repräsentiert.

5.2 Phonemische Integration

Die phonemische Integration der altpolabischen Toponyme ist zeitlich in die Frühphase der Kontaktperiode einzuordnen und wird – in Anbetracht der phonemischen Substitutionsprozesse – als ‚Transsumtionsphase' charakterisiert.[63] Sie vollzieht sich zunächst innerhalb der mündlichen Kommunikation und wird dann durch den Akt der Verschriftlichung vervollständigt.

Für die Auswertung der phonemischen Interferenz zweier in Kontakt miteinander stehender Sprachsysteme ist es notwendig, diejenigen Bereiche in den jeweiligen Vokal- und Konsonantenphonemsystemen zu ermitteln, in denen die substratsprachlichen Phoneme mit denen des Superstratidioms strukturell kompatibel und daher durch diese ersetzbar sind. Von dieser Substitution im ‚engeren Sinne' ist eine Lautersetzung im ‚weiteren Sinne' zu unterscheiden, die durchgeführt wird, wenn das Substratphonem in der Superstratsprache kein Phonemäquivalent besitzt, sondern an entsprechender Stelle im Phoneminventar des Superstrats vielmehr eine Lücke vorhanden ist. Diese Differenz zwischen beiden Sprachen wird durch Interferenz seitens des Superstrats neutralisiert, indem das Substratphonem durch den phonemisch nächstliegenden superstraten Laut ersetzt wird.[64]

In diesem Kontext muß nochmals betont werden, daß ausschließlich schriftliches, in der Regel kanzleisprachliches Material zur Verfügung steht, aus dem auf phonemische Realisierungen zu schließen ist. Die sorgfältige Graphemanalyse ist somit Voraussetzung für die Untersuchung der Phonemsubstitution. Nach Hengst[65] können mit dieser Methode relativ systematische Phonem-Graphem-Kombinationen zwischen dem altpolabischen und mittelniederdeutschen Idiom rekonstruiert werden. Dennoch ist in Anbetracht sowohl der verschiedenen Schreibertraditionen als auch der heterogenen Quellenlage sowie den damit verbundenen Problematisierungen nicht immer eindeutig nachweisbar, ob die unterschiedlichen Realisierungen der einzelnen Phoneme

„bedeutungsdifferenzierende Funktion, also Phonemwert, hatten oder wieweit es sich lediglich um Varianten eines Phonems, also Allophone, handelte." (Schmidt 1996: 229)

Somit sind die Graphem-Phonem-Korrespondenzen nicht immer einfach und eindeutig zu ermitteln.

---

63 Vgl. Hengst 1985: 817.
64 Zur Theorie der Phonemsubstitution vgl. auch Bellmann 1990: 12; Campell 1996: 98ff., 102; Kaestner 1979: 211; Schmitz 1981: 436 und Weinreich 1977: 16f., 30, 45.
65 Vgl. Hengst 1967: 115 und 1968: 47ff. Jedoch muß angemerkt werden, daß sich die Materialbasis Hengsts auf den ostmitteldeutsch-altsorbischen Sprachkontakt bezieht und – im Unterschied zur heterogenen Quellenlage Ost- und Südholsteins – relativ homogen und in die Frühphase des Sprachkontakts (10./11. Jahrhundert) zu datieren ist, so daß nur geringe phonemische Interferenzen im Transsumtionsprozeß anzunehmen sind.

5.2.1 Vokalismus

Die Analyse der phonemischen Interferenz im Vokalphonemsystem ergibt die folgenden, in Tabelle 1 schematisiert dargestellten Phonemsubstitutionsregularitäten:[66]

Phoneme [/.../]		mnd. Grapheme [<...>]
aplb.	mnd.	Haupttonsilben
a	a	a
e	e	e
ě	e	e
i	i	i, y
y	i	y, i
	ɔy	oy
	y	u, nhd. ü
o	o	o
u	u	u, v
	y	y, iu
ą	an	an
ę	en	en

Tabelle 1: Vokalphonemsubstitutionsregularitäten

Aus dieser Gegenüberstellung ist ersichtlich, daß die Substitution der altpolabischen Phoneme /a/, /e/, /i/ und /o/ jeweils durch die entsprechenden mittelniederdeutschen Vokalphoneme /a/, /e/, /i/ und /o/ erfolgt und durch die Grapheme <a>, <e>, <o> sowie die fakultativen Allographe <i> und <y> für /i/ realisiert wird, z.B. für aplb. /a/ > mnd. /a/: *Basedow* (LAU), *Kassau* (OH) und *Rathlau* (PLÖ); für aplb. /e/ > mnd. /e/: *Bresahn* (LAU), *Sebent* (OH) und *Selent* (PLÖ); für aplb. /i/ > mnd. /i/: *Bellin* (PLÖ), *Dissau* (LAU) und *Griebel* (OH); für aplb. /o/ > mnd. /o/: *Dörnick* (PLÖ), *Kollow* (LAU) und *Koselau* (OH).

Die sich von diesen Substitutionsregeln abgrenzenden Ausnahmen sind quantitativ kaum relevant und beruhen nicht auf mittelniederdeutsch-altpolabischer Phonemsubstitution, sondern belegen im Gegensatz dazu bereits mittelniederdeutsche Interferenz infolge genuin mittelniederdeutschen Phonemwandels.[67] Die einzelnen Ausnahmen der Phonemsubstitution lassen sich wie folgt untergliedern und erklären:

8% der Toponyme mit aplb. /a/ dokumentieren bereits im Erstnamenbeleg die mittelniederdeutsche Rundung von /a/ > /o/ in unbetonter Vorsilbe bzw. vor/nach Labial:[68] *Dodau* (OH/PLÖ), *Neuwühren* (PLÖ), *Kleinrolübbe* (OH), *Römnitz* (LAU), *Stöfs* (PLÖ) und +*Stove* (OH). Daß dieser Phonemwandel aus genuin mittelniederdeutscher Interferenz resultiert, bezeugen die altpolabischen Toponyme *Möhnsen* (LAU), *Schwonau* (OH) sowie *Söhren* (OH), die erst nach ihrer regulären Substitution durch die entspre-

---

66 Die Transkription der altpolabischen Vokal- und Konsonantenphoneme erfolgt – analog Eichler/Walther 1984: 39f. und Hengst 1967: 118, 123f.; 1968 – nach dem Theutonista-System; hingegen wird für die Transkription der mittelniederdeutschen Phoneme das Alphabet der International Phonetic Association (IPA) in der Form verwendet, wie es das Aussprachewörterbuch des DUDENs 1990: 11 für die deutsche Aussprache vorgibt.
67 Terminologisch ist es eventuell nicht ganz exakt, die durch mittelniederdeutschen Phonemwandel bewirkten Ausnahmen im Bereich der Phonemsubstitution als mittelniederdeutsche Interferenz zu bezeichnen, denn es werden dadurch weder Strukturschemata im Altpolabischen noch im Mittelniederdeutschen umgeordnet. Dennoch wird im folgenden von einem interferierenden Einfluß des mittelniederdeutschen Sprachsystems gesprochen, da es infolge des Sprachkontakts zu einer Veränderung der ursprünglichen altpolabischen Vokalphoneme im Namenerstbeleg kommt, die durch mittelniederdeutschen Phonemwandel hervorgerufen wird.
68 Die Gesetze zum mittelniederdeutschen Phonemwandel sind den Monographien von Schmitz 1981: 451-466; 1986: 260-265 und 1990: 449-459 entnommen.

chenden mittelniederdeutschen Phoneme diese Entwicklung aufweisen.[69] Neben dieser mittelniederdeutschen Rundung kann jedoch ebenfalls ein Zusammenfall der Phoneme /a/ und /o/ in offener Tonsilbe vorliegen, der graphemisch als <o> realisiert ist. Des weiteren belegen 11% der Oikonyme die mittelniederdeutsche Umlautung /a/ > /e/ vor einem /i/ der Folgesilbe: +*Gerwitz* (LAU), *Grebin* (PLÖ), *Kehrsen* (LAU), *Segrahn* (LAU), +*Wendisch-Segrahn* (LAU), *Sterley* (LAU), *Trems* (HL), *Wotersen* (LAU), *Groß* und *Klein Zecher* (LAU). Es ist jedoch nicht mit absoluter Sicherheit auszuschließen, daß diese Umlautung nur auf mittelniederdeutsche Interferenz zurückgeführt werden kann, sondern es muß ebenfalls in Erwägung gezogen werden, den Umlaut auf palatale Konsonanz im Altpolabischen und daher auf altpolabische Interferenz zurückzuführen (vgl. Fußnote 72).

Nur 9% der altpolabischen Toponyme mit /e/ dokumentieren eine Ausnahme des Substitutionsgesetzes, und zwar den Einfluß der mittelniederdeutschen Vokalverengung /e/ > /i/ nach Labial bzw. zwischen palatalisierten Konsonanten: *Bresahn* (LAU), *Cismar* (OH), *Priwall* (HL) sowie *Strecknitz* (HL). Der Bezug auf die altpolabischen Toponyme *Bürau* (OH) und *Siblin* (OH), die erst nach der Transsumtion im Verlauf der weiteren Integration in das mittelniederdeutsche Sprachsystem diese Vokalverengung aufweisen, belegt den genuin mittelniederdeutschen Charakter dieses Phonemwandels.

Für die Substitution aplb. /i/ > mnd. /i/ ist nur ein mittelniederdeutscher Interferenzfall im Toponym *Kükelühn* (OH) belegt, das die erstmals im 13. Jahrhundert datierte, genuin mittelniederdeutsche Rundung /i/ > /y/, <ü> dokumentiert. Die fakultativen Allographe <i> und <y> treten schwerpunktmäßig bei den toponymischen Suffixen {in} und {ina/iny} auf; im Gegensatz dazu belegen die Topoformanten aplb. {(ov)ici} und {ica/ice} keine graphemische Realisation des Allographs <y> (vgl. Kapitel 5.3.2).

Die Phonemsubstitution aplb. /o/ > mnd. /o/ ist für 71% der Toponyme dokumentiert, d.h. die Anzahl der von dieser Regel zu klassifizierenden Ausnahmen ist mit 29% – im Gegensatz zu den bereits diskutierten Sonderfällen – quantitativ am größten: 23% der altpolabischen Oikonyme mit /o/ belegen während der Transsumtion die Interferenz der mittelniederdeutschen Vokalverengung /o/ > /u/ vor/nach Labial bzw. in der Umgebung bestimmter konsonantischer Verbindungen: *Bosau* (OH), *Gamal* (OH), *Guttau* (OH), *Hobstin* (OH), *Kükelühn* (OH), *Kulpin* (LAU), *Mustin* (LAU), *Nüchel* (OH), *Nüssau* (LAU), *Plön* (PLÖ), *Plunkau* (OH), *Pötrau* (LAU), *Putlos* (OH), *Ruggelin* (OH), *Sibstin* (OH), *Wasbuck* (OH), *Witzeeze* (LAU) und +*Zuppute* (PLÖ). Dem Rekurs dieses Phonemwandels auf mittelniederdeutsche Interferenz tragen die altpolabischen Toponyme *Curau* (OH), *Gudow* (LAU), *Pülsen* (PLÖ) sowie *Puttgarden* (OH) Rechnung, deren Phonemsubstitution regulär verläuft und die erst im weiteren Integrationsprozeß diese mittelniederdeutsche Vokalverengung realisieren. Ebenfalls verweist Schmitz darauf, daß diese Irregularität nicht auf mittelniederdeutsch-altpolabischer Phonemsubstitution beruht, sondern vielmehr aus direktem Einfluß mittelniederdeutscher Phonementwicklung resultiert.[70] Ferner bilden 5% der altpolabischen Toponyme mit /o/ eine weitere Subklasse von bereits während der Transsumtion interferierten Ausnahmen, die die mittelniederdeutsche Vokalsenkung bzw. Entrundung /o/ > /a/ dokumentieren: *Gamal* (OH), *Labenz* (LAU), *Padelügge* (HL), *Rettin* (OH) und *Walksfelde* (LAU). Den mittelniederdeutschen Charakter dieses Phonemwandels bezeugen wiederum Toponyme, die erst nach regulär erfolgter Phonemsubstitution durch mnd. /o/ im Verlauf der Integration diese Vokalsenkung aufweisen, und zwar *Garkau* (OH), *Priwall* (HL) sowie *Scharbeutz* (OH). 1% Ausnahme stellt das Toponym *Altlauerhof* (HL) dar, das eine Lehndeutung zu mnd. *lewe* ‚Löwe' (vgl. Kapitel 5.4.2) erfährt, d.h. hier wird aplb. /o/ durch mnd. /e/, graphemisch <e> realisiert.

Neben diesen altpolabischen Phonemen, die jeweils zu mehr als zwei Dritteln durch die entsprechenden mittelniederdeutschen Laute ersetzt werden, dokumentiert ebenso aplb. /u/ die Substitution durch das entsprechende mittelniederdeutsche Phonem /u/, die graphemisch durch die fakultativen Allographe <u> und <v> realisiert wird, wobei <v> vokalischen Phonemwert besitzt, z.B. *Groß* und *Klein Disnack* (LAU), *Kükelühn* (OH) und *Schwartbuck* (PLÖ). Im Gegensatz zu den bisher diskutierten, auf mittelniederdeutschen Phonemwandel zurückgeführten Ausnahmen sind aber nicht alle Sonderfälle dieser Substitution auf entweder eindeutig mittelniederdeutsche oder altpolabische Interferenz zu beziehen. 9% der Toponyme mit aplb. /u/ dokumentieren bereits im Erstbeleg die Vokalsenkung

---

[69] Dieser scheinbar unterschiedlichen Transsumtion desselben altpolabischen Phonems trägt Punkt zwei der Quellenkritik Rechnung, der für alle altpolabischen Toponyme reflektiert werden muß, die bereits während der Transsumtion durch mittelniederdeutschen Phonemwandel interferiert werden.
[70] Vgl. Schmitz 1981: 440; 1986: 254f. und 1990: 438f.

/u/ > /o/ vor Liquida: *Dermin* (LAU), *Mölln* (LAU), *Putlos* (OH) und *Trent* (PLÖ). Bei den Toponymen *Mölln* (LAU) sowie *Putlos* (OH) interferiert nach Schmitz eindeutig mittelniederdeutscher Phonemwandel.[71] Kontrovers muß jedoch die Klassifizierung dieses Phonemwandels bei den Toponymen *Dermin* (LAU) und *Trent* (PLÖ) diskutiert werden, bei denen nach Schmitz nicht eindeutig entscheidbar ist, ob die Vokalsenkung „von *u* zu *o* vor *r* auf das Mittelniederdeutsche zurückgehen oder bereits im Altpolabischen erfolgt sein" (Schmitz 1990: 451) könnte. Den möglichen Rekurs dieser Vokalsenkung auf das Altpolabische dokumentiert sie anhand des polnischen Toponyms *Dormowo* < *Durmowo*, an dem für das Polnische die Vokalsenkung /u/ > /o/ vor /r/ belegt ist. Ob dies ebenfalls für das Altpolabische Relevanz besitzt, kann nicht mit Sicherheit entschieden werden, da kein entsprechender Beleg existiert. Sowohl in Anbetracht der Datierung beider Toponyme ins 13. Jahrhundert als auch der Tatsache, daß die durch mnd. /o/ regulär substituierten Oikonyme *Gömnitz* (OH), *Klötzin* (OH), *Löptin* (PLÖ) und *Klein-Löptin* (PLÖ) im Verlauf ihrer weiteren Integration in das mittelniederdeutsche System diese Vokalverengung ebenfalls bezeugen, ist der These den Vorzug zu geben, die für die Vokalsenkung /o/ > /u/ bei *Dermin* (LAU) und *Trent* (PLÖ) mittelniederdeutsche Interferenz annimmt.

Ebenso ist die Realisierung von aplb. /u/ durch mnd. /y/, graphemisch <y>, <iu>, nhd. <ü> in den Namenerstbelegen von *Kalübbe* (PLÖ), *Kücknitz* (HL), *Lebrade* (PLÖ), +*Liutcha* (PLÖ), +*Lütau* (LAU) und *Großrolübbe* (PLÖ) zu problematisieren, die 13% an Ausnahmen vom allgemeinen Substitutionsgesetz darstellen. Bei den zuerst genannten drei Toponymen resultiert der Umlaut aus einem /i/ der Folgesilbe und ist somit auf kombinatorischen Phonemwandel im Mittelniederdeutschen zurückzuführen. Demgegenüber interferiert in den Toponymen +*Liutcha* (PLÖ), +*Lütau* (LAU) und *Großrolübbe* (PLÖ) das Altpolabische, und zwar die palatale Konsonanz /l'/, die im Mittelniederdeutschen als kombinatorischen Phonemwandel die Umlautung des Folgevokals hervorruft.[72]

Diese Interferenz resultiert daraus, daß die für das Altpolabische distinktive Opposition ‚palatal' versus ‚nicht palatal' für labiale und dentale Plosive, Nasale sowie Liquide im deutschen Phonemsystem nicht relevant ist. Infolge des Sprachkontakts und somit der Konfrontation beider Phonemsysteme erfolgt daher im Mittelniederdeutschen die Uminterpretation dieser altpolabischen Palatalität als Vokalumlaut, der demzufolge das einzige Dokument eben dieser altpolabischen palatalen Konsonanz repräsentiert.[73] Jedoch muß ebenso dem Rechnung getragen werden, daß die altpolabische Interferenz anscheinend nicht ausreicht, um im deutschen Phonemsystem eine Umstrukturierung der Distinktionen in bezug auf ‚Palatalität' und ‚Nicht Palatalität' zu bewirken. Vielmehr interferiert diesbezüglich das Mittelniederdeutsche, indem es genau diese distinktiven Oppositionen im Sprachkontakt neutralisiert und sich zum Ausdruck der altpolabischen Palatalität eines Mittels bedient, das in seinem Sprachsystem bereits vorhanden ist.

Die Rekonstruktion der Phonemersetzung von aplb. /y/ erweist sich als ähnlich problematisch.

> „Offenbar hat der Laut im Altpolab. des 9.-13. Jh. Entwicklungen durchgemacht, die sich in den ON spiegeln." (Kaestner 1979: 212)

Als die mit 64% dominierende Substitution ist diejenige durch mnd. /i/ zu erachten, die graphemisch durch die fakultativen Allographe <i> und <y> realisiert wird, z.B. *Fissau* (OH), *Kittlitz* (LAU) und *Giekau* (PLÖ). Eine Ausnahme stellt das Toponym *Wasbuck* (OH) dar, bei dem eine Interferenz durch die mittel-

---

[71] Vgl. Schmitz 1990: 455.
[72] Diese altpolabische Interferenz wird als ein direktes Kontaktphänomen des mittelniederdeutsch-altpolabischen Sprachkontakts charakterisiert und daher – im Unterschied zu den aus genuin mittelniederdeutschem Phonemeinfluß resultierenden Interferenzen – als ein separates Substitutionsgesetz formuliert, denn dieser kombinatorische Lautwandel vollzieht sich während der Transsumtion regulär bei allen altpolabischen Toponymen mit palataler Konsonanz infolge des Sprachkontakts. Ebenso klassifiziert Hengst 1967: 119 den aus slawischer Interferenz resultierenden Umlaut als eine direkte deutsch-slawische Lautsubstitution. Schmitz 1990: 452 führt diese Umlautung ebenfalls auf die altpolabische palatale Konsonanz zurück, klassifiziert diese jedoch nicht als altpolabische Interferenz, sondern als eine durch das Deutsche bewirkte Phonemerscheinung. Diese Klassifizierung Schmitz' ist nicht vollständig korrekt. Es ist sicherlich eindeutig, daß die Umlautung erst im Mittelniederdeutschen nach vollzogener phonemischer Transposition der altpolabischen Toponyme mit palataler Konsonanz erfolgt. Aber es ist nicht das mittelniederdeutsche Sprachsystem, das den Umlaut verursacht und bewirkt, sondern dieser repräsentiert vielmehr nur die Auswirkung, d.h. also das Resultat, der altpolabischen Palatalität im mittelniederdeutschen Idiom. Demzufolge muß also die altpolabische palatale Konsonanz als Ursache dieses mittelniederdeutschen Umlauts definiert und somit als altpolabische Interferenz im Mittelniederdeutschen charakterisiert werden.
[73] Vgl. Schmitz 1981: 447; 1986: 258 und 1990: 445.

niederdeutsche Vokalsenkung /i/ > /e/ > /a/ in vortoniger Silbe angenommen werden muß. Diese Interpretation bietet sich deshalb an, weil der Erstnamenbeleg aus dem 14. Jahrhundert stammt, d.h. dieser Beleg ist – bezogen auf den mittelniederdeutsch-altpolabischen Sprachkontakt – relativ spät.

Neben dieser Hauptregel dokumentiert die Ersetzung von aplb. /y/ durch den mittelniederdeutschen Diphthong /ɔy/, der graphemisch als <oy> realisiert wird, einen – jedoch mit 18% nur gering frequentierten – Spezialfall der Phonemsubstitution des mittelniederdeutsch-altpolabischen Sprachkontakts. Dabei ist dieser Diphthong nach Witkowski nicht auf mittelniederdeutsche Interferenz zurückzuführen, sondern

> „[...] vielmehr handelt es sich um die deutsche diphthongische Subvention eines slawischen diphthongähnlichen Lautes." (Witkowski 1966: 110f.)

Diese Lautersetzung ist für den ostmitteldeutsch-altsorbischen Sprachkontakt nicht bezeugt.[74] Die altpolabischen Toponyme *Moisling* (HL) < 1322 *Moyzlingh* < aplb. *Myslici, *Römnitz* (LAU) < 1158 *Rvdemoyzle* < aplb. *Radomysl'-, *Scharbeutz* (OH) < 1457 *Schorboyzer veld* < aplb. *Skorobyc- sowie der Mischname *Meischensdorf* (OH) < 1369 *Moysmerstorp* < aplb. *Myslimir/Myslimĕr illustrieren, daß aplb. /y/ „nach Labialen diphthongähnlich gesprochen wurde" (Schmitz 1990: 232).

Ferner werden ebenfalls 18% der altpolabischen Toponyme mit /y/ durch mnd. /y/, graphemisch <u>, nhd. <ü> realisiert: *Nieder-* und *Oberbüssau* (HL) sowie +*Smütze* (OH). Diese Umlautung ist – analog zu +*Liutcha* (PLÖ), +*Lütau* (LAU) und *Großrolübbe* (PLÖ) – ein Beleg für altpolabische Interferenz infolge palataler Konsonanz.

Die bisher diskutierten Phonemsubstitutionsregeln repräsentieren eine Substitution im engeren Sinne. Demgegenüber weist der mittelniederdeutsch-altpolabische Sprachkontakt außerdem den Fall der Substitution im weiteren Sinne auf, und zwar bei den altpolabischen Vokalphonemen /ĕ/, /ą/ und /ę/, die im mittelniederdeutschen Phonemsystem keine Entsprechung finden und – gemäß obiger Erläuterung – durch die phonemisch nächstgelegenen mittelniederdeutschen Äquivalente ersetzt werden müssen.

Aplb. /ĕ/ wird daher durch mnd. /e/ substituiert und als <e> graphemisch wiedergegeben, z.B. *Behl* (PLÖ), *Belau* (PLÖ) und *Presen* (OH). Diese Substitution hat eine Unterdifferenzierung der altpolabischen Phoneme /e/ und /ĕ/ im mittelniederdeutschen Idiom zur Folge, da beide durch mnd. /e/ ersetzt sind. Daher sind Probleme für die Rekonstruktion der altpolabischen Grundformen zu erwarten. In Analogie zu den Toponymen der Klasse aplb. /e/ > mnd. /e/ gibt es hier ebenfalls eine mit 12% dokumentierte Subkategorie altpolabischer Oikonyme, bei denen bereits im Erstbeleg, der relativ spät (13./14. Jahrhundert) datiert ist, die mittelniederdeutsche Vokalverengung /e/ > /i/ nach Labial bzw. zwischen palatalen Konsonanten interferiert: *Cismar* (OH), +*Plessewitz* (PLÖ), *Presen* (OH) und *Siems* (HL). Daß es sich bei diesem Phonemwandel tatsächlich um mittelniederdeutsche Interferenz und keinen Spezialfall der mittelniederdeutsch-altpolabischen Phonemsubstitution in bezug auf aplb. /ĕ/ handelt, belegen die altpolabischen Toponyme *Gnissau* (OH) und *Siblin* (OH), die erst nach ihrer regulären Transsumtion diesem Phonemwandel unterliegen.

Die Nasalvokale aplb. /ą/ sowie aplb. /ę/, die im polabo-pomeranischen Sprachgebiet im Unterschied zum Altsorbischen auch nach dem 10. Jahrhundert bewahrt werden,[75] werden im Substitutionsprozeß in ihre „Etwa-Bestandteile [...] zerlegt" (Hengst 1968: 55), somit durch die mittelniederdeutschen Phonemfolgen /an/ sowie /en/ ersetzt und graphemisch als <an> und <en> realisiert, z.B. *Anker* (LAU), *Dransau* (PLÖ), *Wandelwitz* (OH), *Klenzau* (OH), *Lenste* (OH) und *Sebent* (OH).

Die Darstellung von aplb. /ą/ durch mnd. <am> in den Toponymen +*Crampesze* (PLÖ), +*Crampove* (PLÖ), *Dahme* (OH), *Dahmker* (LAU), *Damlos* (OH), +*Glambek* (OH), *Grambek* (LAU), *Kembs* (OH/PLÖ), *Klempau* (LAU), *Groß/Klein Pampau* (LAU) sowie *Tramm* (LAU/PLÖ) bezeugt mittelniederdeutsche Interferenz, und zwar den kombinatorischen Lautwandel von /n/ > /m/ vor Labial.

Abschließend ist in bezug auf diese mittelniederdeutsch-altpolabische Vokalphonemsubstitution zu betonen, daß sowohl die altpolabischen Toponyme, die durch mittelniederdeutschen Phonemwandel bereits während der Transsumtion interferiert werden, als auch diejenigen Ortsnamen, die zunächst regulär substituiert werden und erst nach der Entlehnung dem mittelniederdeutschen Phonemwandel unterliegen, als ins Superstratsystem integrierte sprachliche Einheiten zu klassifizieren sind.

---

74 Vgl. Hengst 1967: 118 und 1968: 49.
75 Vgl. Schmitz 1981: 435 und Hengst 1988: 11.

Neben dieser qualitativen Vokalphonemsubstitutionsanalyse bereitet die Auswertung der vokalischen Quantitätsverhältnisse im Transsumtionsprozeß ein weitaus problematischeres Unterfangen, denn die slawischen Quantitätsverhältnisse sind – im Gegensatz zum deutschen Vokalphonemsystem – weniger, wenn nicht sogar vollkommen irrelevant.[76] Daher ist eine Überdifferenzierung der altpolabischen Vokalphoneme im mittelniederdeutschen Sprachsystem in bezug auf ihre Quantität erwartbar. Nach Weinreich besteht eine

„Überdifferenzierung von Phonemen [...] in der Projektion phonematischer Distinktionen vom Primärsystem auf die Laute des Sekundärsystems an Stellen, wo dies nicht erforderlich ist." (Weinreich 1977: 36)

Damit ist die Uminterpretation von Distinktionen verbunden, d.h. ein altpolabischer Kurzvokal kann als mittelniederdeutscher Langvokal transsumiert werden. Die orthographische Markierung der Vokalquantität der Toponyme erfolgt ab dem 17. Jahrhundert, d.h. mit der Ausbildung der neuhochdeutschen Schriftsprache, analog den Vokalquantitätsregeln im appellativischen Wortschatz: 1. Vokalverdoppelung, z.B. *Gaarz* (OH); 2. Dehnungs-*h*, z.B. *Behl* (PLÖ); 3. Unterlassen einer Markierung, z.B. *Farve* (OH). Im Falle der Nullmarkierung ist die vokalische Quantität nur aus der Mundart zu rekonstruieren.

Weitere phonemische Interferenzen bestehen sowohl in der Synkope und Apokope, die aus der Reduktion der Silbenzahl resultieren, als auch in der Nebenton- und Endsilbenabschwächung. Dabei sind diese Phänomene jedoch nicht als Besonderheiten des mittelniederdeutsch-altpolabischen Sprachkontakts charakterisiert, sondern es handelt sich vielmehr

„[...] um für die Zeit um 1200 durchaus allgemein verbreitete Prozesse, wie sie auch beim Vergleich ahd. und mhd. Namenformen andernorts beobachtet und beschrieben worden sind." (Hengst 1997: 348)

In Anbetracht dieser Prozesse ist der altpolabische Wortakzent im Vergleich zu den mittelniederdeutschen Intonationsverhältnissen eingehender zu diskutieren, da dieser direkt mit der Problematik der Nebenton- und Endsilbenabschwächung verbunden ist. Im Gegensatz zum germanischen Initialakzent besitzt das Altpolabische Ost- und Südholsteins „ganz sicher noch einen beweglichen, d.h. nicht an eine bestimmte Silbe gebundenen Akzent" (Kaestner 1979: 209). Bei der Transsumtion der altpolabischen Toponyme ins mittelniederdeutsche Sprachsystem macht sich das Bestreben geltend, den deutschen Initialakzent zu adaptieren. Diesem Bestreben trägt die Abschwächung der altpolabischen Vollvokale in den Nebentonsilben Rechnung, die durch diesen Prozeß zu mnd. /e/ bzw. /ə/ reduziert werden. Diese Vokalreduktion belegen zum einen die altpolabischen Toponyme[77] auf /y/, d.h. die pluralischen Simplizia, z.B. *Bichel* (OH) < 1318 *Bichele* < aplb. **Bych-ly*, *Kaköhl* (PLÖ) < 1287 *Kukole* < aplb. **Chocholy/*Kukoly* und *Groß/Klein Zecher* (LAU) < 1194 *Scachere* < aplb. **Čachory*. Zum zweiten erfahren die slawischen Oikonyme mit den Topoformanten {ici} und {ica/ice} (vgl. Kapitel 5.3.2) infolge der Akzentverlagerung auf die erste Silbe eine starke Reduzierung des Auslautvokals, z.B. *Böbs* (OH) < 1304 *Bobyce* < aplb. **Bob-ica/*Bobici*, *Göldenitz* (LAU) < 1217 *Goldenez* (hier zugleich Apokope des Auslautvokals) < aplb. **Gol-nici* und +*Plessewitz* (PLÖ) < 1250 *Plizzeviz* < aplb. **Plěšovica/*Plěšovici/*Plěšovec*. In diesem Kontext müssen ferner die Toponyme *Böbs* (OH), *Quals* (OH), *Sahms* (LAU), *Siems* (HL) und *Trems* (HL) berücksichtigt werden, die den sogenannten ‚einsilbigen Reduktionstyp' exemplifizieren, durch den die altpolabischen Oikonyme infolge Initialakzent, Vokalreduktion, Synkope und Apokope

„[...] völlig den nd. FN wie *Bruns, Drews, Fehrs, Harms, Gerds, Jürs, Kohrs, Lührs, Wilms* usw. angeglichen wurden und damit voll in das nd. Namensystem integriert wurden." (Kaestner 1979: 210)

---

76 Vgl. Eichler 1961: 26.
77 Eine vollständige Analyse der Toponyme, die die Vokalreduktion dokumentieren, kann im Umfang der vorliegenden Arbeit nicht geleistet werden. Daher müssen exemplarische Aufzählungen genügen, die jedoch die allgemein feststellbaren Tendenzen hinreichend belegen.

Als dritte große Subklasse können unter diesem Aspekt die altpolabischen Toponyme auf {ina/iny} aufgezählt werden, die infolge Vokalreduktion und -apokope den Oikonymen auf {in} äquivalent werden, z.B. *Altenkrempe* (OH) < 1197 *Crempene* < aplb. *Krąpina, Kükelühn* (OH) < 1210 *Cuculune* < aplb. *Chocholina/*Chocholiny und +*Ruggelin* (OH) < 1215 *Ruggeline* < aplb. *Rogalina/*Rogaliny.

In Anbetracht dieser Vokalreduktion ist die Rekonstruktion der altpolabischen Grundformen mit -*c*- sowie -*n*-Suffixen sichtbar erschwert. Es muß demzufolge in bezug auf -*c*-Suffixe den altpolabischen Topoformanten {(ov)ici}, {ica/ice} sowie {ec}, in bezug auf -*n*-Suffixe den altpolabischen Topomorphemen {in} sowie {ina/iny} Rechnung getragen werden.

5.2.2 Konsonantismus

Die mittelniederdeutsch-altpolabischen Konsonantenphonemsubstitutionsregularitäten sind in Tabelle 2 aufgeführt:[78]

Phoneme [/.../]		mnd. Grapheme [<...>]	
aplb.	mnd.	Wortanlaut	Wortin- und -auslaut
b	b	b	b
d	d	d	d
g	g	**g**, gh (3)	**g**, gh (3), c (1), ch (2), ck (1), k (1)
p	p	p	p
t	t	**t**, th (5)	t
k	k	c, **k**, g (1)	c, **k**, ch (5), ck (6), gh (3), g (1), gk (1)
ch	k	**k** (7), c (5)	[c (3), k (5)]
	g	g (5)	
	ç		**ch** (9)
	x		**ch** (9), ggh (1), gh (1), gk (1)
m	m	m	m
n	n	n	n
l	l	l	l
r	r	r	r
j	j	**j** (3), gh (1)	y (2), g (1)
v	u̯, v	w	v, w, u
	v, f	**v, f**	
c	ts	**c** (3), s (2), tz (1)	c (6), **z** (15), tz (13), csz (1), cz (1), k (1) (Auslaut), sc (1), s (2), ss (1), sz (1), ts (3), zt (1)
č	ts	**sc** (3), ts (1)	ts (3), **tz** (5), c (2), cz (1), s (2), z (1)
s	ts	c (4), s (1), sz (1), tz (1), z (1)	c (3), sc (1), ts (1), tz (2), z (1)
	ś > ʃ	s, z (vor l, m, t, w)	
	s	s, z (vor Vokal)	s, z, ss, sc, zs
š	ś > ʃ		s (8), **ss** (8), sch (1), sh (1), sz (1), z (2), zz (1)
	ts		c (1), ts (3), tz (2), z (1)
-šč-	st		st
z	z	s, z	s, z
ž	z	s, z	s, z

Tabelle 2: Konsonantenphonemsubstitutionsregularitäten

---

[78] Die fett gedruckten Grapheme dokumentieren die quantitativ häufigere graphemische Realisierung der altpolabischen Phoneme im Mittelniederdeutschen. Die Zahlen in Klammern geben die jeweils absolute Häufigkeit an.

Aus dieser Tabellierung ist ersichtlich, daß den altpolabischen Phonemoppositionen /b/ : /p/, /d/ : /t/ sowie /g/ : /k/ im An-, In- und Auslaut die entsprechenden mittelniederdeutschen Plosive gegenüberstehen, die diese altpolabischen Phoneme dann auch substituieren, z.B. für aplb. /b/ > mnd. /b/: *Benz* (OH), *Brodten* (HL) und *Grabau* (LAU); für aplb. /p/ > mnd. /p/: *Altenkrempe* (OH), *Preetz* (PLÖ) und *Priwall* (HL); für aplb. /d/ > mnd. /d/: *Dahme* (OH), *Gudow* (LAU) und *Puttgarden* (OH); für aplb. /t/ > mnd. /t/: *Löptin* (PLÖ), *Rettin* (OH) und *Talkau* (LAU); für aplb. /g/ > mnd. /g/: *Görnitz* (PLÖ), *Grinau* (LAU) und *Wangels* (OH); für aplb. /k/ > mnd. /k/: *Körnick* (OH), *Lanken* (PLÖ) und *Selkau* (PLÖ). Die graphemische Realisation dieser altpolabischen Plosive erfolgt ebenfalls durch die entsprechenden mittelniederdeutschen Konsonantengrapheme <b>, <p>, <d>, <t>, <g> sowie die kombinatorischen Allographe <k> und <c> für /k/; diese Allographe spiegeln die traditionelle mittelniederdeutsche Orthographie wider, in der <c> für /k/ vor /h/, /n/, /u/ und den Liquiden graphemisch erscheint.[79] Die weiteren tabellierten, fakultativen Allographe sind quantitativ von geringerer Bedeutung und erfordern daher keine weitere Diskussion.

In Anbetracht dieser mittelniederdeutsch-altpolabischen Phonemsubstitution der Plosive ist mit Schmitz zu konstatieren, daß

> „[b]ei der Übernahme ins Deutsche [...] meistens konsequent zwischen stimmhaften und stimmlosen Konsonanten unterschieden [wurde]." (Schmitz 1981: 443)

Dennoch müssen – analog den Ausnahmen zur Vokalphonemsubstitution – Einschränkungen in bezug auf die Generalität dieser Substitutionsgesetze formuliert werden. Diese Ausnahmen stellen wiederum keine speziellen Ersetzungsregeln dar, sondern resultieren vielmehr aus dem interferierenden Einfluß des mittelniederdeutschen Idioms.

18% der altpolabischen Toponyme mit inlautendem /b/ bilden eine Subklasse, in der aplb. /b/ durch mnd. /v/, graphemisch <v> und <w> wiedergegeben wird: *Farve* (OH), +*Farwitz* (OH), *Griebel* (OH), *Grove* (LAU) und +*Priwitz* (OH). Diese Interferenz beruht auf dem kombinatorischen mittelniederdeutschen Phonemwandel /b/ > /v/, denn /b/ kommt „im Mnd. nur im Wortanlaut, im Anlaut starktoniger Silben hinter Vokal oder Liquida und in der Gemination" (Schmitz 1981: 443) vor. *Griebel* (OH) illustriert eine hyperkorrekte neuhochdeutsche Orthographie mit <b>.

Des weiteren dokumentiert das toponymische Material zum einen Fortisierungen der altpolabischen Lenis /d/ > mnd. /t/ (24%) in den Ortsnamen *Brodten* (HL), *Bröthen* (LAU), *Gaarz* (OH), *Putlos* (OH), *Ratekau* (OH), *Rüting* (OH), *Sellin* (PLÖ) und *Siblin* (OH) sowie der Lenis aplb. /g/ > mnd. /k/ (14%), graphemisch <c>, <k> und <ck>, in den Oikonymen *Strecknitz* (HL), +*Tangmer* (LAU) und *Wasbuck* (OH). Zum anderen kommt eine Lenisierung der altpolabischen Fortis /t/ > mnd. /d/ (2%) in dem Toponym *Laboe* (PLÖ) vor. Die Fortisierung läßt sich aus der mittelniederdeutschen Auslautverhärtung im Wort- sowie Silbenauslaut und vor stimmlosen Konsonanten herleiten; die Lenisierung beruht auf der binnendeutschen Konsonantenabschwächung.[80] Durch diese beiden mittelniederdeutschen Prozesse wird das distinktive Merkmal ‚stimmhaft' versus ‚stimmlos' der binär distribuierten Dentale /d/ und /t/ sowie der Gutturale /g/ und /k/ neutralisiert, so daß sie nicht mehr in bedeutungsdifferenzierender Opposition zueinander stehen, sondern vielmehr den Archiphonemen /T/ bzw. /K/ zuzuordnen sind. In Anbetracht dieser Archiphonembildung ist die Formulierung eines separaten Substitutionsgesetzes, das diese phonemischen Spezialfälle berücksichtigt, nicht legitim; vielmehr sind diese Ausnahmen unter der allgemeinen Substitutionsregel zu fassen und als mittelniederdeutsche phonemische Interferenzen zu markieren.

Für die mittelniederdeutsche Ersetzung von inlautendem aplb. /g/ ist eine weitere Ausnahme von 10% belegt, welche die Wiedergabe von aplb. /g/ durch mnd. /ç/, graphemisch <ch> bezeugt: *Padelügge* (HL) und *Plügge* (OH). Dies resultiert ebenfalls aus mittelniederdeutscher Interferenz, und zwar aus der spirantischen Artikulation von mnd. /g/ im Wortauslaut.[81] Demzufolge repräsentiert hier [ç] ein Allophon des Phonems mnd. /g/, dessen Existenz auf die in Kapitel 3.4 erläuterten diatopischen oder diastratischen Varianten zurückgeführt werden könnte. Unter der Annahme, daß es sich um Chronisten handelt, welche die mittelniederdeutsche Mundart beherrschen, ist der Ausnahmecharakter dieser

---

79 Vgl. Schmitz 1981: 414.
80 Vgl. Schweikle 1990: 135, 141.
81 Vgl. hierzu die Mundartformen /padlyx/ und /plyx/; vgl. auch Schmitz 1981: 444.

Lautersetzung aufgrund der dialektalen Situation jedoch zu relativieren. Daß das Allophon [ç] eine Variante zu /g/ darstellt und kein Phonem mit bedeutungsdifferenzierender Funktion repräsentiert, welches ein eigenes Substitutionsgesetz erforderte, bekundet das Toponym +*Ruggelin* (OH), das bei äquivalenter intervokalischer Distribution den regulären Phonemersatz durch mnd. /g/ belegt.

Die Ersetzung von aplb. /ch/ muß nach An- und Inlaut differenziert untersucht werden. Unter Berücksichtigung des Sachverhalts, daß das Mittelniederdeutsche im Anlaut kein /x/ oder /ç/ besitzt,[82] steht für die Substitution kein entsprechendes mittelniederdeutsches Phonem zur Verfügung. Daher werden im Rahmen der Substitution im weiteren Sinne die phonemisch nächstgelegenen mittelniederdeutschen Phoneme /g/ und /k/ zu Ersatzlauten für aplb. /ch/ funktionalisiert und durch <g> sowie die kombinatorischen Allographe <k> und <c> wiedergegeben, z.B. mit mnd. /g/ *Garkau* (OH) und *Genin* (HL), mit mnd. /k/ *Curau* (OH) und *Kalübbe* (PLÖ). Nach Schmitz und Wauer findet aplb. /ch/ in mnd. /g/ die günstigste Entsprechung, da dieses – außer in der Gemination – spirantischen Charakter besitzt.[83] Demgegenüber ist jedoch einzuwenden, daß nur 31% der altpolabischen Toponyme mit /ch/ im Anlaut die Substitution durch mnd. /g/ dokumentieren. Vielmehr erfolgt die Substitution von anlautendem aplb. /ch/ häufiger – und zwar mit 69% – durch mnd. /k/. Offenbar deutet dieses Substitutionsverhältnis darauf, daß aplb. /ch/ wahrscheinlich stimmlos artikuliert und daher durch den stimmlosen Plosiv mnd. /k/ adäquater realisiert wird als durch den stimmhaften Plosiv mnd. /g/.[84] Dadurch, daß sowohl die altpolabischen Plosive /g/ und /k/ als auch anlautendes aplb. /ch/ durch mnd. /g/ und /k/ substituiert werden, läßt sich eine Unterdifferenzierung im mittelniederdeutschen Sprachsystem ableiten, welche die Rekursion einer eindeutigen altpolabischen Grundform – neben den aus der defizitären Quellenlage resultierenden Problemen – nachhaltig erschwert.

Inlautend wird aplb. /ch/ zu 76% durch mnd. /ç/ bzw. /x/ – in Abhängigkeit von der jeweiligen vokalischen Umgebung – substituiert und graphemisch mit <ch> wiedergegeben, z.B. *Bichel* (OH), *Farchau* (LAU) und *Mechow* (LAU). Daneben dokumentieren *Mucheln* (PLÖ), *Kirchnüchel* (PLÖ) und *Sagau* (OH) die graphemische Realisierung durch die fakultativen Allographe <ggh>, <gh> und <gk> und bezeugen nochmals den bereits erläuterten spirantischen Charakter von mnd. /g/. Von dieser Ersetzungsregel ist eine Subklasse altpolabischer Toponyme (24%) abzugrenzen, die aplb. /ch/ durch mnd. /k/, graphemisch <c> und <k> realisieren. Dies ist jedoch nicht als ein Sondergesetz der mittelniederdeutsch-altpolabischen Phonemsubstitution zu formulieren. Vielmehr kann diese Ausnahme auf die defizitäre Quellenlage zurückgeführt werden, infolge der die Rekonstruktion einer eindeutigen altpolabischen Grundform erschwert ist. Beispielsweise ist für die altpolabischen Toponyme *Kükelühn* (OH), *Kaköhl* (PLÖ), *Selkau* (PLÖ) sowie +*Deutsch-Selkau* (PLÖ) neben einer altpolabischen Grundform mit aplb. /ch/ eine weitere mit aplb. /k/ möglich, so daß aus dieser der Phonemersatz mit mnd. /k/ resultieren könnte. Bei den Toponymen *Berkenthin* (LAU) und +*Wendisch-Berkenthin* (LAU) beruht die Ausnahme auf einer mittelniederdeutschen Lehndeutung zu mnd. *berke, barke* ‚Birke' (vgl. Kapitel 5.4.2). Das einzige Exempel für mittelniederdeutsche phonemische Interferenz belegt der Ortsname *Panker* (PLÖ), der durch die Substitution von aplb. /ą/ durch mnd. /an/ die vokalische Umgebung von /x/ verliert und somit aplb. /ch/ durch mnd. /k/ substituiert.

Die Phonemsubstitution der altpolabischen Nasale /m/, /n/ und Liquide /l/, /r/ erfolgt sowohl an- als auch inlautend ausnahmslos durch die entsprechenden mittelniederdeutschen nasalen und liquiden Konsonantenphoneme sowie -grapheme und muß daher nicht weiter diskutiert werden, z.B. für aplb. /m/ > mnd. /m/: *Morest* (OH), *Mustin* (LAU), *Cismar* (OH) und *Schmilau* (LAU); für aplb. /n/ > mnd. /n/: *Nehmten* (PLÖ), *Nüchel* (OH), *Labenz* (LAU) und *Pönitz* (OH); für aplb. /l/ > mnd. /l/: *Lanken* (LAU), *Lütau* (LAU), *Kalübbe* (PLÖ) und *Selent* (PLÖ); für aplb. /r/ > mnd. /r/: *Reecke* (HL), *Roge* (OH), *Güster* (LAU) und *Scharbeutz* (OH).[85]

Die Substitution von aplb. /j/ erfolgt durch mnd. /j/ und ist auf graphemischer Ebene relativ unsystematisch. Im Anlaut wird aplb. /j/ in den Toponymen *Jarkau* (OH), *Jasen* (OH) und *Neuwühren* (PLÖ)

---

82 Vgl. Hengst 1967: 120.
83 Vgl. Schmitz 1981: 444; 1986: 257; 1990: 442 und Wauer 1990: 344.
84 Vgl. Wauer 1990: 344.
85 Bei der Auswertung der mittelniederdeutsch-altpolabischen Phonemsubstitution sowohl der dentalen und labialen Plosive als auch der Nasale und Liquide ist die altpolabische Palatalität dieser Konsonanten unberücksichtigt geblieben, da diese im mittelniederdeutschen Konsonantensystem nicht durch die Distinktion ‚palatal' versus ‚nicht palatal' differenziert werden. Die Realisierung der altpolabischen palatalen Konsonanz erfolgt im Mittelniederdeutschen durch Umlautung des Vokals und ist in Kapitel 5.2.1 bereits hinreichend diskutiert worden.

als <j> realisiert, bei +*Gerwitz* (PLÖ) jedoch als <gh>. Inlautend wird aplb. /j/ bei *Löja* (OH) und *Siggeneben* (OH) durch <y>, bei +*Loyen* (LAU) hingegen mit <g> wiedergegeben.

Die Phonemsubstitution von aplb. /v/ ist kompliziert und muß vor dem Hintergrund sowohl der mittelniederdeutschen Spirantenentwicklung als auch des unterschiedlichen Transsumtionszeitpunkts der altpolabischen Toponyme diskutiert werden. In Anbetracht des bilabialen Charakters von aplb. /v/ findet dieses Phonem anlautend in dem bis ca. 1150 bilabial artikulierten altsächsischen bzw. mittelniederdeutschen Halbvokal /u̯/, graphemisch <w>, das beste phonemische Äquivalent.[86] Darauf deuten die Toponyme *Walksfelde* (LAU) und *Wöbs* (OH), die in der ersten Hälfte des 12. Jahrhunderts mit der Substitution aplb. /v/ > mnd. /u̯/, <w> transsumiert werden. Ab der zweiten Hälfte des 12. Jahrhunderts setzt der Lenisierungsprozeß der deutschen stimmlosen Fortis /f/ ein, so daß einem aplb. /v/ ein annähernd stimmhafter mittelniederdeutscher Frikativ /v/ gegenübersteht, der graphemisch als <v> realisiert wird. Diese Substitution von aplb. /v/ durch mnd. /v/ dokumentieren die Toponyme *Fahren* (PLÖ), *Farchau* (LAU), *Fargau* (PLÖ), *Fissau* (OH), *Fargemiel* (OH), *Farve* (OH) und *Fitzen* (LAU), die erst nach 1150 transsumiert werden. Sie zeigen infolge der späteren Fortisierung des stimmhaften Frikativs /v/ zum stimmlosen Spiranten /f/ im Neuhochdeutschen graphemisch ein <f> im Anlaut. Diese Phonementwicklung der stimmhaften Spirans /v/ zum stimmlosen Frikativ /f/ ist mit dem Verlust des bilabialen Charakters des mittelniederdeutschen Halbvokals /u̯/, <w> verbunden. Dieser wird nun durch die stimmhafte labiodentale Spirans /v/ substituiert, welche durch die Fortisierung von mnd. /v/ > /f/ frei geworden ist und ab diesem Zeitpunkt – analog zu as./mnd. /u̯/ – graphemisch als <w> realisiert wird. Demzufolge wird aplb. /v/ ab der zweiten Hälfte des 13. Jahrhunderts zwar immer noch durch mnd. /v/ substituiert, graphemisch jedoch mit mnd. <w> wiedergegeben, was die <w>-anlautenden Toponyme wie *Wangels* (OH), *Warnau* (PLÖ) und *Wotersen* (LAU) belegen.

Inlautend wird aplb. /v/ durch mnd. /v/ ersetzt und graphemisch mit <u> (konsonantischer Phonemwert), <v> oder <w> realisiert, z.B. *Niederkleveez* (PLÖ), *Malkwitz* (OH) und *Schwartau* (OH). Eine Substituierung durch den Halbvokal /u̯/ ist nahezu auszuschließen, da alle Transsumte mit inlautendem aplb. /v/ erst nach der zweiten Hälfte des 13. Jahrhunderts belegt sind. Eine einzige Ausnahme repräsentiert der Ortsname *Stöfs* (PLÖ), der die Substitution von aplb. /v/ durch mnd. /v/, graphemisch <f> dokumentiert und somit bereits im Zeitraum von der Mitte des 12. bis zur Mitte des 13. Jahrhunderts transsumiert worden sein muß. Einen weiteren, jedoch aus mittelniederdeutscher Interferenz resultierenden Sonderfall stellt das Toponym *Labenz* (LAU) < 1390 *Labbentzeke* < aplb. *Lov'n'sk- dar, bei dem aplb. /v/ als geminiertes mnd. /b/ erscheint und somit dem mittelniederdeutschen Phonemwechsel von /v/ > /b/ in Gemination Rechnung trägt.[87]

Die mittelniederdeutsche Phonemsubstitution der altpolabischen Sibilanten ist kompliziert, da diese – analog den labialen und dentalen Plosiven, Nasalen und Liquiden – im mittelniederdeutschen Phonemsystem ebenfalls nicht durch die für das Altpolabische relevante Opposition ‚palatal' versus ‚nicht palatal' unterschieden werden. Im einzelnen besitzt das Altpolabische folgenden Phonembestand an Sibilanten: /č/: /c/, /š/ : /s/ und /ž/ : /z/. Bis ca. 1300 stehen diesen Konsonanten die folgenden mittelniederdeutschen Phoneme gegenüber: /s/ und /z/ nur inlautend (/z/ = stimmhaftes s), /ś/ als Konsonant mit leicht palatalem Charakter, /ʃ/, das aus /sk/ entstanden ist, sowie die Affrikate /ts/. Ab ca. 1300 geht /s/ vor Vokal in ein stimmloses <s> /s/, vor Konsonant in die breite palatale Spirans /ʃ/ über.[88] Die Phonemsubstitution der Sibilanten ist wie folgt zu rekonstruieren:

Aplb. /c/ wird als stimmlose Affrikate /ts/ artikuliert,[89] so daß im Mittelniederdeutschen ein geeigneter Phonemsubstituent mit mnd. /ts/ existiert, der zu 94% aplb. /c/ ersetzt; graphemisch wird aplb. /c/ im Mittelniederdeutschen jedoch – in Abhängigkeit vom Transsumtionszeitpunkt – unterschiedlich wiedergegeben. Die Urkundenbelege mit graphemisch <c> im An-, In- und Auslaut dokumentieren eine relativ frühe Transsumtion, z.B. *Cismar* (OH), *Siblin* (OH) und *Trems* (HL), die beim Toponym +*Alt-Lübeck* (HL) sogar bis ins 11. Jahrhundert zurückreicht. Im 13. Jahrhundert, d.h. in der Hauptphase des Sprachkontakts infolge der deutschen Ostexpansion, wird inlautendes aplb. /c/ graphemisch durch <z> realisiert, z.B. *Kembs* (OH), +*Plessewitz* (PLÖ) und *Strecknitz* (HL). Ab dem 14. Jahrhundert dominieren sowohl im An-, In- und Auslaut – insbesondere bei den Topoformanten {(ov)ici}, {ica/ice} und {ec} (vgl.

---

[86] Zur Diskussion der Substitution von aplb. /v/ vgl. Wauer 1990: 340ff.
[87] Vgl. hierzu die Phonemsubstitution aplb. /b/ > mnd. /b/.
[88] Vgl. hierzu Eichler/Walther 1984: 60; Schmidt 1996: 232 und Schweikle 1990: 135, 137ff.
[89] Zur Artikulation der altpolabischen Sibilanten vgl. Schmitz 1981: 15; 1986: 15f. und 1990: 42.

Kapitel 5.3.2) – die Urkundenbelege mit <tz> für aplb. /c/, z.B. *Gaarz* (OH), *Pülsen* (PLÖ) und *Sellin* (PLÖ). Die weiteren fakultativen Allographe wie <cz>, <csz>, <sc>, <ss>, <sz>, <ts> sowie <zt> sind nur gering frequentiert und daher vernachlässigbar.

Von dieser Phonemsubstitutionsregel sind zwei – quantitativ jedoch marginale – Ausnahmen zu abstrahieren, und zwar zum einen die Realisation von aplb. /c/ durch mnd. /s/ (4%), die graphemisch mit <s> dargestellt wird: *Görnitz* (PLÖ) (wird erst im 15. Jahrhundert an die Toponyme auf {itz} attrahiert, vgl. Kapitel 5.3.2) und *Gowens* (PLÖ). Hierbei handelt es sich nicht um einen Sonderfall der Phonemsubstitution, der unterschiedliche Transsumtionszeitpunkte bezeugt, sondern wahrscheinlich vielmehr um diatopische und diastratische Varianten durch die Chronisten und somit um mittelniederdeutsche Interferenz. In Anbetracht der Tatsache, daß diese Realisation von aplb. /c/ nur eine Variante der regulären Phonemersetzung darstellt, ist in diesem Fall [s] als ein Allophon zum Phonem /ts/ klassifizierbar. Zum anderen stellt das Toponym *Lübeck* (HL) eine Ausnahme (2%) dar, da es die Wiedergabe von aplb. /c/ durch mnd. /k/, graphemisch <k> dokumentiert. Dies ist auf semantische Interferenz durch das mittelniederdeutsche Idiom zurückzuführen, und zwar auf die Lehndeutung zu mnd. *bēke* ,Bach' (vgl. Kapitel 5.4.2).

Slaw. /č/ stellt die „stimmlose Affrikate tsch, wie in *Peitsche*" (Schmitz 1990: 42) dar. Dieses Lexem ist im 14. Jahrhundert aus den westslawischen Mundarten ins Ostmitteldeutsche entlehnt worden,[90] so daß hier ein adäquater Ersatzlaut, und zwar omd. /tʃ/, für aso. /č/ vorliegt. Dies dokumentieren u.a. die Toponyme auf {itzsch}, z.B. *Lehnitzsch*.[91] Im Gegensatz dazu ist im mittelniederdeutsch-altpolabischen Sprachkontaktgebiet Ost- und Südholsteins kein dementsprechender Phonemsubstituent vorhanden,[92] so daß im Rahmen der Substitution im weiteren Sinne das phonemisch nächstgelegene Element, und zwar die Affrikate mnd. /ts/, als Ersatzlaut dient. Die graphemische Realisation erfolgt im Anlaut schwerpunktmäßig durch <sc>: *Sarnekow* (LAU), *Zarnekau* (OH) und *Groß Zecher* (LAU); im Inlaut erscheint für aplb. /č/ größtenteils <ts> und <tz>, z.B. +*Neu-Matzevitz* (PLÖ) und *Wotersen* (LAU). Die weiteren fakultativen Allographe <c>, <cz>, <s> sowie <z> sind nur gering frequentiert.

Die Phonemsubstitutionsregularitäten, die das aplb. /s/ betreffen, gestalten sich weitaus komplizierter und müssen – analog zur Substitution von aplb. /v/ – im Kontext sowohl der mittelniederdeutschen Spirantenentwicklung als auch des Transsumtionszeitpunkts erläutert werden. Insgesamt gibt es drei unterschiedliche Subklassen, in welche die Substitution von an- und inlautendem aplb. /s/ differenziert werden muß.

28% dieser altpolabischen Toponyme bilden eine Kategorie, in der die Substitution von aplb. /s/ vor Vokal durch die mittelniederdeutsche Affrikate /ts/ erfolgt. Graphemisch wird diese Phonemersetzung durch die fakultativen Varianten <c>, <s>, <sc>, <sz>, <ts>, <tz>, sowie <z> wiedergegeben, anlautend z.B. *Ziethen* (LAU), +*Wendisch-Ziethen* (LAU) sowie +*Zuppute* (PLÖ) und inlautend z.B. +*Pölitz* (OH) und *Witzeeze* (LAU). Die Substitution von aplb. /s/, das stimmlos „wie in Wasser" (Schmitz 1990: 42) artikuliert wird, durch mnd. /ts/ resultiert daraus, „weil ein /s/ vor etwa 1300 nicht zur Verfügung stand" (Eichler 1974: 15). Demzufolge muß ein mittelniederdeutscher Laut als Ersatz dienen, welcher der altpolabischen Artikulation phonemisch nahesteht. Offenbar repräsentiert die mittelniederdeutsche Affrikate /ts/ ein für das aplb. /s/ spezifischeres Phonemäquivalent als die halbbreite postdentale Spirans /ṡ/, die ebenfalls als möglicher Ersatzlaut zur Verfügung steht. Hengst deutet diese Phonemsubstitution von aplb. /s/ durch mnd. /ts/ als Indiz für eine bilinguale Kompetenz:

> „[...] so ist das u.E. ein Indiz dafür, daß die nicht *s*-artige Aussprache im Slawischen ihnen geläufig war und sie dies auch im Schriftbild zum Ausdruck brachten. Das setzt gute Kenntnisse des slawischen Idioms voraus." (Hengst 1990c: 102)

Innerhalb dieser Subklasse müssen zum einen die Toponyme +*Cyppin* (PLÖ), *Kassau* (OH), *Kühsen* (LAU), *Sellin* (PLÖ), *Sereetz* (OH) sowie *Siblin* (OH) als Sonderfälle gekennzeichnet werden, da bei diesen Ortsnamen die Phonemersetzung durch die mittelniederdeutsche Affrikate /ts/ auf eine ebenfalls mögliche Grundform mit aplb. /c/ zurückgeführt werden könnte. Zum anderen bilden die Toponyme *Görtz* (OH), *Labenz* (LAU), +*Letzeke* (OH) und +*Pezeke* (LAU) eine weitere Untergruppe der ersten

---

[90] Vgl. Kluge 1989: 534.
[91] Vgl. Hengst 1967: 123 und Eichler/Walther 1984: 63.
[92] Vgl. Kaestner 1979: 212, der ebenfalls belegt, daß das „Altsächs. kein č /tsch/" kennt.

Subklasse. Diese Ortsnamen sind dadurch charakterisiert, daß der ihnen zugrundeliegende altpolabische Topoformant {sk} im Mittelniederdeutschen durch die Phonemfolge /tseke/ bzw. /tsike/ substituiert wird (vgl. Kapitel 5.3.2), in der ein Sproßvokal zwischen mnd. /s/ und /k/ eingefügt ist. Dies deutet auf eine sehr frühe Transsumtion hin, die bereits vor der Palatalisierung der Konsonantenverbindung mnd. /sk/ > /ʃ/ datiert werden muß. Andernfalls existierte ein geeigneter mittelniederdeutscher Lautersatz und diese altpolabische Phonemverbindung wäre durch mnd. /ʃ/ substituiert worden, was das altpolabische Toponym +*Treschau* (OH) dokumentiert.

Eine zweite Subklasse begründen 32% der Toponyme mit aplb. /s/, bei denen dieses Phonem vor den Konsonanten /l/, /m/, /t/ und /v/ durch die mittelniederdeutsche halbbreite postdentale Spirans /ṡ/ substituiert ist. Von einer Lautersetzung durch die Affrikate mnd. /ts/ kann deshalb abgesehen werden, da diese zu Phonemkombinationen wie /tsl/, /tsm/, /tst/ und /tsv/ führte, die dem Mittelniederdeutschen fremd sind. Graphemisch wird die Substitution durch mnd. /ṡ/ mit <s> bzw. <z> dargestellt und erscheint erst ab dem 16. Jahrhundert als <sch>, z.B. *Schlesen* (PLÖ), *Schmoel* (PLÖ) und *Schwochel* (OH). Diese Realisation der mittelniederdeutschen halbbreiten postdentalen Spirans als nhd. /ʃ/ resultiert aus ihrer ab dem 13. Jahrhundert datierten Entwicklung zur breiten palatalen Spirans /ʃ/ vor den Konsonanten /l/, /m/, /t/ und /v/, die mit der aus ahd. /sk/ entstandenen Spirans /ʃ/ zusammenfällt; vor /t/ existiert diese breite palatale Spirans nur phonemisch, nicht aber graphemisch, z.B. *Strecknitz* (HL). Diese Substitutionsregel betrifft ausschließlich Toponyme mit anlautendem aplb. /s/; in Ost- und Südholstein gibt es keine Belege für altpolabische Oikonyme, in denen diese Phonemsubstitution für inlautendes aplb. /s/ dokumentiert ist, z.B. +*Mazleviz* (LAU) und *Moisling* (HL).

Die dritte Subklasse bilden diejenigen Toponyme, die sowohl an- als auch inlautendes aplb. /s/ vor Vokal durch mnd. /s/ substituieren (40%), was graphemisch mit <s> sowie <z> wiedergegeben wird, z.B. *Jasen* (OH), *Presen* (OH), +*Prisow* (OH), *Satjewitz* (OH), *Süssau* (OH) und *Sütel* (OH). Sie unterscheiden sich von der ersten Subklasse durch einen späteren Transsumtionszeitpunkt, zu dem ein adäquater Phonemersatz für aplb. /s/ in dem stimmlosen mnd. /s/ vorliegt. Dieses stimmlose mnd. /s/ entwickelt sich erst nach 1300 aus der postdentalen Spirans /ṡ/, die – im Gegensatz zur Palatalisierung vor Konsonanten – anlautend vor Vokal, intervokalisch und im Auslaut nach Vokal zur dentalen schmalen Spirans /s/ wird und mit geminiertem ahd. /s/ zusammenfällt.[93]

Gemäß diesen Erläuterungen ist in Analogie zu Schmitz[94] zu resümieren, daß als Phonemsubstitutionsregel aplb. /s/ > mnd. /ṡ/, /s/ – unter Berücksichtigung des Spezialfalls der Substitution durch die mnd. Affrikate /ts/ – gilt, was graphemisch hauptsächlich durch <s> und <z> realisiert wird. Es ist jedoch zu kritisieren, daß Schmitz die Substitution von aplb. /s/ durch die mittelniederdeutsche Affrikate /ts/ nur als einen Ausnahmefall klassifiziert, diesen aber nicht im Kontext der mittelniederdeutschen Spirantenentwicklung systematisiert.

Die Substitution von aplb. /š/, das im Altpolabischen Ost- und Südholsteins nur inlautend dokumentiert ist, verläuft nach einem eindeutigeren Modell als diejenige von aplb. /s/. Da aplb. /š/ wie ein „stimmloser Reibelaut sch" (Schmitz 1990: 42) artikuliert wird, existiert in der halbbreiten postdentalen Spirans /ṡ/, die „bis um 1300 s-(sch-) ähnlich gesprochen wurde" (Schmitz 1981: 446) bzw. in der aus mnd. /sk/ entstandenen breiten Spirans /ʃ/ nach 1300 „ein geeigneter Ersatzlaut [...], worauf die Belege in *Wasbuck* [...] hinweisen könnten" (Schmitz 1981: 446).[95] Demzufolge vollzieht sich die Substitution von aplb. /š/ zu 75% durch mnd. /ṡ/ bzw. /ʃ/. Graphemisch überwiegt die Wiedergabe in intervokalischer Position durch <ss>, z.B. *Nieder-/Oberbüssau* (HL), *Dissau* (OH) und *Süssau* (OH), im Wort- und Silbenanlaut vor Konsonanz durch <s>, z.B. *Groß/Klein Disnack* (LAU), +*Marus* (OH) und *Möhnsen* (LAU). Die weiteren fakultativen Allographe <sch>, <sh>, <sz>, <z> sowie <zz> sind nur ein- bzw. zweimal belegt und daher als marginal zu erachten. Die Toponyme +*Prisow* (OH) sowie +*Stresow* (OH) bezeugen entgegen der generellen Tendenz, aplb. /š/ intervokalisch bzw. vor dem Topoformanten {ov} im Mittelniederdeutschen durch Gemination <ss> wiederzugeben, eine Realisation mit einfachem <s>; diese könnte jedoch auf eine ebenfalls nicht auszuschließende Grundform mit aplb. /s/ zurückgeführt werden.

25% der altpolabischen Toponyme mit /š/ stellen eine Ausnahme von dieser Substitution dar und realisieren aplb. /š/ durch die Affrikate mnd. /ts/. Zunächst sind die Oikonyme *Gülzow* (LAU), *Kühsen* (LAU), *Deutsch-* und *Wendisch-Rantzau* (PLÖ) zusammenzufassen, bei denen die Ersetzung durch mnd.

---

93 Vgl. Grucza 1968: 130 und Schweikle 1990: 137ff.
94 Vgl. Schmitz 1981: 444; 1986: 257 und 1990: 442.
95 Vgl. zur Phonemsubstitution von aplb. /š/ ebenfalls Kaestner 1979: 213.

/ts/ wahrscheinlich aus einer altpolabischen Grundform mit aplb. /c/ bzw. /č/ resultieren könnte, die ebenfalls in Betracht zu ziehen ist. Demgegenüber muß für die Wiedergabe von aplb. /š/ durch mnd. /ts/ bei den Toponymen *Fitzen* (LAU) und *Krüzen* (LAU) auf mittelniederdeutsche Interferenz infolge diatopischer und diastratischer Varianten rekurriert werden. In Anbetracht dieser Varianz ist die Affrikate mnd. [ts] dann als ein Allophon zum Phonem /ʃ/ zu beschreiben.

Die Substitution der Konsonantenphonemfolge aplb. /šč/ erfolgt im Mittelniederdeutschen durch /st/ und wird auf graphemischer Ebene durch <st> realisiert: *Kittlitz* (LAU) und *Lenste* (OH). Bei *Walksfelde* (LAU), das eine Realisation von aplb. /šč/ durch die Affrikate mnd. /ts/ dokumentiert, ist eine Verschreibung anzunehmen, und daher ist hier die Lautersetzung als ein Ausnahmefall zu bewerten. Dies wird dadurch bekräftigt, daß es sich bei dem entsprechenden Urkundenbeleg um eine Fälschung[96] handelt.

Für aplb. /z/, das als „stimmhaftes s, wie in *Rose*" (Schmitz 1990: 42) artikuliert wird, stellt das mittelniederdeutsche stimmhafte s /z/ sowohl im An- als auch im Inlaut den geeigneten Phonemsubstituenten dar, der graphemisch durch <z> sowie <s> realisiert wird, z.B. *Koselau* (OH), *Lensahn* (OH) und *Sepel* (PLÖ).[97] Als Ausnahmen von dieser Regel sind jedoch die Toponyme *Sagau* (OH) sowie *Schlesen* (PLÖ) zu diskutieren, die für aplb. /z/ die Affrikate mnd. /ts/ dokumentieren. Bei *Sagau* (OH) ist diese Ausnahme wahrscheinlich auf diatopische und diastratische Interferenzen zurückzuführen, da die nachfolgenden Belege ausnahmslos graphemisch <s>, d.h. /z/ dokumentieren. Demzufolge ist [ts] – analog zu *Fitzen* (LAU) und *Krüzen* (LAU) – als Allophon zu klassifizieren, und zwar hier zum Phonem mnd. /z/. Als besonders problematisch ist das Oikonym *Schlesen* (PLÖ) zu erachten, dessen Urkundenbelege zwischen der Realisation von aplb. /z/ durch mnd. /ts/ sowie mnd. /s/ wechseln und erst ab dem 17. Jahrhundert eindeutig den Phonemersatz mit jetzt neuhochdeutsch stimmhaftem s /z/ dokumentieren. Es ist jedoch nicht auszuschließen, daß dieser auf einer Namenanalogiebildung zum Landschaftsnamen *Schlesien* beruhen könnte (vgl. Kapitel 5.4.2).

Die Substitution von aplb. /ž/, das einen „stimmhafte[n] Reibelaut sch, wie in französisch *jour*" (Schmitz 1990: 42) darstellt, erweist sich als problematisch, da es kein dementsprechendes mittelniederdeutsches Phonem gibt. Somit wird das phonemisch nächstgelegene Äquivalent, und zwar – in Analogie zu aplb. /z/ – das stimmhafte mnd. s /z/ sowohl im An- als auch im Inlaut zum Phonemersatz herangezogen, z.B. *Bosau* (OH), *Dransau* (PLÖ) und *Wendisch-Selkau* (PLÖ).

> „Wichtig war hier offensichtlich die Stimmbeteiligungskorrelation, die slaw. š und ž deutlich schied und die slawisch phonologisch relevant war, so daß ein deutsches s, das vor Vokal und intervokalisch stimmhaft gesprochen wurde, dem slaw. Spiranten ž noch eher entsprach, als ein stimmloses š (sch)." (Eichler 1965/1985: 121)

Die graphemische Realisation erfolgt durch die fakultativen Allographe <s> und <z>, wobei die Variante mit <s> in der zweiten Hälfte des 13. Jahrhunderts überwiegt und sich in der zweiten Hälfte des 15. bzw. im 16. Jahrhundert vollständig gegenüber <z> durchsetzt.

In bezug auf diese Erläuterungen zu den mittelniederdeutsch-altpolabischen Phonemrelationen im Bereich der Sibilanten ist zu resümieren, daß einerseits – infolge der ebenfalls für das mittelniederdeutsche Konsonantenphonemsystem relevanten Distinktion von Lenis versus Fortis – die Opposition von aplb. /z/ versus /s/ sowie /ž/ versus /š/ im Mittelniederdeutschen bestehen bleibt, so daß hier weder mittelniederdeutsche Interferenzen noch phonemische Unterdifferenzierungen resultieren. Andererseits muß jedoch der Interferenz des mittelniederdeutschen Phonemsystems Rechnung getragen werden, durch welche die altpolabische Phonemopposition ‚palatal' versus ‚nicht palatal' neutralisiert wird, da diese für die mittelniederdeutschen Sibilanten nicht relevant ist. Die daraus folgende Unterdifferenzierung der altpolabischen Phonempaare /č/ versus /c/, /š/ versus /s/ sowie /ž/ versus /z/ im Mittelniederdeutschen wird in der Substitution von sowohl aplb. /č/ als auch /c/ durch mnd. /ts/, von

---

[96] Vgl. Schmitz 1990: 313, Anm. 8.
[97] Die Opposition von mittelniederdeutsch stimmhaftem s /z/ versus stimmlosem s /s/, aufgrund derer die altpolabischen Sibilanten /s/ und /z/ im Mittelniederdeutschen differenziert werden, resultiert aus dem bereits dargestellten mittelniederdeutschen s-Wandel im 13. Jahrhundert, der dazu führt, daß die Differenzierung der Sibilanten nicht mehr nach etymologischen Kriterien, sondern aufgrund artikulatorischer Prinzipien erfolgt. Etymologisch repräsentiert mnd. /s/ germanische Herkunft, hingegen ist mnd. /z/ in der zweiten Lautverschiebung aus germ. /t/ entstanden; vgl. Schweikle 1990: 139. Insbesondere wird im Norddeutschen <s> sowohl im Anlaut vor Vokal als auch intervokalisch stimmhaft /z/ artikuliert.

aplb. /š/ und /s/ durch die mittelniederdeutsche halbbreite Spirans /ş/ sowie von aplb. /ž/ und /z/ durch mittelniederdeutsch stimmhaftes s /z/ deutlich.[98]

Neben dieser Phonemsubstitution müssen der Vollständigkeit halber außerdem die phonemischen Interferenzen berücksichtigt werden, die aus denjenigen altpolabischen Konsonantenkombinationen resultieren, die für das Mittelniederdeutsche ungewöhnlich sind.[99] Unter diesem Gesichtspunkt sind zunächst ungewöhnliche Anlautgruppen zu analysieren, die unter Synkope bestimmter Konsonantenphoneme den genuin mittelniederdeutschen Konsonantenverbindungen homophon werden und daher ins mittelniederdeutsche Phonemsystem integriert werden. Dazu zählen die Anlautgruppen aplb. /zd/ in aplb. *Zdišov- > 1321 Dissowe > nhd. Dissau (OH) sowie aplb. /dv/ in aplb. *Dvornik > 1460 Dorneke > nhd. Dörnick (PLÖ), in denen die Konsonanten /z/ bzw. /v/ synkopiert werden. Ebenso sind in diese Kategorie der ungewöhnlichen Anlautgruppen die altpolabischen Toponyme Quaal (OH) < aplb. *Chvaly und Quals (OH) < aplb. *Chvališky einzuordnen, bei denen die altpolabische Konsonantenkombination /chv/ durch mnd. /kv/ substituiert und durch die entsprechende mittelniederdeutsche Orthographie mit <qu> wiedergegeben wird.[100]

Des weiteren sind für das Mittelniederdeutsche ungewöhnliche inlautende altpolabische Konsonantenkombinationen zu reflektieren, die entweder – in Analogie zu den konsonantischen Anlautgruppen – durch Synkope oder aber durch Vokalzuwachs, d.h. durch das Einfügen eines Sproßvokals, den mittelniederdeutschen Konsonantenverbindungen homophon werden. Die erste Subklasse ist quantitativ nur gering bezeugt und wird zum einen durch die Toponyme mit der Konsonantenkombination aplb. /dz/ gebildet, die unter Synkopierung des aplb. /d/ transsumiert werden, z.B. aplb. *Lędz'ane > 1222/ 1223 Linsane > nhd. Lensahn (OH) und aplb. *Lędz'ane > 1433 Lensan > nhd. Lensahnerhof (OH). Zum anderen ist das Toponym aplb. *Pomněny > 1351 Pemen > nhd. Pehmen (PLÖ) Element dieser Subklasse, bei dem die Konsonantenverbindung aplb. /mn/ durch Synkope des /n/ interferiert wird.

Die zweite Subklasse ist hingegen quantitativ umfangreicher und faßt diejenigen Oikonyme zusammen, die zwischen den nachfolgend aufgelisteten altpolabischen Konsonantenkombinationen den Sproßvokal /e/ bzw. /ə/ im Mittelniederdeutschen zur Artikulationserleichterung einschieben: /bk/ (Lübeck (HL)), /bn/ (Grömitz (OH)), /bt/ (Löptin (PLÖ)), /chl/ (Bichel (OH)), /dk/ (Satjewitz (OH)), /dl/ (Siblin (OH)), /dn/ (Bardin (OH)), /dr/ (Wandelwitz (OH)), /gl/ (Wangelau (LAU)), /gn/ (Sandesneben (LAU)), /jn/ (+Loyen (LAU)), /kl/ (Sarnekow (LAU)), /rn/ (Kühren (PLÖ)), /rš/ (Morest (OH)), /ščn/ (Langenlehsten (LAU)), /sd/ (Basedow (LAU)), /šk/ (Quals (OH)), /sl/ (+Maselow (OH)), /sn/ (Presen (OH)), /tg/ (Ratekau (OH)), /tl/ (Sellin (PLÖ)), /tn/ (Ziethen (LAU)), /ts/ (Walksfelde (LAU)), /vl/ (Griebel (OH)), /vn/ (Gowens (PLÖ)), /zl/ (Koselau (OH)) und /žn/ (Drüsen (PLÖ)). Von diesen Toponymen sind zum einen Basedow (LAU), Grömitz (OH), Kittlitz (LAU), Presen (OH), Sarkwitz (OH) und Wandelwitz (OH) als Sonderfälle zu klassifizieren, bei denen die mittelniederdeutsche Interferenz infolge von Vokalzuwachs nicht im Urkundenerstbeleg, sondern erst im Verlauf der weiteren Integration dokumentiert ist, welche hier angedeutet wird. Demnach repräsentieren die Frühformen dieser Oikonyme einen Phonemstand, der dem Altpolabischen nahesteht, und es ist anzunehmen, daß sie infolge einer frühen Transsumtion durch bilinguale Missionare und Chronisten übernommen wurden. Zum anderen stellen diejenigen Oikonyme einen Spezialfall dar, bei denen durch das Einfügen des Sproßvokals die Endung -en gebildet wird, welche dem deutschen Flexionsmorphem {en} homonym ist, z.B. Drüsen (PLÖ), Kühren (PLÖ), Langenlehsten (LAU), Söhren (OH) und Ziethen (LAU). Demnach stellt das /e/ bzw. /ə/ in diesen Fällen nicht unbedingt einen Sproßvokal dar, sondern es muß ebenfalls eine morphosyntaktische Adaptation reflektiert werden (vgl. Kapitel 5.3.2).

---

98 Vgl. Kaestner 1979: 213 und Eichler 1974: 14f.
99 Vgl. hierzu Eichler 1976/1989: 380 und 1976/1990: 120, der unter diesem Aspekt jedoch nur „ungewöhnliche Anlautgruppen" betrachtet und Interferenzen im Bereich inlautender Konsonantenkombinationen nicht analysiert.
100 Im ehemals altsorbischen Sprachraum existieren des weiteren Toponyme mit der Anlautgruppe /ʃk/, graphemisch <schk>, z.B. Schkauditz, Schkopau und Schkortitz. „Diese ON beruhen auf slawischen Etyma, die mit sk- Anlauten und die nach dem mhd. Wandel von sk zu š ins Deutsche gelangten" (Eichler 1976/1989: 380). Diese Kategorie kommt im mittelniederdeutsch-altpolabischen Sprachkontaktgebiet nicht vor. Scharbeutz (OH) < aplb. *Skorobyc- stellt das einzige Toponym mit aplb. /sk/ dar, das aber bereits vor dem „mhd. Wandel von sk zu š" transsumiert wurde und daher die reguläre Substitution durch mnd. /ʃ/ dokumentiert.

5.2.3 Abschließende Bemerkung zur phonemischen Interferenz

Nach dieser ausführlichen Diskussion der mittelniederdeutsch-altpolabischen Vokal- und Konsonantenphonemsubstitution inklusive der damit verbundenen Interferenzen sollen die daraus abzuleitenden Strukturprinzipien resümiert werden. Anschließend werden diese Prinzipien zu den extralinguistischen Faktoren des Sprachkontakts in Beziehung gesetzt.

Die Phonemsubstitution vollzieht sich generell nach zwei Prinzipien:
1. Altpolabische Phoneme, die mit denen des mittelniederdeutschen Phonemsystems strukturell kompatibel sind, werden direkt durch die mittelniederdeutschen Phoneme substituiert.
2. Altpolabische Phoneme, denen im mittelniederdeutschen System keine phonemischen Äquivalente entsprechen, werden indirekt durch die phonemisch nächstgelegenen mittelniederdeutschen Laute ersetzt.

Dies betrifft die altpolabischen Phoneme und Phonemkombinationen aplb. /a/, /ę/, /ě/, /č/, /šč/ und /ž/. Hier interferiert das Mittelniederdeutsche, indem es diese altpolabischen Phoneme – wahrscheinlich aufgrund zu hoher funktionaler Belastung für das Superstratsystem – im Sprachkontakt nicht entlehnt, sondern diese Substratphoneme vielmehr an sein genuines Phonemsystem anpaßt. Diese mittelniederdeutsche Interferenzwirkung verdeutlicht sich in einem stärkeren Maße am Substitutionsprozeß sowohl der altpolabischen Sibilanten /č/ versus /c/, /š/ versus /s/ und /ž/ versus /z/ als auch der altpolabischen Plosive, Nasale und Liquide, die im Altpolabischen – im Gegensatz zum Mittelniederdeutschen – infolge der distinktiven Opposition ‚palatal' versus ‚nicht palatal' unterschieden werden. Aus dem Sprachkontakt resultiert diesbezüglich keine Umstrukturierung des mittelniederdeutschen Phonemsystems, sondern dieses projiziert vielmehr die ihm zugrundeliegenden Phonemdistinktionen auf das davon abweichend organisierte, differenziertere altpolabische Phonemsystem und neutralisiert demzufolge diese altpolabische Opposition. Die damit verbundene Unterdifferenzierung der entsprechenden altpolabischen Phoneme im Mittelniederdeutschen ermöglicht den Verlust des Fremdheitscharakters. Gleichzeitig erzeugt sie Homophonie zu den genuin deutschen Phonemen und bewirkt damit die Integration dieser altpolabischen Phoneme ins mittelniederdeutsche Sprachsystem. Im Gegensatz zu dieser phonemischen Neutralisierung auf ‚horizontaler Ebene', d.h. in bezug auf die Artikulationsstelle, bleibt die Phonemopposition auf ‚vertikaler Ebene', d.h. in bezug auf Phonation erhalten, da die Distinktion ‚stimmhaft' versus ‚stimmlos' sowohl im altpolabischen als auch im deutschen Phonemsystem relevant ist.

Die einzige Ausnahme altpolabischer Interferenz repräsentiert der durch altpolabische palatale Nasale, Liquide und Plosive bewirkte Umlaut im Mittelniederdeutschen, wenngleich jedoch diese Interferenzwirkung von der mittelniederdeutschen Phoneminterferenz unterschieden werden muß: Sie bewirkt keine Umstrukturierung des mittelniederdeutschen Phonemsystems, sondern dieses bedient sich vielmehr eines Phonemprozesses, der genuin deutschen Charakter besitzt, um auf diese altpolabische Interferenz zu reagieren.

In Anbetracht dieser Interferenzanalyse kann mit Weinreich[101] gefolgert werden, daß nicht das Phonemsystem bilingualer Individuen den Sprachkontakt strukturell kontaminiert, sondern daß vielmehr die Kompetenz mittelniederdeutsch-monolingualer Individuen sowohl die mittelniederdeutsch-altpolabische Phonemsubstitution als auch die phonemische Interferenz determiniert.

Resümierend ist somit festzuhalten, daß die phonemischen Interferenzen im mittelniederdeutsch-altpolabischen Sprachkontakt weitgehend durch die Spezifität des mittelniederdeutschen Phonemsystems bestimmt sind. Diese dominierende Rolle des mittelniederdeutschen Idioms im sprachlichen Bereich bestätigt demzufolge nachdrücklich sowohl die extralinguistische Dominanzkonfiguration als auch die aus den sprachexternen Faktoren abgeleitete Richtung des Sprachkontakts. Diese mittelniederdeutsche Interferenz als eine direkte Auswirkung sprachenpolitischer Maßnahmen zu interpretieren, entspricht sicherlich nicht den Realitäten; die Sprachenpolitik im mittelniederdeutsch-altpolabischen Kulturkontakt muß vielmehr als eine „geheime Übereinkunft" der kommunizierenden Individuen angesehen werden. Dennoch trägt die Interferenz sowohl der mittelniederdeutschen Schreibsprachkultur[102]

---

[101] Vgl. Weinreich 1977: 40.
[102] Den Einfluß der mittelniederdeutschen Schreiblandschaft bezeugen insbesondere diejenigen altpolabischen Toponyme, die – analog den genuin deutschen Ortsnamen – den mittelniederdeutschen Phonemwandel und weitere lautliche Prozesse wie Synkope, Apokope und Vokalzuwachs vollziehen.

als auch dem annähernd extern-diglossischen Verhältnis sowie dem damit verbundenen hohen Sozialprestige des Mittelniederdeutschen Rechnung und deutet zugleich auf die bevorstehende Reunilingualisierung sowie auf den Sprachtod des altpolabischen Idioms.

5.3 Morphemische Integration

Auf diese toponymische Transsumtion folgt in der zweiten Periode der Kontaktphase in Übereinstimmung mit der deutschen Ostsiedlung und der damit verbundenen quantitativen Zunahme der am Sprachkontakt beteiligten bilingualen Individuen die weitere systematische Adaptation der altpolabischen Transsumte an das Superstratsystem auf morphemischer Ebene; dieser Prozeß wird daher als ‚Attraktionsphase'[103] charakterisiert. Diese morphemische Integration der Substrattoponymie verläuft langsamer als deren phonemische Adaptation[104] und ist als ein dynamischer Prozeß organisiert, der sich über mehrere Jahrhunderte erstreckt und aus dem die Entstehung relativ stabiler, postintegrativer, sogenannter ‚toponymischer Morpheme'[105] resultiert. Demzufolge hat sich die Analyse der morphemischen Interferenz vorrangig mit Erscheinungen toponymischer Art zu befassen, die insbesondere aus den strukturellen Differenzen der toponymischen Wortbildungssysteme beider Kontaktidiome abzuleiten sind:

Die deutschen Ortsnamen stellen größtenteils Komposita dar und werden durch ein Bestimmungswort im Erstglied, das durch ein Anthroponym oder ein Appellativum besetzt ist, und ein Grundwort im Zweitglied gebildet; diese Grundwörter, z.B. {burg} ‚befestigter Ort, Schloß, Burg, Stadt', {dorf} ‚Dorf, Einzelsiedlung', {kamp} ‚Landstück, eingefriedigtes Stück Land, Weide- oder Ackerland, gehegtes Waldstück' u.v.m., gehören in die Gruppe der freien Morpheme des Appellativwortschatzes und sind durch eine toponymisierende, klassenbildende Funktion charakterisiert. Somit besitzen die deutschen Ortsnamen die folgende binäre Struktur: Bestimmungswort + Grundwort, z.B. *Niendorf* (LAU). Daneben existieren ebenfalls – jedoch in geringerem Umfang – toponymische Simplizia und Derivate, z.B. *Burg* (OH) < mnd. *Borch*[106] zu mnd. *borch, borg* ‚Burg, Feste, Schloß, Haus, Stadt' und *Glüsing* (LAU) < mnd. *Glusinge* zu mnd. *glusen, gluren* ‚lauern, blinzeln, leuchten' + {ing}-Suffix; diese sind jedoch für die deutsche Ortsnamenbildung im untersuchten Raum nicht charakteristisch.

Im Unterschied zu diesem, durch die Komposition geprägten Wortbildungsmodell ist

> „[i]m Bereich der Wortbildung [...] für die slawischen Sprachen eine maximale Durchsetzung des Prinzips der Affixation (der Verwendung von Ableitungsaffixen, besonders von Suffixen) charakteristisch. Im Benennungsakt kommen zur Geltung Grundmorpheme (die sog. freien Morpheme), welche die lexikalisch-begriffliche Bedeutung vermitteln [...], und reihenbildende Wortbildungs- und Wortformbildungselemente (die sogen. gebundenen Morpheme), die im Bereich der EN die Entstehung von in der Form unterschiedlichen Eigennamentypen ermöglichen [...]." (Šrámek 1996: 1383)

Demzufolge sind die altpolabischen Toponyme analog den deutschen Ortsnamen binär strukturiert: Stammorphem + toponymisches Suffix, z.B. *Grömitz* (OH) < aplb. **Grob'nica*. Ebenfalls sind – wenngleich nicht sehr zahlreich – im toponymischen Material des Untersuchungsgebiets altpolabische Simplizia

---

103 Vgl. Hengst 1985: 819 und 1996: 1008.
104 Diese qualitative Staffelung der toponymischen Integration korrespondiert mit der Entlehnungshierarchie, die für den Appellativwortschatz ermittelt werden konnte. Die lexikalische Entlehnung und die damit verbundene phonemische Adaptation des Lehnwortes verlaufen leichter und sind in eine zeitlich frühere Phase des Sprachkontakts einzuordnen; erst dann erfolgt die morphemische (und syntaktische) Integration dieser Entlehnungen; vgl. Bechert/Wildgen 1991: 95f.; Hoffer 1996: 542 und Weinreich 1977: 66.
105 Es ist hier anzumerken, daß die im appellativischen Bereich geltende Definition des Morphems als „kleinstes bedeutungstragendes Element der Sprache" (Bußmann 1990: 502) für den toponymischen Bereich nicht unreflektiert übernommen werden darf; sie ist vielmehr dahingehend zu modifizieren, daß es sich um kleinste, nicht weiter segmentierbare Einheiten mit Bezeichnungsfunktion handelt, welche die Identifizierung eines Toponyms in einer eins-zu-eins-Relation leisten. Die Termini ‚toponymisches Suffix/Morphem', ‚Topoformant' sowie ‚Namentypus' werden synonym verwendet.
106 Der älteste Beleg des Ortsnamens geht auf das Jahr 1231 zurück: Hier wurde mnd. *Borch* als *castrum* ins Lateinische übersetzt; vgl. Schmitz 1981: 65.

sowie altpolabische Komposita dokumentiert, z.B. *Göhl* (OH) < aplb. **Golá* zu aplb. **goly* ‚nackt, kahl' und *Damlos* (OH) < aplb. **Dąbolaz* zu aplb. **dąb* ‚Eiche' und **laz* ‚Rodung'.[107]

Infolge dieser verschiedenen toponymischen Wortbildungssysteme ist insbesondere zu ermitteln, wie die altpolabischen Topoformanten des derivativen Modells in das kompositive deutsche Wortbildungssystem integriert werden.

5.3.1 Morphemische Interferenz im Bereich der Komposition

In Anbetracht sowohl der für die deutsche Toponymie charakteristischen Komposition als auch des im Sprachkontakt dominierenden Systemcharakters des mittelniederdeutschen Idioms ist theoretisch eine schwerpunktmäßige Adaptation der altpolabischen Toponyme an den Kompositionstypus erwartbar; faktisch wird der für das Altpolabische konstitutive Wortbildungstypus der Derivation jedoch nur zu 36% durch mittelniederdeutsche Komposition überlagert.

Innerhalb dieser Gruppe der durch Komposition morphemisch interferierten altpolabischen Toponyme sind zwei Subkategorien voneinander zu differenzieren:

Die erste Subklasse (97%) wird durch altpolabische Toponyme gebildet, die während der Attraktionsphase dadurch morphemisch vollständig in das deutsche toponymische System integriert werden, daß ein aus etymologisch deutschen Ortsnamen geläufiges Grundwort das altpolabische toponymische Suffix substituiert. Diese Morphemsubstitution vollzieht sich an altpolabischen Oikonymen mit dem Topoformanten {ov}, der während der Integrationsphase im 13./14. Jahrhundert mit dem Gewässernamengrundwort mnd. *ō, ōwe, ouwe, ā, āwe* ‚Wasserlauf, Bach, Strom, Insel, Eiland, feuchte Wiese' zusammenfällt (vgl. Tabelle 3). Im Deutschen ergibt der Topoformant {ov} postintegrativ das toponymische Morphem {au} mit den Allomorphen /ow/, /ove/, /u/ sowie /a/,[108] z.B. *Dannau* (OH/PLÖ), *Koselau* (OH), *Sarnekow* (LAU), +*Crampove* (PLÖ), +*Bucu* (HL) und *Löja* (OH). Das Allomorph /a/ ist eine latinisierte, kanzleisprachliche Variante; /u/ und /ove/ sind Allomorphe zu {au} von Wüstungsnamen des 12. bzw. 15. Jahrhunderts, die somit die integrative und postintegrative Entwicklung im mittelniederdeutschen Idiom nicht vollziehen konnten; /ow/ stellt wahrscheinlich eine mundartliche Variante zu {au} dar, die in die amtssprachlichen Hochformen Eingang gefunden hat.

Wegen der Homophonie von aplb. {ov} und mnd. {ō, ōwe} werden beide Morpheme im Sprachkontakt durch bilinguale Individuen als ‚interlinguale Dia-Allomorphe'[109] identifiziert. Diese interlinguale morphemische Konvergenz übt eine stimulierende Wirkung auf die Integration dieses altpolabischen Topoformanten aus. Dadurch, daß die Differenzierung dieses toponymischen Elements in ‚genuin mittelniederdeutsch' und ‚genuin altpolabisch' in Anbetracht des wechselseitigen Nebeneinanders von mittelniederdeutsch substituierten und nicht-substituierten Ortsnamenformen in der bilingualen Kommunikation nicht exakt möglich ist, kann demzufolge das postintegrative Morphem {au} als polygenetisch[110] bezeichnet werden. Das deutsche Grundwort {au} wird durch dieses „homophone Morphem als Ergebnis der Integration gleichsam gestärkt" (Eichler 1976/1996: 121).

---

107 Zur Wortbildung deutscher Toponyme sowie weiterer Grundwörter vgl. Bach 1953: 120-244; Koß 1996: 12f.; Laur 1996; Schmitz 1978; 1981: 493-501; 1986: 277-283 und 1990: 475-479. Zum Wortbildungsmodell der slawischen Toponyme einschließlich weiterer Topoformanten vgl. Eichler 1964; Schmitz 1981: 466-477; 1986: 265-270; 1990: 460-467 und Šrámek 1996: 1383f.

108 In Opposition zu Hengst 1984: 47, der das Morphem {au} als ein gebundenes Morphem definiert und somit in die Reihe der Derivationselemente der Superstratsprache stellt, erfolgt hier die Klassifizierung von {au} als ein freies Morphem und typisches Ortsnamengrundwort, das in etymologisch deutschen Toponymen belegt ist und – wie bereits erwähnt – diachron auf das mittelniederdeutsche Appellativum *ō, ōwe, ouwe, ā, āwe* bezogen werden muß, z.B. *Engelau* (PLÖ) < 1433 *Enghelouwe* < 1417 *Enghelowe*. Die Klassifizierung von {au} als ein etymologisch deutsches Grundwort belegen ebenfalls die Ausführungen von Debus/Schmitz 1985: 2124 und Schmitz 1981: 520. Bach 1953: 120 führt {au} ebenso nicht unter den deutschen Ableitungselementen auf, sondern charakterisiert dieses Morphem als ein freies. Allerdings kann in Anbetracht der geringen Produktivität von {au} im deutschen toponymischen Material und seiner stark reihenbildenden Funktion in den integrierten altpolabischen Toponymen mit Bach 1953: 151 eingeräumt werden, daß sich diese „[...] Siedlungsnamen vom Standpunkt der Wortbildung aus in ihrer Funktion sehr nahe mit den Suffixen [berühren], ohne daß dadurch jedoch die Unterscheidung zwischen zusammengesetzten und abgeleiteten Namen eine Einschränkung erfahren müßte." Demzufolge ist ebenfalls der These Eichlers 1981: 17 zu widersprechen, der die Toponyme mit dem Endelement {au} als nicht mehr binär strukturierte Ortsnamen definiert.

109 Vgl. Bellmann 1982: 270ff. und Wilkins 1996: 110.

110 Vgl. Eichler 1988: 35.

präintegratives aplb. Suffix	graphemische Realisation im Deutschen {<...>}					postintegratives toponymisches Morphem	im Deutschen systemhaft fest	Varianten im Deutschen
	um 1200	im 13. Jh.	im 14. Jh.	im 15. Jh.	im 16. Jh.			
{in} {ina/iny}	-in	-en -in/-yn	-en -in/-yn	-en -in/-yn	-in/-yn	{in}	12. Jh.	/en/
{n}	-en(e) -ne	-en(e)	-en	-en	-en	{en}	14. Jh.	
{ici} {ica/ice}	-ice -ize	-esse/-esce -isse -etse -ez(e) -iz(e) -ezt	-isse -istz(e) -itse/-itze -tze -i(e)zce -(e)z(e) -iz	-etze -itze -tz(e) -isse -s	-itz	{itz}	14./15. Jh.	/(i, e)z/ /s/ /sz/ /tz/
{ec}			-etz	-(e)tz		{eez}	19. Jh.	/s/ /z/
{ovici}		-uic -uis -u(v)itz -u(v)iz	-vitz	-uitze -vitz/-vytz -visse		{witz}	14. Jh.	/vitz/ /viz/
{ov}	-u -ove -owe(e)	-a -ave/-awe -ov(e)/-ow(e) -uwe	-ouwe -ow(e)	-auw(e) -awe -ouw(e) -ow(e)	-auwe -aw -ouw(e) -ow	{au}	19. Jh.	/a/ /ove/ /ow/ /u/
{ava}		-aue -owe	-a -ow(e)	-ouwe		{au}	19. Jh.	
{sk}		-ceke -tseke/-tzeke -zeke	-seke -tze -tzeke	-tze -tzeke		{tzeke}	13. Jh.	/enz/
{*ane}	-an	-an(e)	-an(e)	-an(e)	-ahn	{ahn}	16. Jh.	

Tabelle 3: Produktive Integrationsmodelle der aplb. Topomorpheme

Die Morphemsubstitution von aplb. {ov} durch mnd. {ō/ōwe} bedingt des weiteren eine Substituierung seiner toponymischen Funktion. Der altpolabische Topoformant bildet ursprünglich sowohl possessivische Ortsnamen aus Anthroponymen als auch aus Substantiven und Adjektiven der o-Stämme.[111] Diese strukturelle Wortbildungsfunktion erlöscht durch mittelniederdeutsche lexikalische Interferenz in der Attraktionsphase und wird durch die Lexembedeutung von mnd. $\bar{o}$, $\bar{o}we$, $ouwe$, $\bar{a}$, $\bar{a}we$ ‚Wasserlauf, Bach, Strom, Insel, Eiland, feuchte Wiese' schließlich vollständig ersetzt, so daß die mit {ov} gebildeten altpolabischen Toponyme nicht nur vollständig morphemisch, sondern ebenfalls partiell semantisch integriert sind (vgl. Kapitel 5.4.2).[112]

Im Kontext der morphemischen Integration von aplb. {ov} müssen nochmals die bereits in Kapitel 5.2.1 dargelegten Unterschiede in den Akzentverhältnissen zwischen dem Mittelniederdeutschen und dem Altpolabischen betont werden. Bei der quantitativ umfangreicheren Anzahl dieser Toponyme interferiert der germanische Initialakzent, so daß sie im Gegensatz zum altpolabischen freien Wort- bzw. Paenultimaakzent anfangsbetont sind, z.B. *Bósau* (OH), *Schwártau* (OH) und *Tríttau* (PLÖ). Dennoch existiert eine – wenngleich kaum nennenswert bezeugte – Gruppe von altpolabischen Ortsnamen dieses Typus, welche sich dem Systemzwang des germanischen Initialakzents entziehen und in Anbetracht ihrer Ultimabetonung altpolabische Interferenz dokumentieren. Diese ist wahrscheinlich aus Mehrfachentlehnungen durch altpolabische Bevölkerungsreste des 14./15. Jahrhunderts abzuleiten und belegt somit nachhaltig die Kontinuität einer bilingualen Sprachgemeinschaft, z.B. *Dannáu* (OH/PLÖ) und *Kirchbarkáu* (PLÖ). Im Unterschied zu den vollständig integrierten Ortsnamen mit Initialakzent haben diese altpolabischen Toponyme partiell ihren Fremdheitscharakter bewahrt.[113]

Neben dieser Morphemsubstitution wird die erste Subklasse des weiteren durch altpolabische Toponyme gebildet, die durch Morphemadaptation an genuin deutsche Ortsnamengrundwörter in das mittelniederdeutsche onymische System integriert werden. Diese Morphemadaptation vollzieht sich zum einen dadurch, daß die altpolabischen Toponyme entweder durch mittelniederdeutsche Phonemsubstitution oder durch mittelniederdeutsche phonemische Interferenz etymologisch deutschen Ortsnamengrundwörtern homophon werden und demzufolge eine Lehndeutung erfahren. Die deutschen Grundwörter, an die diese altpolabischen Toponyme im Untersuchungsgebiet morphemisch attrahiert werden, sind {bach} zu mnd. *bēke* ‚Bach', z.B. +*Glambek* (OH), {hagen} zu mnd. *hāgen* ‚Einfriedigung, Buschwerk, Hain, Hagensiedlung', z.B. *Sierhagen* (OH), {mühle} zu mnd. *möl(l)e* ‚Mühle', z.B. *Fargemiel* (OH), {rode} zu mnd. *rode, rot* ‚Rodung, Neubruch', z.B. *Lebrade* (OH), und {wörde} zu mnd. *wurt, wort* ‚Hofstätte, Erhöhung, Hof, Wohnung', z.B. *Neuwühren* (PLÖ).[114]

Zum anderen erfolgt die Morphemadaptation ebenso dadurch, daß die typischen deutschen Ortsnamengrundwörter an die altpolabischen Namenformen angehängt werden und diese dann den Charakter einer Lehnschöpfung erhalten. Innerhalb dieser Gruppe ist im Untersuchungsgebiet die morphemische Attraktion an die deutschen Grundwörter {dorf} zu mnd. *dorp, torp* ‚Dorf', z.B. *Kittlitz* (LAU) < 1442 *Kettelsdorpe*, {feld} zu mnd. *velt* ‚freies, offenes Land, Feld', z.B. *Walksfelde* (LAU), {hof} zu mnd. *hof* ‚Gutshof', z.B. *Lensahnerhof* (OH), {mühle} zu mnd. *möl(l)e*, z.B. *Gremsmühlen* (OH), und {see} zu mnd. *sē* ‚Binnensee, Landsee', z.B. *Gowens* (PLÖ) < 1433 *Gowensee*, dokumentiert.

Die zweite Subklasse der altpolabischen Ortsnamen, die durch den kompositiven Wortbildungstypus integriert werden, bilden Toponyme, deren Zweitglieder nicht an genuin deutsche toponymische Grundwörter, sondern vielmehr an freie Morpheme des Appellativwortschatzes attrahiert werden, die in der genuin deutschen Oikonymenbildung nicht bezeugt sind.

> „Somit sind diese Wortbildungselemente im Deutschen sekundär durch Interferenz entstanden und stellen [...] eine Abweichung von der Norm dar." (Hengst 1977: 442)

Diese Subkategorie ist im Untersuchungsgebiet jedoch nur mit 3% altpolabischer Toponyme belegt und daher als marginal zu klassifizieren. Außerdem besitzen diese appellativischen Grundwörter Ost-

---

111 Vgl. Eichler 1964/1985: 34f., 47f. und Schmitz 1981: 447.
112 Demgegenüber stimmen beim altpolabischen Topoformanten {ava}, der „zur Bildung von Gewässernamen verwendet" (Schmitz 1981: 469) wird und postintegrativ ebenfalls {au} ergibt, ursprüngliche altpolabische toponymische Funktion und Lexembedeutung des mittelniederdeutschen Integrats überein (vgl. Tabelle 3).
113 Vgl. Kaestner 1979: 210 und Schmitz 1981: 447. Ebenfalls führen Bechert/Wildgen 1991: 74 den Akzent als Kriterium für den Grad an Integriertheit an.
114 Zur Deutung dieser Ortsnamengrundwörter s. Debus/Schmitz 1985 und Schmitz 1981: 495ff.; 1986: 282f.; 1990: 477ff.

und Südholsteins toponymischen Charakter, und zwar {meer} zu mnd. *mer* ‚Meer', z.B. +*Tangmer* (LAU), {garten} zu mnd. *garte* ‚Garten', z.B. *Puttgarden* (OH), sowie {wall}, z.B. *Priwall* (HL).[115] Demzufolge sind sie von den appellativischen Grundwörtern wie {schädel}, {schatz}, {wein} und {zahn}, die durch altsorbische Interferenz in Sachsen und Thüringen entstanden sind,[116] abzugrenzen und daher vielmehr in einen definitorischen Übergangsbereich zwischen Subklasse eins und zwei zu stellen.

Diese morphemische Integration der altpolabischen Toponyme ins Mittelniederdeutsche wird durch die binäre Struktur der Ortsnamen, welche den beiden onymischen Systemen zugrundeliegt, möglich und durch die Attraktionskraft der deutschen Dichotomie von Bestimmungswort und Grundwort determiniert. Diese morphemische Gliederung kann sich bei den altpolabischen Integraten durchsetzen, „indem eine Polarisierung in zwei Morpheme erfolgt, von denen das zweite zugunsten eines deutschen Grundwortes" (Eichler 1976/1996: 121) bzw. eines scheinbar solchen Elements eliminiert wird.

> „Zugrunde liegt die Tendenz der Sprecher, einen relativ undurchschaubaren Namen in die Bildungs- und Bedeutungszusammenhänge der eigenen Sprache einzufügen. [...] Die Hinzufügung eines oder der Ersatz eines Fremdmorphems durch ein eigensprachliches Klassifizierungsmorphem verstärkt nicht nur die grammatische Eingliederung eines entlehnten Namens in die Zielsprache, sondern nimmt ihm auch einen Teil seiner semantischen Fremdheit. [...] [Es zeigt sich] das Bestreben der Sprecher, die Zahl der von der Normalstruktur abweichenden Morpheme möglichst niedrig zu halten." (Walther 1978: 52f.)

Somit ist resümierend festzustellen, daß sich die morphemische Attraktion der altpolabischen Ortsnamen an die Komposition überwiegend durch mittelniederdeutsche Interferenzwirkung vollzieht.

Mit der starken Attraktionskraft der binären Struktur hängt außerdem zusammen, daß die Klasse der im morphemischen Integrationsprozeß erhaltenen Simplizia, die ausschließlich phonemisch adaptiert sind, mit nur 4% marginal erscheint, z.B. *Behl* (PLÖ), *Plön* (PLÖ) und *Thürk* (OH).

5.3.2 Morphemische Interferenz im Bereich der Derivation

Im Gegensatz zu den altpolabischen Toponymen, welche an die für das Deutsche charakteristische Komposition adaptiert werden, wird die derivative Integration der altpolabischen Ortsnamen ins Mittelniederdeutsche überwiegend durch altpolabische Wortbildungsinterferenz bestimmt. Dies ist umso bedeutsamer, da erstens das Altpolabische dem Mittelniederdeutschen gegenüber das substrate Sprachsystem repräsentiert und zweitens sogar 60% der gesamten altpolabischen Toponymie durch Derivation integriert wird.

Zwar werden 44% dieser altpolabischen Ortsnamen an genuin deutsche gebundene Morpheme adaptiert, aber nur 5% dieser Ortsnamen bezeugen eine morphemische Attraktion an ein toponymisches Derivationsmorphem, und zwar an {ing(en)}, das als Zugehörigkeitssuffix in patronymischer Funktion sogenannte ‚Insassennamen' bildet:[117] +*Deutsch*/+*Wendisch-Gneningen* (OH), *Moisling* (HL) und *Rüting* (OH). Die ersten drei Oikonyme zeigen die Morphemsubstitution von aplb. {ici} durch mnd. {ing(en)} und sind bereits in Kapitel 4.6 hinreichend diskutiert worden.

> „Was den Zweisprachigen dazu führt, die zwischensprachliche Äquivalenz dieser Morpheme [...] herzustellen, ist [...] eine Ähnlichkeit in ihren bestehenden Funktionen." (Weinreich 1977: 61)

Diese durch toponymische Funktionsäquivalenz motivierte Morphemsubstitution ist von derjenigen von aplb. {ov} durch mnd. {ō/ōwe} zu unterscheiden, die aus phonemisch-formaler Ähnlichkeit beider Topoformanten herzuleiten ist. Ebenso erfolgt bei dem Ortsnamen *Rüting* (OH) < aplb. **Rud'nik-* die Morphemadaptation des altpolabischen Doppelsuffixes {n-ik} an mnd. {ing(en)} nur aufgrund

---

[115] Diese Appellative sind weder bei Bach 1953, 1954 noch bei Debus/Schmitz 1985 und Schmitz 1981: 493ff.; 1986: 277ff.; 1990: 475ff. als deutsche Ortsnamengrundwörter belegt.
[116] Vgl. Hengst 1977: 441.
[117] Vgl. Bach 1953: 162ff.; Debus 1993: 48ff.; Debus/Schmitz 1985: 2106 und Koß 1996: 123, 157.

phonemischer Ähnlichkeit. Somit interferiert das mittelniederdeutsche onymische System, indem es per Adaptation die patronymische Bedeutung des mittelniederdeutschen Derivationsmorphems {ing(en)}, welches dem Altpolabischen fremd ist, auf eben diese slawische Sprache überträgt, ohne daß hier eine patronymische Funktion gegeben ist.[118]

Eine weitere Subklasse dieses derivativen Integrationstypus bilden diejenigen altpolabischen Ortsnamen, die an die genuin deutschen grammatischen Flexionsmorpheme {e}[119] und {en} des Lokaldativs Singular und Plural adaptiert werden. Insbesondere repräsentiert das gebundene Morphem {en} das bevorzugte Integrationsmodell der altpolabischen Oikonyme auf {n} (vgl. Tabelle 3). Beispielsweise dient im Ortsnamen aplb. *Kur'n > 1216 Curen der mittelniederdeutsche Sproßvokal primär sowohl zur Artikulationserleichterung im Mittelniederdeutschen als auch zur Attraktion an die binäre Struktur der deutschen Toponymie. Der Zusammenfall mit der deutschen Flexionsendung des Lokaldativs vollzieht sich erst sekundär im 16. Jahrhundert, wie die syntaktische Fügung mnd. *van dem Have tho Khuren* (1555) unschwer zu erkennen gibt, aus der das Toponym *Kühren* (PLÖ) isoliert wird und somit im Neuhochdeutschen als eine erstarrte Form des Lokaldativs im Plural zu klassifizieren ist.

Diesem, am Oikonym *Kühren* (PLÖ) verdeutlichten Integrationsschema folgt die quantitativ umfangreichste Anzahl der altpolabischen Toponyme, die an das grammatische Morphem {en} attrahiert werden. Dennoch stellt diese morphemische Adaptation kein spezifisches Modell für die Integration von altpolabischen Ortsnamen mit dem Topoformanten {n} dar, sondern übt ebenso – wenn auch marginal – eine gewisse Attraktion auf andere altpolabische Ortsnamentypen aus, die noch zu diskutieren ist.

In diesem Kontext der morphemischen Adaptation an das deutsche Flexionsmorphem {en} ist noch intensiver auf die bereits erwähnte Attraktionskraft der binären Struktur der deutschen Ortsnamen einzugehen. Nicht nur die altpolabischen Simplizia wie *Kühren* (PLÖ) werden durch diese Attraktionswirkung zweigliedrig, sondern ebenfalls dreisilbige Adaptate, die durch phonemische Interferenz entstanden sind, gleichen sich durch vokalische Synkopierungen im Verlauf der Integration der binären Struktur an, z.B. *Mucheln* (PLÖ) < 1501 *tor Muggelen* < aplb. *Much-ly*. Demzufolge erscheint in diesen Integraten meistens nur noch die reduzierte Flexionsform {n} des pluralischen Lokaldativs, so daß die morphemische Klassifizierung der einzelnen Namensegmente der postintegrativen Namenformen im synchronen Vergleich erschwert ist und zum Teil nur durch eine diachrone Analyse nachvollzogen werden kann. Einen zu dieser Tendenz scheinbar im Gegensatz stehenden Ortsnamen repräsentiert *Köhn* (PLÖ), der sowohl prä- als auch postintegrativ ein Simplizium ist. Eine diachrone Analyse dokumentiert jedoch, daß sich auch dieses Toponym an die binäre Struktur attrahierte und synchron somit ebenfalls eine reduzierte Form des pluralischen Lokaldativs darstellt: *Köhn* (PLÖ) < 1404 *de villa Koden* < aplb. *Chod*. Der heutige Einsilber ist scheinbar durch mundartlichen Einfluß auf die amtliche Namenform entstanden.[120]

Die altpolabischen Toponyme dieses Integrationsmodells auf {e} und {en} werden morphemisch – und ebenfalls syntaktisch – durch mittelniederdeutsche Interferenzwirkung adaptiert. Die attrahierenden Flexionsmorpheme sind zwar dem Appellativwortschatz entnommen, werden aber gleichfalls zur Flexion von genuin deutschen Toponymen in präpositionellen Fügungen des 16. Jahrhunderts verwendet und sind daher auch in den neuhochdeutschen Ortsnamen als erstarrte Lokaldative zu identifizieren, z.B. *Groß Boden* (LAU) zu mnd. *to den Boden*. Außerdem dienen pluralische Lokaldative in genuin deutschen Ortsnamengrundwörtern als produktive Wortbildungsmodelle im onymischen Bereich, z.B. {hausen} in *Ernsthausen* (OH) und das Allomorph mnd. /hūsen/ in *Kellenhusen* (OH).[121]

---

118 Im Gegensatz zum ostmitteldeutsch-altsorbischen Sprachkontakt, in dem diese Morphemadaptation nach Walther 1980: 92 ein äußerst produktives Integrationsmodell für die altsorbische Toponymie darstellt, besitzt dieses Attraktionsmuster für den Sprachkontakt in Ost- und Südholstein keine erhebliche quantitative Bedeutung, sondern die altpolabischen Toponyme auf {n-ik} werden hier vielmehr nur phonemisch an das mittelniederdeutsche Idiom adaptiert, z.B. *Dörnick* (PLÖ) und *Körnick* (OH).

119 Daß es sich bei diesem Morphem nicht um das substantivische Wortbildungssuffix, sondern vielmehr um das Flexionsmorphem handelt, dokumentieren die Urkundenbelege, in denen die jeweiligen Toponyme entsprechend den syntaktischen Regeln des Mittelniederdeutschen realisiert und somit flektiert sind.

120 Vgl. Hengst 1981: 28.

121 Vgl. Debus/Schmitz 1985: 2116f. Die Entstehung des Ortsnamens Kellenhusen in Ostholstein ist dennoch zeitlich nicht in die für {hausen}, /hūsen/ produktive Phase des Hochmittelalters einzuordnen, sondern ist vielmehr durch Namenanalogiebildung zu Kellinghusen aus Kreis Steinburg (ebenfalls Schleswig-Holstein) entstanden; vgl. Bauer 1985: 184 und Schmitz 1981: 160.

Neben dieser Subklasse existiert eine weitere Kategorie altpolabischer Ortsnamen, die an genuin deutsche gebundene Morpheme, und zwar an die appellativischen Derivationssuffixe {el}, {er} und {los}, morphemisch attrahiert werden, z.B. *Nüchel* (OH), *Damlos* (OH) und *Klein Zecher* (LAU). Diese Morphemadaptation beruht auf mittelniederdeutschen phonemischen Substitutions- und Interferenzprozessen, aus denen entsprechende Voraussetzungen für die morphemische Homophonie und Homonymie mit den appellativischen Derivationssuffixen geschaffen werden. Beispielsweise erfolgt beim altpolabischen Simplizium **Noch-l-* die durch mittelniederdeutsche phonemische Interferenz bedingte Sproßvokalbildung zwischen der Konsonantenverbindung /x-l/, so daß das Toponym morphemisch segmentierbar wird und dem appellativischen Derivationsmorphem {el} homonym ist: *Nüchel* (OH). Zugleich verdeutlicht dieses Toponym nochmals die Tendenz, altpolabische Simplizia an die binäre Struktur der mittelniederdeutschen Oikonyme anzupassen.

Innerhalb dieser Subklasse besteht – im Gegensatz zum zuvor besprochenen Integrationsmodell – ein ambivalentes morphemisches Interferenzverhältnis. Einerseits interferiert das Mittelniederdeutsche die altpolabische Substrattoponymie, indem es diese an genuin deutsche Derivationssuffixe adaptiert. Andererseits muß jedoch in Anbetracht der Tatsache, daß diese Ableitungsmorpheme – im Unterschied zu den grammatischen Flexionsmorphemen – nicht im toponymischen Bereich, sondern vielmehr ausschließlich im Appellativwortschatz Verwendung finden,[122] einer altpolabischen Interferenz Rechnung getragen werden; diese schlägt sich aber im genuin deutschen toponymischen Material nicht nieder, sondern bleibt demgegenüber speziell auf die altpolabische Substrattoponymie beschränkt.

Die bisher dargelegte Erörterung der morphemischen Integration zeigt, daß die altpolabischen Topoformanten im Sprachkontakt nicht einfach übernommen werden, sondern daß sich vielmehr „eine strukturelle Adaptation des gesamten Namens und folglich auch des Suffixes" (Hengst 1985: 812) vollzieht. Neben der Morphemsubstitution und -adaptation, die sogenannte ‚Mischderivate'[123] bilden, kann der Sprachkontakt infolge altpolabischer Interferenz ebenfalls die Generierung neuer toponymischer Morpheme im Superstratsystem hervorrufen.

In bezug auf den mittelniederdeutsch-altpolabischen Sprachkontakt Ost- und Südholsteins handelt es sich um die Generierung der toponymischen Morpheme {(w)itz} –[124] mit den zum Teil aus mundartlichem Einfluß resultierenden Allomorphen /s/, /(e, i)z/, /tz/ sowie /sz/ – und {in},[125] z.B. *Grömitz* (OH), *Strecknitz* (HL), *Bardin* (PLÖ) und *Dermin* (LAU). Diese Lehnsuffixe sind aus den altpolabischen Topoformanten {(ov)ici} bzw. {ica/ice} und {in} bzw. {ina/iny}[126] durch mittelniederdeutsch-altpolabische Phonemsubstitution entstanden und existieren im Deutschen als postintegrative toponymische Morpheme seit dem 14./15. bzw. bereits seit dem 12. Jahrhundert (vgl. Tabelle 3).

Die altpolabische Interferenzwirkung verdeutlicht sich darin, daß diese Lehnsuffixe vor dem Sprachkontakt weder im appellativischen noch im toponymischen Bereich zur mittelniederdeutschen Wort- bzw. Namenbildung herangezogen werden. Sie sind aber dennoch als in das toponymische Wortbildungssystem des Deutschen integriert zu betrachten, da die mit ihnen gebildeten altpolabischen Ortsnamen bei synchroner Betrachtung eine binäre Struktur von Stammorphem und toponymischem Morphem besitzen und daher dem Paradigma eines deutschen Derivats genügen („Wirkung der Unifizierungstendenz", Hengst 1985: 820).

In bezug auf diese Morphemgenerierung ist zu betonen, daß die gebundenen Morpheme nicht als solche direkt aus dem Altpolabischen entlehnt werden, sondern daß sie vielmehr zunächst gemeinsam mit den altpolabischen Toponymen als Lehnnamen übertragen und phonemisch adaptiert werden; erst nach dieser vollständigen Entlehnung der freien Morpheme können die gebundenen toponymischen

---

122 Vgl. hierzu Bach 1953; Debus/Schmitz 1985; Fleischer/Barz 1995 und Schmitz 1981; 1986; 1990.
123 Vgl. Hoffer 1996: 544.
124 In Opposition dazu existieren im Ostmitteldeutschen die zu {itz} gehörenden „historisch erklärbaren Positionsvarianten" (Hengst 1985: 812) /itzsch/ und /itsch/, z.B. *Delitzsch*. Die Entstehung dieser Allomorphe im ehemals altsorbischen Areal ist aus dem vom mittelniederdeutsch-altpolabischen Sprachkontakt zu differenzierenden Phonemsubstitution von slaw. /c/ zu erklären, die im Ostmitteldeutschen nach Sonor /tʃ/ ergibt.
125 Im Gegensatz dazu generiert der ostmitteldeutsch-altsorbische Sprachkontakt kein toponymisches Lehnsuffix {in}, sondern hier erscheint für die entsprechenden altsorbischen Suffixe generell {en}; vgl. Hengst 1981: 23. Das Lehnsuffix {in} ist daher als eine spezielle Morphemgenerierung mit toponymischer Funktion als Ergebnis des mittelniederdeutsch-altpolabischen Sprachkontakts zu klassifizieren und vom deutschen Movierungsmorphem {in} zu differenzieren. Vgl. dazu Bauer 1985: 185 und Fleischer/Barz 1995: 183, 196, die {in} ebenfalls als „onymisches Fremdsuffix" (196) neben {itz} definieren.
126 Zur toponymischen Funktion dieser altpolabischen Suffixe vgl. Eichler 1964/1981: 24f., 31, 38ff., 49 und Schmitz 1981: 467f., 471f., 176f.

Kontaktlinguistische Auswertung der slawischen Toponoyme 55

Morpheme aus dem Lehnwort segmentiert werden und erhalten ihren Charakter als eines aus dem Sprachkontakt generierten Lehnmorphems.[127] Durch diese Morpheminnovation erfolgt die Erweiterung und Bereicherung des sich entwickelnden toponymischen Morphembestandes des Superstratidioms.[128]

Dem Status als toponymische Lehnmorpheme, die ins mittelniederdeutsche Sprachsystem vollständig integriert sind, trägt die attrahierende Wirkung dieser Topoformanten auf andere altpolabische Oikonyme im Integrationsprozeß Rechnung, sofern diese die phonemischen Voraussetzungen dafür besitzen. In der Subklasse, die durch die Toponyme mit {itz} gebildet wird, kommen 20% altpolabische Ortsnamen vor, die genuin nicht zum altpolabischen Namentyp {(ov)ici} bzw. {ica/ice} gehören und somit durch dieses Integrationsmodell attrahiert werden, z.B. *Görnitz* (PLÖ) < 1561 *Gornitz* < 1433 *Gorgense* < aplb. **Gor'nec* und +*Pölitz* (OH) < aplb. **Polěs'e*. Die durch das toponymische Lehnmorphem {in} gebildete Subklasse zeigt 13% attrahierte altpolabische Oikonyme, z.B. *Hobstin* (OH) < 1280 *Pustin* < aplb. *Postěn* und *Großschlamin* (OH) < 1280 *Slemin magnum* < aplb. **Slemę*.[129] Durch diese reihenbildende, absorbierende Funktion wird insbesondere der Suffixcharakter der neuen Endelemente bestätigt.[130]

Sowohl die durch diese Morpheminnovation bedingte Erweiterung des toponymischen Morphembestandes als auch die vollständige Integration dieser Lehnsuffixe dokumentiert insbesondere die sekundäre Adaptation von genuin deutschen, ursprünglich genitivischen Toponymen an das Lehnmorphem {itz}, z.B. *Seiferitz* < 1361 *villa Siffridis*.[131] Allerdings muß hier betont werden, daß diese Analogiebildung deutscher Ortsnamen zu {itz} nicht in Ost- und Südholstein bezeugt ist.

Demgegenüber besteht eine zu dieser attrahierenden Wirkung der Lehnmorpheme als grundsätzlich gegenläufig zu betrachtende Tendenz darin, daß

> „[...] nur in wenigen Fällen eine geradlinige und direkte suffixale Entsprechung zwischen dem [Altpolabischen] und Deutschen in den Realisationsformen der Integrate vorhanden [ist]. Viel häufiger ist, daß ein toponymisches Suffix des Slawischen mehrere Entsprechungen im Deutschen gefunden hat [...]." (Hengst 1985: 811)

82% der altpolabischen Toponyme auf {(ov)ici} bzw. {ica/ice} finden in dem für diesen Namentyp spezifischen postintegrativen Morphem {itz} und seiner Allomorphe eine suffixale Entsprechung, z.B. *Grömitz* (OH) und *Böbs* (OH) < 1459 *Bobitze*. Es ist anzumerken, daß diejenigen Namenformen des Morphems {itz}, die im Neuhochdeutschen durch das Allomorph /s/ wiedergegeben werden, – in Analogie zum bereits diskutierten Ortsnamen *Köhn* (PLÖ) – mundartliche Varianten repräsentieren, welche die amtlichen Namenformen beeinflußt haben. Dem entspricht der Sachverhalt, daß die amtlichen Namenformen auf {itz} eine mundartliche Variante mit dem Allomorph /s/ besitzen, z.B. *Grömitz* (OH), ma. /gröms/.[132] Daneben weisen 7% der Oikonyme dieser Klasse eine Morphemsubstitution durch das genuin deutsche toponymische Ableitungssuffix {ing(en)} auf, z.B. *Moisling* (HL); 11% dieser altpolabischen Ortsnamen werden an die grammatischen Flexionsmorpheme {e} bzw. {en} adaptiert, z.B. +*Gülze* (LAU) und *Pülsen* (PLÖ). Die Ursachen für diese Integrationsvarianten sind – abgesehen von der hybri-

---

127 Vgl. Bieder 1987: 179; Hoffer 1996: 545; Weinreich 1977: 52, 56 und Wilkins 1996: 111f. Dieser betont insbesondere die hierarchisierte Entlehnung von zunächst freien und erst dann gebundenen Morphemen im Sprachkontakt. Weinreich 1977: 63 betont weiterhin, daß die Generierung von neuen Formanten durch den Sprachkontakt teilweise soweit gehen kann, „daß die betreffende Sprache dadurch sogar einem anderen Typ des Sprachbaus zuzurechnen ist"; vgl. dazu auch Wilkins 1996: 113. Dieser Wechsel des toponymischen Wortbildungssystems vom kompositiven zum derivativen Typus ist für das mittelniederdeutsche Sprachsystem nicht konstatierbar, wenngleich diese Lehnsuffixe als vollständig integriert charakterisiert werden dürfen. Der Fortbestand des Kompositionstypus wird durch die Ortsnamenneubildungen des 16. bis 20. Jahrhunderts manifestiert, z.B. *Augustenhof* (OH) und *Johannistal* (OH).
128 Vgl. Hengst 1997: 346 und Weinreich 1977: 51, der nachdrücklich betont, daß im Sprachkontakt durch Interferenzwirkung einer Sprache (hier: das Altpolabische) eine bestimmte Kategorie (hier: die Klasse der onymischen Morpheme) durch neue Morpheme erweitert werden kann.
129 Bei diesen Ortsnamenbeispielen stellen sowohl die phonemische Interferenz als auch die morphemische Attraktion wechselseitig bedingte Prozesse dar. Zum einen wird die durch mittelniederdeutsche Phoneminterferenz bedingte Vokalverengung /e/ > /i/ durch die damit verbundene Attraktion an das morphemische Integrationsmodell {in} beschleunigt; zum anderen resultiert aber gerade aus diesem Phonemwandel die morphemische Attraktion an den Topoformanten {in}.
130 Eichler 1981: 19 bemerkt, daß diese neuen Endelemente „weitgehend mit den deutschen Grundwörtern verglichen werden und evtl. auch mit ihnen wechseln" können. Diesem Vergleich ist zu widersprechen, denn im Gegensatz zu den deutschen Grundwörtern, die als freie Morpheme definiert sind, repräsentieren diese neuen Endelemente gebundene Morpheme.
131 Vgl. Hengst 1977: 446.
132 Vgl. Kaestner 1979: 210. Vgl. auch Kapitel 5.2.1 zum ‚einsilbigen Reduktionstyp'.

den Lehnübersetzung durch {ing(en)} – nicht konkret erschließbar und beruhen wahrscheinlich auf Schreib- und Sprechvarianten.

79% der altpolabischen Toponyme auf {in} bzw. {ina/iny} werden im Neuhochdeutschen durch das postintegrative Lehnmorphem {in} wiedergegeben, z.B. *Genin* (HL), *Kulpin* (LAU) und *Sellin* (PLÖ); die restlichen 21% werden an das deutsche grammatische Morphem {en} attrahiert, z.B. *Krüzen* (LAU) und *Kühsen* (LAU). Diese Aufspaltung des Integrationsmodells desselben altpolabischen Namentypus ist mit der jeweils unterschiedlichen Realisierung des germanischen Initialakzents im toponymischen Integrat verbunden. Wenn der altpolabische Ortsname den Initialakzent adaptiert, dann wird durch dessen Interferenzwirkung der altpolabische Vollvokal der Endsilbe reduziert, und es erfolgt unmittelbar die Attraktion an das deutsche Flexiv {en}. Bleibt demgegenüber der altpolabische Ultimaakzent erhalten, so resultiert keine Vokalreduktion, sondern die altpolabischen Integrate realisieren vielmehr das Lehnmorphem {in}[133]; damit ist gleichzeitig – in Analogie zu den endbetonten Ortsnamen auf {au} – der Erhalt eines partiellen Fremdheitscharakters verbunden.

Neben diesen beiden Lehnmorphemen, die sowohl als präintegrative altpolabische Suffixe produktiv sind als auch als Integrationsmodelle eine jeweils quantitativ recht umfangreiche Anzahl von altpolabischen Toponymen umfassen, gibt es weitere postintegrative Lehnsuffixe, die durch den intensiven Sprachkontakt generiert werden; diese sind ebenso spezifischen, jedoch nicht sehr produktiven altpolabischen Topoformanten zuzuordnen, und zwar {ahn} aus aplb. {*'ane}, z.B. *Lensahn* (OH), {eez} aus aplb. {ec}, z.B. *Niederkleveez* (PLÖ), und {(t)z/seke} aus aplb. {sk}, z.B. +*Pezeke* (LAU). Das Lehnmorphem {ahn} bewahrt den altpolabischen Paenultimaakzent, der nach Apokope des Auslautvokals von aplb. {*'ane} im Mittelniederdeutschen als Ultimaakzent erscheint, z.B. *Lensahn* (OH) < 1316 *Lensane* < aplb. *Lę(d)z'ane*. Somit besitzen diese Integrate – analog den endbetonten Toponymen auf {au} sowie {in} – einen partiellen Fremdheitscharakter.[134] Im Gegensatz zu {in} und {itz} üben diese Lehnsuffixe jedoch weder – mit Ausnahme von {eez} – eine morphemische Attraktion auf Ortsnamen anderer toponymischer Klassen aus noch sind sie in erheblicher Zahl dokumentiert. Demzufolge kann festgehalten werden, daß die Attraktionskraft der postintegrativen toponymischen Lehnmorpheme offenbar in einem kausalen Abhängigkeitsverhältnis zu ihrem Häufigkeitsgrad sowohl in den altpolabischen Grundformen als auch in den entlehnten Toponymen steht.[135]

Des weiteren sind auf den mittelniederdeutsch-altpolabischen Sprachkontakt die postintegrativen toponymischen Suffixe {buck}, z.B. *Wasbuck* (OH), {ent(e)}, z.B. *Sebent* (OH), {nick} mit dem Allomorph /nack/, z.B. *Dörnick* (PLÖ) sowie *Groß/Klein Disnack* (LAU), und {(i)st(e)}, z.B. *Lenste* (OH), zurückzuführen. Diese neuen Wortbildungselemente sind erst durch phonemische Interferenz mit dem Altpolabischen im mittelniederdeutschen Idiom entstanden und ermöglichen daher ebenfalls – analog den Lehnsuffixen – eine Morpheminnovation des deutschen toponymischen Suffixbestandes. Dennoch sind diese toponymischen Suffixe von den Lehnmorphemen im eigentlichen Sinne zu differenzieren, da sie keine postintegrative morphemische Entsprechung konkreter altpolabischer Topoformanten darstellen, sondern vielmehr die Attraktionskraft der binären Struktur der deutschen Toponyme dokumentieren. Sie gehören demzufolge nicht zur Gruppe der phonemisch adaptierten Morphementlehnungen. Angesichts ihrer reihenbildenden Funktion sind die mit diesen Morphemen integrierten Toponyme jedoch ebenfalls von denjenigen altpolabischen Ortsnamen zu unterscheiden, die

> „[...] im Prozeß der Integration ins Deutsche zu Formen geführt haben, die sich zwar morphematisch noch gliedern lassen, aber in ihrer zweiten Konstituente ein unikales Morphem ausweisen." (Hengst 1977: 446)

Die letztere morphemische Subklasse bilden beispielsweise die Toponyme +*Marus* (OH), *Scharbeutz* (OH) und +*Wizok* (LAU).[136]

---

133 Vgl. Kaestner 1979: 210f.
134 Vgl. Kaestner 1979: 210. Zur toponymischen Funktion von aplb. {(j)ane} vgl. Schmitz 1981: 470. Im Ostmitteldeutschen ist aso. {(j)ane} an das grammatische Flexionsmorphem {en} attrahiert; vgl. Hengst 1981: 23. Ebenso ergibt aso. {sk} einen anderen Integrationstypus, und zwar wird dieser altsorbische Topoformant an das appellativische Derivationsmorphem {zig} attrahiert, z.B. *Leipzig* < aso. *Lip'-sk-*; vgl. Eichler 1988: 27 und Hengst 1981: 23.
135 Vgl. Hoffer 1996: 543.
136 In diese Subklasse ist ebenso das altpolabische Toponym +*Starigard* (OH) einzuordnen. Im Gegensatz zum Ortsnamen *Puttgarden* (OH) < aplb. *Podgard'e*, der dasselbe altpolabische Zweitglied wie +*Starigard* besitzt, unterbleibt hier – infolge des Wüstwerdens der Siedlung – sowohl die Lehndeutung als auch die postintegrative Adaptation an das deutsche Appellativum {garten}.

5.3.3 Abschließende Bemerkung zur morphemischen Integration

Die Erläuterungen zur morphemischen Integration der altpolabischen Toponyme in das mittelniederdeutsche bzw. neuhochdeutsche onymische System zeigen, daß die Ortsnamen entweder an den Typus der Komposition, der für das Deutsche charakteristisch und häufig belegt ist, oder aber an den quantitativ selteneren Typus der Derivation adaptiert werden. Für beide Integrationsmodelle ist die Attraktion der toponymischen Adaptate an die binäre Struktur der genuin deutschen Ortsnamen bezeugt. In diesem Integrationsprozeß sind grundsätzlich zwei Tendenzen voneinander zu unterscheiden.

Zum einen vollzieht sich die Morphemsubstitution bzw. -adaptation der substratsprachlichen toponymischen Suffixe durch toponymische bzw. appellativische Morpheme, die in der Superstratsprache bereits existieren. Dieses Modell ist sowohl für den kompositiven als auch für den derivativen Wortbildungstypus der postintegrativen Formen der altpolabischen Toponyme produktiv. Je nachdem, ob die Adaptation an toponymische Grund- bzw. Ableitungselemente oder an Derivations- bzw. grammatische Morpheme des Appellativwortschatzes erfolgt, wird der Integrationsprozeß entweder überwiegend durch mittelniederdeutsche Interferenz oder aber latent durch partiell altpolabischen Einfluß bestimmt.

Zum anderen ist dem Prozeß der Morpheminnovation bzw. -generierung Rechnung zu tragen, aus dem – infolge der Interferenz der produktiven altpolabischen Topoformanten im Sprachkontakt – die Entstehung von gebundenen Topomorphemen im Bereich der onymischen Wortbildung im Mittelniederdeutschen hervorgeht. Bei diesen toponymischen Suffixen ist nicht immer zu entscheiden, ob es sich nur um eine phonemische Auslautadaptierung im Mittelniederdeutschen handelt oder ob diese neuen Topoelemente wirkliche Lehnmorpheme repräsentieren. Diese toponymischen Lehnsuffixe sind im Sprachkontakt als um so bedeutsamer zu erachten, da sie – im Unterschied zur phonemischen Interferenz, die fast vollständig durch das Mittelniederdeutsche bestimmt ist –, Dokumente der morphemischen Interferenz des Substratsystems im superstraten onymischen System bekunden und außerdem bilinguale Verhältnisse bezeugen. Somit ist die toponymische Integration weitaus umfangreicher und komplizierter zu charakterisieren als Bach feststellt, wenn er von einer „Annäherung fremder ON an das Dt. durch Suffix- oder Grundwortwechsel oder auch durch die Hinzufügung eines 2. Grundworts" (Bach 1954: 507) spricht.

Diese in Kapitel 5.3.1 sowie 5.3.2 dargelegten Subklassen der Morphemintegration (vgl. Abbildung 3) der altpolabischen Toponyme im mittelniederdeutsch-altpolabischen Sprachkontakt Ost- und Südholsteins repräsentieren strukturbildende Prinzipien, die ebenfalls von Eichler und Hengst für den ostmitteldeutsch-altsorbischen Sprachkontakt ermittelt worden sind.[137]

```
1. Simplizia
2. Komposita
2.1 Adaptation an genuin deutsche Ortsnamengrundwörter im Zweitglied
2.2 Adaptation an genuin deutsche appellativische Grundwörter im Zweitglied
3. Derivate
3.1 Adaptation an genuin deutsche toponymische Derivationsglieder
3.2 Adaptation an genuin deutsche Flexionsmorpheme
3.3 Adaptation an genuin deutsche appellativische Derivationsmorpheme
3.4 Generierung von Lehnsuffixen
3.5 Unikale Morpheme
```

Abbildung 3: Strukturprinzipien der morphemischen Integration aplb. Toponyme

Des weiteren ist aus der Übersicht der produktiven Integrationsmodelle (vgl. Tabelle 3) eine Systemhaftigkeit in der Integration altpolabischer Topoformanten nachweisbar. Die variantenreiche Phase des 12. bis 15. Jahrhunderts ist gekennzeichnet sowohl durch das Nebeneinander von kanzleisprachlichen sowie mundartlichen mittelniederdeutschen und altpolabischen Formen als auch durch Mehrfachentlehnungen, die direkt die Existenz einer bilingualen Sprachgemeinschaft indizieren; erst der Sprachtod des Altpolabischen bzw. die Reunilingualisierung im 15./16. Jahrhundert ermöglichen eine Stabilität der nun postintegrativen toponymischen Suffixe. Diese Stabilität trägt den Standardisierungstendenzen

---

[137] Vgl. Eichler 1976/1989: 380f.; 1976/1996: 120f. und Hengst 1977; 1981: 29; 1984: 47; 1985: 812; 1986: 21f.; 1996: 1008.

des sich in seiner Etablierungsphase befindlichen neuhochdeutschen Schriftsprachsystems Rechnung, so daß demzufolge – analog der phonemischen Adaptation – ebenfalls auf morphemischer Ebene eine Korrespondenz von extralinguistischen Faktoren des Sprachkontakts und linguistischen Integrationserscheinungen im engeren Sinne festgestellt werden kann.

5.4 Lexikalisch-semantische Integration

Die lexikalische Entlehnung von sowohl Appellativen als auch Onymen aus einer Sekundärsprache trägt dem Bedürfnis Rechnung, neue Objekte in der sprachlichen Kommunikation zu identifizieren und ist dementsprechend mit einer Erweiterung des Wort- sowie Namenschatzes der Primär-, d.h. der entlehnenden Sprache, verbunden; sie stellt jedoch keinen neuen Benennungsakt dar.

> „Auch die weitgehende Übernahme einheimischer Ortsnamen durch wandernde Bevölkerungen kann hier genannt werden [...]. Lexikalische Entlehnung dieses Typs kann als Ergebnis der Tatsache gewertet werden, daß es ökonomischer ist, vorgefertigte Bezeichnungen zu benutzen, als die Dinge neu zu beschreiben [...]." (Weinreich 1977: 80)

Der lexikalische Transfer von Onymen wird demzufolge durch extralinguistische Faktoren bestimmt. In bezug auf den mittelniederdeutsch-altpolabischen Sprachkontakt ist er auf die Notwendigkeit zurückzuführen, das neu gewonnene Territorium aus der Ostkolonisation des 12. Jahrhunderts administrativ zu erfassen. Dieser Entlehnungsprozeß ist daher zeitlich – wie die morphemische Integration – in die zweite Periode der Kontaktphase, d.h. in die Attraktionsphase, einzuordnen.

5.4.1 Sekundäre semantische Motivierung

Mit dem Transfer der altpolabischen Toponyme in das mittelniederdeutsche Idiom sind lexikalisch-semantische Integrationsprozesse verbunden, denen in ihrem gesamten Ausmaß nur eine monographische Darlegung Rechnung tragen kann.[138] Daher wird in der vorliegenden Auswertung ausschließlich die semantische Eingliederung der altpolabischen Substrattoponymie ins Sprachsystem des Mittelniederdeutschen betrachtet.

Diesbezüglich bietet der mittelniederdeutsch-altpolabische Sprachkontakt prinzipiell zwei Möglichkeiten: Zum einen werden ‚semantisch neutrale Namen' erhalten, die keine Verankerung im appellativischen Wortschatz des Superstratidioms besitzen und demzufolge ihren fremden Charakter behalten. Zum anderen entstehen ‚semantisch merkmalhafte Namen', deren semantische Motivierung daraus resultiert, daß sie infolge der phonemischen sowie morphemischen Adaptation den Lexemen des mittelniederdeutschen Appellativwortschatzes homophon werden und demzufolge im Superstratsystem semantisch verankert und vollständig integriert sind;[139] im Gegensatz zu den semantisch neutralen Namen haben diese semantischen Integrate ihren Fremdheitscharakter eingebüßt.

Diese sekundäre semantische Motivierung des Integrats ist zwar für die Bezeichnungs- und Identifikationsfunktion des nomen proprium redundant, zeigt aber die Tendenz der kommunizierenden Individuen auf, die semantisch entleerten Oikonyme zu den lexikalischen Bedeutungen des Appellativwortschatzes, d.h. zu den Basen, von denen die Namen etymologisch abgeleitet sind, in Beziehung zu setzen. Diese semantische Motivierung stellt faktisch eine sekundäre, sogenannte ‚Pseudoresemantisierung' dar, durch welche die etymologische, primäre Bedeutung substituiert wird.[140]

---

138 Vgl. Schmitz 1981: 478ff.; 1986: 270ff. und 1990: 467ff.
139 Vgl. Eichler/Hengst/Wenzel 1986: 22; Hengst 1978: 31; 1981: 30ff.; 1984: 51; 1985: 813, 820; 1996: 1008 und Weinreich 1977: 76. Es ist somit Grucza 1968: 127 zu widersprechen, der die „semantische Transposition" als primär und die „phonetisch-phonologische Transposition" als sekundär im Adaptationsprozeß charakterisiert.
140 Vgl. Eichler 1976/1989: 382; 1981: 10f.; Hengst 1977: 31f.; 1981: 39f. und Ripećka 1967: 147. Zum Terminus der ‚Pseudoresemantisierung' vgl. Hengst 1985: 812f.

5.4.2 Vollständig und partiell semantisch motivierte Toponyme

52% der altpolabischen Integrate stellen semantisch entleerte, onymische Konventionszeichen dar, z.B. *Böbs* (OH), *Dörnick* (PLÖ), *Selent* (PLÖ) und *Siggen* (OH).[141] Diese Oikonyme entsprechen demzufolge am ehesten der „semantischen Bedürfnislosigkeit [...] beim EN" (Walther 1980: 90).

Von den verbleibenden 48% der semantisch motivierten Ortsnamen, die alle durch das Superstratsystem eine Lehndeutung erfahren, belegen 17% eine totale bzw. vollständige Resemantisierung,[142] z.B. *Mölln* (LAU) zu mnd. *möl(l)e* ‚Mühle', *Quaal* (OH) und *Trems* (HL) zu mnd. *treme(s)e, tremisse* ‚blaue Kornblume'. Diese vollständige Motivierung ist nicht ausschließlich für Simplizia spezifisch, sondern betrifft ebenfalls – wenngleich eher marginal – binär strukturierte altpolabische Integrate, z.B. *Schwonau* (OH) zu mnd. *swan* ‚Schwan' und mnd. *ō, ōwe, ouwe, ā, āwe* ‚von Wasser umflossenes Land, Strom, Insel, feuchte Wiese'. Die Resemantisierung dieser Erstglieder beruht oftmals auf einer volksetymologischen Umdeutung des 20. Jahrhunderts, z.B. *Wandrerruh* (OH) < 1953 *Wandrer Ruh* < 1856 *Wandrohe* < 1433 *in Wandera* < aplb. *Vądrava*. Ebenso müssen Veränderungen auf morphemischer Ebene berücksichtigt werden, die häufig zur Umgestaltung von präpositionalen syntaktischen Fügungen führen; beispielsweise ist die heutige Namenform des Toponyms *Anker* (LAU) auf die Deglutination der syntaktischen Fügung mnd. *thom Mangker > tom Anker* zurückzuführen, die durch die volksetymologische Umdeutung zu nhd. *Anker* ‚Schiffsanker' motiviert ist.[143]

Bei den semantisch vollständig motivierten Simplizia *Grove* (LAU) und *Grube* (OH), die zu der Grundform aplb. **Grob* (Sg.), *Groby* (Pl.) ‚Graben, Mauer; eine durch Wall und Gräben gesicherte, geschützte Siedlung' zu stellen sind, ist nicht eindeutig rekonstruierbar, ob entweder eine Lehndeutung zu mhd. *gruobe*, mnd. *grōve* ‚Graben, Grenzgraben, Befestigungsgraben' besteht oder aber vielmehr einer Lehnübersetzung Rechnung getragen werden muß. Als relativ sicher kann aber angenommen werden, daß die semantische Verbundenheit[144] der etymologischen Primärbedeutung und der mittelniederdeutschen Lexembedeutung die lexikalisch-semantische Integration dieser altpolabischen Toponyme ins mittelniederdeutsche Idiom nachdrücklich begünstigt hat.

Im Vergleich zur vollständigen sekundären semantischen Motivierung ist die partielle Lehndeutung quantitativ (83% der semantisch motivierten Oikonyme) am bedeutsamsten und „kann für die erste oder zweite Konstituente des integrierten ON im Dt. charakteristisch sein" (Hengst 1981: 33). Diese semantische Segmentierung betont nochmals die binäre Struktur des altpolabischen Integrats und ist mit der morphemischen Gliederung verbunden.

Es entspricht dem Eigennamencharakter, wenn nur 15% der partiell motivierten Toponyme eine Resemantisierung im Erstglied erfahren, welches größtenteils nur „phonemisch adaptiert wird, weil es auch ohne aktualisierte oder aktualisierbare Semantik die individuierende Funktion erfüllen kann" (Walther 1978: 52), z.B. *Berkenthin* (LAU) zu mnd. *berke, barke* ‚Birke', +*Ruggelin* (OH) zu mnd. *rügge* ‚Rücken' und *Söhren* (OH) zu mnd. *sōr* ‚trocken, dürr'.

Demgegenüber sind die toponymischen Zweitglieder für die individuierende Funktion des Ortsnamens weniger relevant, „stellen die beweglicheren Elemente und Instrumente der sprachlichen Adaption und Teiladaption dar" (Walther 1978: 48) und werden daher leichter resemantisiert. Dieser Aspekt spiegelt sich im toponymischen Material des Untersuchungsgebiets, denn 85% der partiell motivierten Toponyme sind von der Resemantisierung im Zweitglied betroffen, so daß diese „ON [...] in der integrierten Form den Eindruck [erwecken], ein dt. Grundwort zu besitzen" (Hengst 1981: 34).

Diese partielle Resemantisierung kann von unterschiedlichem Charakter sein, so daß insgesamt drei Subklassen von sekundär semantisch motivierten Toponymen voneinander zu unterscheiden sind. Zum einen existiert eine Gruppe altpolabischer Integrate, deren Resemantisierung auf Homonymie zu etymo-

---

141 Im Gegensatz zu Hengst 1977: 27f. und 1981: 33, 36, der ebenfalls diejenigen Toponyme als semantisch partiell motiviert definiert, die mit den gebundenen Derivations- und Flexionsmorphemen des deutschen Appellativwortschatzes wie {en}, {ig}, {los} usw. gebildet sind, werden diese Ortsnamen in der vorliegenden Arbeit als semantisch nicht motiviert klassifiziert. Sie sind zwar – in Analogie zu den mit Lehnsuffixen gebildeten Ortsnamen – infolge ihrer binären Struktur vollständig in das deutsche Namensystem integriert, weisen aber keine Homophonie bzw. Homonymie zu einem Appellativum des deutschen Wortschatzes auf und sind demzufolge auch nicht resemantisiert. Diesen Suffixen liegt somit keine lexikalisch-semantische Motiviertheit zugrunde, sondern es ist ihnen vielmehr „eine bloß morphosemantische Motivation [...] zu eigen" (Ripećka 1993: 38).
142 Zur Terminologie vgl. Eichler 1976/1989: 382f.; 1981: 11ff. und Hengst 1977: 26ff.; 1981: 32ff.; 1984: 49ff.
143 Vgl. Schmitz 1990: 51.
144 Zur Theorie semantisch gebundener Namenpaare vgl. Eichler 1972 und 1976/1989: 368.

logisch deutschen Grundwörtern basiert, z.B. *Lebrade* (OH): {rode}, {rade} zu mnd. *rode, rot* ‚Rodung, Neubruch'; eine zweite Subklasse wird von altpolabischen Toponymen gebildet, deren lehngedeuteten Grundwörter Ortsnamen zwar semantisch angemessen sind, aber in genuin deutschen Oikonymen des Untersuchungsgebiets nicht dokumentiert sind, z.B. +*Tangmer* (LAU): {meer} zu mnd. *mer* ‚Meer'. Beide Subklassen sind bereits in Kapitel 5.3.1 hinreichend erörtert worden und bedürfen daher keiner erneuten Diskussion.[145]

Es ist aber darauf zu verweisen, daß die semantische Adaptation an ein Lexem des deutschen Appellativwortschatzes nicht fest ist, sondern daß vielmehr ein altpolabisches Integrat mehrere partielle Lehndeutungen erfahren kann. Beispielsweise ist *Sierhagen* (OH) < aplb. *Žirava* infolge der Transsumtion zunächst an mnd. *ō, ōwe, ouwe, ā, āwe* ‚von Wasser umflossenes Land, Strom, Insel' morphosemantisch adaptiert: 1280 *Syraue*; im 15. Jahrhundert wird mnd. *āwe* in der Namenform *Zyrave* zu mnd. *hof*, Dativ Singular *hōve, hāve* ‚Landgut, Adelshof, Gutshof, herrschaftlicher Hof' umgedeutet: 1462 *Syrhave*; im 17. Jahrhundert erfolgt dann die partielle Motivierung zum Ortsnamengrundwort mnd. *hagen* ‚Hain, Gehölz, Hagen, Hecke'. Diese wechselnde partielle Lehndeutung, die z.B. ebenfalls die Toponyme +*Wanderoh* (OH) und *Wandrerruh* (OH) aufweisen, ist wahrscheinlich auf extralinguistische Faktoren, und zwar auf das Verhältnis von Schriftlichkeit und Mündlichkeit, zurückzuführen. Angesichts dessen, daß die sekundäre semantische Motivierung primär einen der Schrift- und Hochsprache zuzurechnenden Prozeß repräsentiert, in dem die Kanzleischreiber – bewußt oder unbewußt – die akustisch vernommenen Namenformen der Mundart oder Umgangssprache schriftlich wiedergeben, muß berücksichtigt werden, daß

> „[...] ein Toponym von verschiedenen Schreibern zu unterschiedlichen Zeiten unterschiedlich resemantisiert wurde [...]. Dabei konnten verschiedene Schreiber zu voneinander differenzierenden Ergebnissen gelangen. Allerdings ist phonologisch-morphematisch nur ein begrenzter Spielraum gegeben." (Hengst 1981: 39)

Neben diesen beiden Subklassen wird eine dritte Kategorie resemantisierter Integrate durch Ortsnamen gebildet, deren Grundwörter zwar deutschen Appellativen homophon bzw. homonym, „aber auf Grund ihrer Semantik Toponymen völlig unangemessen sind" (Hengst 1981: 35). Im Gegensatz zum ostmitteldeutsch-altsorbischen Sprachkontakt, in dem diese Subklasse quantitativ nennenswert dokumentiert ist,[146] gibt es im mittelniederdeutsch-altpolabischen Sprachkontaktgebiet Ost- und Südholsteins nur zwei altpolabische Integrate mit einer Semantik, die Ortsnamen nicht angemessen ist, und zwar *Langenlehsten* (LAU) zu mnd. *leest* ‚Leiste' und *Morest* (OH) zu mnd. *reste, rest* ‚Ruhe, Rast, Sicherheit'. Unter Vernachlässigung sowohl morphemischer als auch diachron-etymologischer Kriterien kann diese Subklasse jedoch quantitativ erweitert werden, wenn eine volksetymologische Segmentierung der Ortsnamen auf {au} und {itz} nach Sprechsilben durchgeführt wird, aus der dann die für Toponyme semantisch nicht adäquaten Grundwörter ‚Bau', z.B. *Grabau* (LAU), ‚Sau', z.B. *Gnissau* (OH), ‚Tau', z.B. *Schwartau* (OH), und ‚Witz', z.B. *Wandelwitz* (OH), abgeleitet werden können. Zu Recht evozieren diese Zweitglieder beim Individuum psycholinguistische Reaktionen, „etwa den Effekt, daß man sich fragt, weshalb denn der Ort in so eigenartiger Weise benannt worden sei" (Eichler 1976/1989: 382).

5.4.3 Abschließende Bemerkung zur lexikalisch-semantischen Integration

Diese Strukturprinzipien (vgl. Abbildung 4) der lexikalisch-semantischen Integration der altpolabischen Toponyme ins mittelniederdeutsche onymische System korrespondieren – analog den morphemischen Integrationsregeln – formal mit den Resultaten, welche die Auswertung der semantischen Adaptation der altsorbischen Ortsnamen ans Ostmitteldeutsche ergibt.[147]

---

145 Als problematisch ist in diesem Kontext zu diskutieren, ob die Ortsnamen mit dem Allomorph /ow/ zum Morphem {au} als semantisch partiell motiviert zu erachten sind. Synchron besteht keine Lehndeutung, jedoch ist diachron die semantische Motivierung zu mnd. *ō, ōwe, ouwe, ā, āwe* ‚von Wasser umflossenes Land, Strom, Insel' rekonstruierbar, z.B. *Gudow* (LAU) < 1452 *Gudouwe*. Demzufolge sind diese Integrate ebenfalls als Elemente der ersten Subkategorie zu klassifizieren und als resemantisiert zu bewerten.
146 Vgl. Eichler 1981: 13ff. und Hengst 1978: 28; 1981: 35.
147 Vgl. Hengst 1978; 1981: 30ff. und 1984: 49f. Es ist anzumerken, daß die Strukturprinzipien sehr allgemein formuliert sind, so daß eine formale Übereinstimmung der altsorbischen mit der altpolabischen Integration nicht verwunderlich ist.

> 1. Semantisch nicht motivierte Toponyme
> 2. Semantisch motivierte Topnyme
> 2.1 Vollständig motivierte Toponyme
> 2.2 Partiell motivierte Toponyme
> 2.2.1 Partielle Motivation des Erstgliedes
> 2.2.2 Partielle Motivation des Zweitgliedes
>   a) Semantische Adaptation an ein genuin deutsches Ortsnamengrundwort
>   b) Adaptation an ein deutsches Appellativum, das der Semantik von deutschen Ortsnamengrundwörtern adäquat ist
>   c) Adaptation an ein deutsches Appellativum, das der Semantik von deutschen Ortsnamengrundwörtern nicht adäquat ist

Abbildung 4: Strukturprinzipien der lexikalisch-semantischen Integration aplb. Toponyme

Des weiteren ist die semantische Integration der Substrattoponymie im mittelniederdeutsch-altpolabischen Sprachkontakt chronologisch in zwei Perioden einzuteilen, von denen die erste mit der integrativen Kontaktphase übereinstimmt. Der Resemantisierungsprozeß dieser ersten Phase, der mit der toponymischen Transsumtion einsetzt, vollzieht sich weitgehend unbewußt oder kasual. In diese Kategorie der kasual semantisch motivierten Toponyme gehören z.B. die altpolabischen Integrate auf {au} wie *Pratjau* (PLÖ) und die Toponyme *Lübeck* (HL) sowie +*Alt-Lübeck* (HL), bei denen bereits während der Transsumtion die partielle Lehndeutung zu mnd. *bēke* ‚Bach' interferiert.

Die zweite Resemantisierungsperiode entspricht der postkontaktiven Phase ab dem 15./16. Jahrhundert. Sie ist als ein Prozeß zu charakterisieren, der zur Reunilingualisierung parallel verläuft und sich somit nur innerhalb des Superstrats, d.h. also ohne Interferenz durch das Substrat, vollzieht. Formal resultiert die Motivierung nicht mehr aus phonemisch-morphemischer Adaptation des altpolabischen Toponyms, sondern sie ist vielmehr auf bewußte, assoziative, volksetymologische Umdeutungen zu beziehen, die im appellativischen Wortschatz ihre semantische Basis besitzen, z.B. *Scharbeutz* (OH) zu mnd. *schar* ‚Gestade, Küste, Klippe, Steilufer' < 1650/52 *Scharbeutze* < 1308 *Scorboze* < aplb. *Skorobyc-*. Ferner stellen diese Volksetymologien Namenanalogiebildungen zu benachbarten Toponymen dar, z.B. *Schlesen* (PLÖ) < 1649/52 *Schlesien* < 1433 *Sletzen* < aplb. *Slez'n-*. Diese postintegrativen Volksetymologien tragen der Notwendigkeit Rechnung, daß das altpolabische Integrat

> „[...] erst allmählich, erst nach der Beseitigung der anfangs vorhandenen Zweisprachigkeit, seine Bindung und Verankerung in der Ausgangssprache verliert und einer neuen Verankerung in der Zielsprache bedarf." (Walther 1980: 90)

An diesem postintegrativen Resemantisierungsprozeß sind maßgeblich die Kanzleischreiber beteiligt, die im Rahmen der Standardisierungstendenzen einer sich in ihrer Entstehungsphase befindlichen Hoch- und Schriftsprache die sekundäre semantische Motivierung benutzen, um die altpolabische Substrattoponymie in das System genau dieser Schriftsprache zu integrieren.[148]

5.4.4 Spezielle lexikalische Entlehnungen

Neben den hier dargelegten totalen sowie partiellen Lehndeutungen, die auf semantischer Interferenz des mittelniederdeutschen Idioms beruhen, muß in bezug auf die lexikalisch-semantische Integration der Substrattoponymie den semantischen Transferenzerscheinungen Rechnung getragen werden. Diese umfassen sowohl die vollständigen sowie hybriden Lehnübersetzungen als auch die Lehnschöpfungen, die bereits in den Kapiteln 4.6 und 5.3.1 diskutiert sind.

---

148 Zur Chronologie der sekundären semantischen Motivierung vgl. Hengst 1978: 29ff.; 1981: 36ff.; 1984: 50f. und Ripećka 1967: 151f. Die von Hengst ermittelte dreiphasige Resemantisierung kann für den Sprachkontakt Ost- und Südholsteins nicht festgestellt werden; insbesondere ist zwischen seiner ersten und zweiten Phase keine eindeutige Differenzierung zu rekonstruieren. Die vornehmlich in der Schriftsprache erfolgte Resemantisierung belegt Eichler 1981: 19 damit, daß die Mundartformen größtenteils nicht semantisch motiviert sind.

Daneben bietet das toponymische Material die Möglichkeit, lexikalische Wortentlehnungsprozesse exemplarisch zu rekonstruieren. Beispielsweise belegen die altpolabischen Toponyme *Ritzerau* (LAU) < aplb. *Ricer'ov* sowie +*Ritzersdorf* (PLÖ) die lexikalische Entlehnung von ahd. *rītære* ‚Ritter', die im Altpolabischen als **ricer'* ‚Ritter' bezeugt ist. Diese Entlehnung stellt ein direktes Resultat des intensiven Sprach- und Kulturkontakts zwischen der deutschen und slawischen Ethnie dar, wenngleich angemerkt werden muß, daß ahd. *rītære* etymologisch betrachtet eine Lehnübersetzung von frz. *chevalier* ‚Ritter, Reiter' darstellt.[149] Durch die Integration beider altpolabischer Oikonyme wird dieses Lehnwort ins mittelniederdeutsche Idiom quasi rückentlehnt, wobei jedoch zu betonen ist, daß die ursprüngliche Lehnbedeutung ‚Ritter' im Rückentlehnungsprozeß von den deutschen Sprachbenutzern nicht mehr als diese identifiziert wird. Demzufolge ist zu vermuten, daß die Zweisprachigkeit zum Zeitpunkt dieser Rückentlehnung bereits erloschen ist.

Ebenso muß in diesem Kontext auf das durch das mittelniederdeutsche Idiom mehrfach entlehnte Reliktwort *Lank* < aplb. **lǫka* ‚Seebucht, Bucht eines Flusses, stilles Gewässer, Flußarm, Wiese, Krümmung' verwiesen werden, das in den Ortsnamen *Lankau* (LAU), +*Lanke* (PLÖ), *Lanken* (LAU) und +*Lanken* (OH) des Untersuchungsgebiets belegt ist und den mittelniederdeutsch-altpolabischen Sprachkontakt dokumentiert.[150]

---

149 Vgl. Schmitz 1990: 264.
150 Vgl. Hinze 1990: 251 und Witkowski 1971. Zur Definition ‚Reliktwort' als ein gar nicht oder nur phonemisch adaptiertes Wort vgl. Hengst 1973: 82f. Zu weiteren slawischen Lehn- und Reliktwörtern vgl. v.Polenz 1991: 241f.

6 Der areale Aspekt

Die in Kapitel 5.3.2 dargelegte Analyse der produktiven Integrationstypen (vgl. Tabelle 3) zeigt, daß die präintegrativen altpolabischen Topoformanten neben einem relativ stabilen postintegrativen toponymischen Morphem ebenfalls Varianten in Ost- und Südholstein besitzen. Eine namengeographische Staffelung dieser toponymischen Suffixe ist im Untersuchungsgebiet jedoch nur für die Integrate des altpolabischen Topoformanten {ov}, und zwar für das postintegrative toponymische Morphem {au} und sein Allomorph /ow/, bezeugt.

84% der altpolabischen Oikonyme mit dem Suffix {ov} besitzen im Untersuchungsgebiet das postintegrative Morphem {au}; 14% belegen eine Integration mit dem Allomorph /ow/. Von diesen 14% der Ortsnamen auf /ow/ sind zwei Drittel im Herzogtum Lauenburg lokalisiert, ein Drittel in den Landkreisen Ostholstein, Plön und der Stadt Lübeck. Diese repräsentieren jedoch – im Gegensatz zu den mit /ow/ bezeugten Toponymen Lauenburgs – Wüstungsnamen, so daß sowohl infolge dessen als auch in Anbetracht ihrer im Verhältnis zu Lauenburg nur marginalen Frequenz eine namengeographische Staffelung ableitbar ist (vgl. Karte 2):

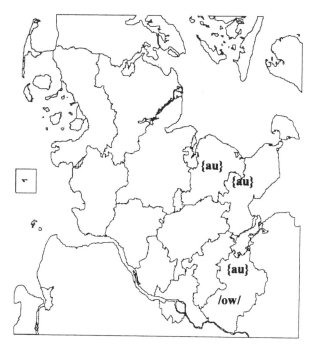

Karte 2: Areale Verbreitung von aplb. {ov}

Diese Arealbildung verdeutlichen insbesondere die Toponyme *Sarnekow* (LAU) und *Zarnekau* (OH), die zwar beide dieselbe Grundform aplb. **Čarn-kov-* besitzen, aber postintegrativ eine unterschiedliche Entwicklung dokumentieren: *Sarnekow* (LAU) < 1292 *Zernecow* < 1194 *Scarnekowe*; *Zarnekau* (OH) < 1652 *Zarnkow* < 1341 *Sarnekowe* < 1288 *Zarnikowe* < 1256 *Scernekowe*.

Unter Berücksichtigung der postintegrativen toponymischen Morpheme, die aus dem ostmitteldeutsch-altsorbischen Sprachkontakt resultieren, ergibt sich eine mannigfach gegliederte landschaftliche Staffelung der ursprünglichen slawischen Topoformanten {(ov)ici} und {ica/ice}, {in} und {ina/iny} sowie {ov}, die mit der namengeographischen Verbreitung der genuin deutschen Grundwörter annähernd vergleichbar ist (vgl. Karte 3).[151]

---

[151] Zu den postintegrativen altsorbischen Topomorphemen vgl. Eichler 1976/1989: 385; 1976/1996: 126; 1988: 48 und Ripećka 1993: 23. Zur namengeographischen Staffelung der deutschen Grundwörter vgl. Bach 1954: 263ff. und Debus/Schmitz 1985: 2101ff.

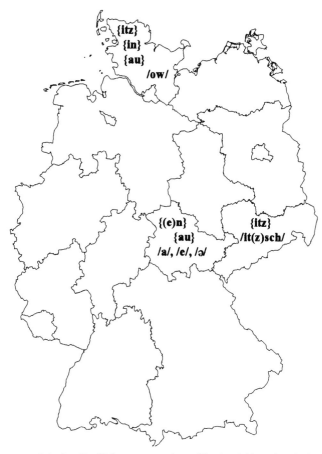

Karte 3: Namengeographische Staffelung von slaw. {(ov)ici}/{ica/ice}, {in}/{ina/iny} und {ov}

Dieser Variantenreichtum in bezug auf die postintegrativen toponymischen Morpheme ist „vor allem in ihrer lautlichen Entwicklung den regionalen Besonderheiten verpflichtet" (Eichler 1976/1996: 126).

7 Onymische Hybride

7.1 Definition und Klassifikation

Mischnamen, die sowohl aus einer slawischen als auch aus einer deutschen onymischen Konstituente bestehen, besitzen für den Sprach- und Kulturkontakt aus mehreren Gründen eine besondere Bedeutung. Zum einen dokumentieren sie, „daß ein friedlicher Ausgleich zwischen Slawen und Deutschen in der Zeit ihres Zusammenlebens stattgefunden hat" (Debus/Schmitz 1990: 76) und daß beide Ethnien gemeinsam am Landesausbau beteiligt gewesen sind (vgl. Kapitel 4.4); darauf deutet insbesondere ihre Datierung in die Kolonisationsperiode des 12. bis 14. Jahrhunderts.[152] Zum anderen belegen sie in Anbetracht dessen, daß „die sog. ‚Mischnamen' nicht als Ergebnisse einer künstlichen Zusammensetzung, sondern als Produkte einer volkssprachlichen Vereinigung zu interpretieren" (Fischer 1966: 130) seien, direkt die Existenz einer bilingualen Sprachgemeinschaft. Bezeichnenderweise ist das Slawenreservat im Oldenburger Land und auf Fehmarn von slawisch-deutschen Mischnamen geprägt.[153] Dadurch, daß der Benennungsakt durch die interethnische Siedlungsgemeinschaft erfolgt, ist des weiteren nicht nur eine bilinguale Kompetenz in bezug auf das Lexikon konstatierbar, sondern diese besteht vielmehr ebenfalls in bezug auf die Kenntnis der morphemischen Struktur des onymischen Systems der jeweiligen Kontaktsprache (vgl. Kapitel 4.6).

Demzufolge ist es aus linguistischer Perspektive legitim, die Mischnamen als ‚Kontaktbildungen' bzw. ‚bilinguale Kontaminationen' terminologisch mit Abstufungen zu erfassen, „da ‚Mischung' nicht ganz den sprachlichen Vorgang trifft; denn die Namenbildung vollzieht sich dabei innerhalb des strukturellen Systems einer Sprache" (Walther 1971: 111) und ist deshalb exakter als ‚onymische Hybridisierung' zu klassifizieren. Walther definiert das ‚onymische Hybrid' als ein

> „[...] an das integrierende Sprachsystem adaptiertes strukturiertes onymisches Lexem, das noch phonematische, morphematische und lexematisch-semantische Spuren der Ausgangssprache erkennen läßt." (Walther 1978: 52)

Diese sprachkontaktinduzierte Hybridisierung ist ausschließlich bei binär strukturierten Toponymen möglich und betrifft – gemäß den Ausführungen in Kapitel 5.3.1 und 5.4.2 – die morphosemantische Adaptation des toponymischen Zweitglieds an die Struktur des jeweils superstraten onymischen Systems.

Innerhalb der Hybridbildungen sind nach Walther[154] drei Subklassen voneinander zu unterscheiden:

Erstens sind unter den sogenannten ‚primären Hybriden' „spontane, bei intensiver Sprachberührung unmittelbar entstandene Mischbildungen" (Walther 1978: 45) zu verstehen. Diese Subklasse umfaßt den quantitativ umfangreichsten Anteil der Mischbildungen des Untersuchungsgebiets und repräsentiert ausschließlich den Typus der slawisch-deutschen Hybride. Diese bestehen im Erstglied größtenteils aus einem altpolabischen Anthroponym; hingegen wird das Zweitglied durch ein genuin deutsches Ortsnamengrundwort, und zwar überwiegend {dorf}, gebildet. Somit sind die primären Hybride Ost- und Südholsteins als deutsche, kompositive Namenbildungen charakterisiert, z.B. *Blieschendorf* (OH) zum PN aplb. **Blisek*, **Bliz-k-*, *Gleschendorf* (PLÖ) zum PN aplb. **Golešk(a)* und *Pohnsdorf* (OH) zum PN aplb. **Pon'at*.[155] Demgegenüber existieren – im Gegensatz zum ehemaligen altsorbischen Sprachgebiet – keine deutsch-slawischen, derivativ gebildeten Hybride vom Typus *Albertitz*, die durch ein deutsches Anthroponym im Erstglied und dem slawischen Topoformanten {ici} im Zweitglied gebildet werden.[156]

---

[152] Vgl. Fischer 1972: 13f. und Schmitz 1990: 75; 1992: 139. Walther 1978: 51 merkt an, daß es jedoch „falsch wäre [...], hinter den Mischbildungen ohne weiteres auch Mischdörfer mit etwa gleichgroßem dt. und [slaw.] Bevölkerungsanteil sehen zu wollen." Direkte Rückschlüsse von diesen Mischnamen auf die ethnische Zusammensetzung der Siedlungen sind demnach nicht legitim.
[153] Vgl. Schmitz 1981: 8.
[154] Vgl. Walther 1978: 45ff. und 1982: 591.
[155] Zur weiteren linguistischen Auswertung der primären Hybride im Untersuchungsgebiet s. Debus/Schmitz 1990. Dort ist ebenfalls eine Auflistung dieser Mischnamen einzusehen.
[156] Im ehemals altpolabischen Sprachgebiet sind nur vier onymische Hybride dieses Typus von Fischer auf Rügen ermittelt worden; vgl. Fischer 1972: 16. Dies ist in bezug auf Siedlungsgeschichte sowie Dominanzkonfiguration damit begründbar, daß erstens Rügen später kolonisiert wurde und zweitens seine slawische Bevölkerung „hartnäckiger als die übrigen" (Helmold von Bosau 1963: 373) war und gegenüber den Kolonisten Dominanz beanspruchte; vgl. Helmold von Bosau 1963: 371ff.

Dieses Verhältnis betont die dominierende Rolle des mittelniederdeutschen onymischen Systems im sprachlichen Bereich des Kontakts und bestätigt demzufolge im extralinguistischen Bereich sowohl die Dominanzkonfiguration als auch das diglossische Verhältnis der beiden Kontaktsprachen zueinander. Ebenso kann die Ausschließlichkeit der slawisch-deutschen Hybride im Untersuchungsgebiet als eine indirekte Auswirkung „geheimer" sprachenpolitischer Zwänge interpretiert werden, was zudem dadurch belegt ist, daß in Ost- und Südholstein im Quellenmaterial „keine parallelen slaw. Namenbildungen" (Fischer 1972: 12) nachgewiesen werden können, wie es diese beispielsweise in der Oberlausitz als semantisch gebundene Namenpaare gibt: *Droganojce-Drahnsdorf*.[157]

Von diesen primären Hybriden ist eine zweite Subklasse abzugrenzen, die durch die sogenannten ‚sekundären Hybride' gebildet wird; diese umfassen partielle Integrate bzw. Mischbildungen, „die erst nach längerer Übergangszeit aus Entlehnungen zu Hybriden weitergebildet wurden" (Walther 1982: 591). Der Hybridisierungsprozeß erfolgt durch die sowohl phonemische als auch insbesondere durch die morphosemantische Adaptation des Zweitgliedes der altpolabischen Substrattoponyme an deutsche Ortsnamengrundwörter. Diese sekundären onymischen Hybride sind identisch mit den in Kapitel 5.3.1 dargelegten altpolabischen Toponymen wie *Grambek* (LAU), die durch Attraktion des kompositiven Wortbildungstypus in das deutsche onymische System integriert sind und daher zu Recht als ‚Mischkomposita'[158] charakterisiert werden.

Als eine Untergruppierung dieser sekundären onymischen Hybride bzw. als eine dritte Subklasse definiert Walther die sogenannten ‚Pseudohybride', die „Namenbildungen scheinbar hybriden Charakters" (Walther 1982: 591) repräsentieren. Darunter faßt er sowohl diejenigen altpolabischen Toponyme zusammen, durch deren Integration die Lehnsuffixe {in} und {itz} generiert werden, z.B. *Kücknitz* (HL), als auch die Lehnschöpfungen wie *Beutinerhof* (OH), „die erst durch Anbildung eines neuen [...] Zweitgliedes in der aufnehmenden Sprache" (Walther 1982: 591) hybridischen Charakter erhalten.

Die onymischen Hybride der zweiten und dritten Subklasse sind in den linguistischen Auswertungskapiteln 5.3 und 5.4 bereits hinreichend diskutiert. Die primären slawisch-deutschen Hybride stellen jedoch ein spezifisches Phänomen des Sprachkontakts dar und erfordern daher eine eingehendere Analyse. Diese muß insbesondere ihrem Charakter als spontaner Kontaktbildung Rechnung tragen, da die primären Hybride innerhalb der Kommunikationskultur mehrsprachiger Siedlungsgruppen in der Rede bilingualer Individuen gebildet werden.

7.2 Code-switching oder ad-hoc-Entlehnung

Gemäß dieser Definition der primären onymischen Hybride ist es legitim, sie als Resultate transkodischer Markierungen des Sprachkontakts zu charakterisieren. Es muß jedoch problematisiert werden, ob sie entweder als ‚code-switches' oder als ‚ad-hoc-Entlehnungen' zu klassifizieren sind.

> „Code-switching meint die *on line*-Einbettung einer Sequenz aus einer Sprache Lb [...] (= eingebettete Sprache) in einen Text, der nach den Regeln der Sprache La produziert wurde (= Basissprache). Es handelt sich um eine häufige Praxis unter Mehrsprachigen in Situationen, in welchen zweisprachige Rede angemessen erscheint. Die Länge der eingebetteten Sequenz ist beliebig (vom Lexem bis zu Sätzen und mehr)." (Lüdi 1996: 242)

Angesichts dieser Definition muß code-switching für die primären onymischen Hybride reflektiert werden, denn sie genügen den dafür konstitutiven Rahmenbedingungen: Sie repräsentieren sowohl die „*on line*-Einbettung" (Lüdi 1996: 242) einer substraten Sequenz, die den superstratsprachlichen Regeln der kompositiven Wortbildung folgt, als auch eine Namenbildung, die in einer mehrsprachigen Kontakt- und Kommunikationssituation vorgenommen wird.

Als problematisch wird jedoch von der Forschung diskutiert, ob code-switching innerhalb der Wortebene, in diesem Fall also innerhalb der primären onymischen Hybride, möglich und erlaubt ist.

Die ‚Free-Morpheme Hypothesis' von Poplack besagt, daß code-switching innerhalb eines Wortes nicht möglich ist, sondern vielmehr erst über dem Level von gebundenen Morphemen, d.h. auf der

---

157 Vgl. Eichler 1976/1989: 386 und Walther 1978: 50.
158 Vgl. Hoffer 1996: 54.

Ebene freier Morpheme, vorkommt.[159] Demnach dürften die primären onymischen Hybride nicht als code-switches klassifiziert, sondern müßten vielmehr in der Kategorie der ad-hoc-Entlehnungen subsumiert werden, für die vermischte Einzelwortmorphologien von der Forschung als nicht kontrovers diskutiert werden.[160] Jedoch ist anzumerken, daß die ‚Free-Morpheme-Hypothesis' Poplacks in sich widersprüchlich und in dem Punkt zu kritisieren ist, daß als Einzelwörter scheinbar nur sprachliche Einheiten definiert werden, welche durch gebundene Morpheme gebildet sind; demzufolge werden die aus freien Morphemen gebildeten Komposita – und daher ebenfalls die primären onymischen Hybride – von diesem Prinzip nicht angemessen berücksichtigt. Es muß somit weiterhin in Frage gestellt werden, ob code-switching innerhalb von Komposita legitim ist.

Als ähnlich mehrdeutig ist ferner die ‚Äquivalenzhypothese' Poplacks zu kritisieren, nach der code-switching in der Regel nur dann erfolgt, wenn zwischen den kontaktierenden Sprachsystemen – hier also zwischen den onymischen Systemen – strukturelle Synonymie gegeben ist.[161] Wenn als strukturelle Synonymie die Zweigliedrigkeit sowohl der altpolabischen als auch der mittelniederdeutschen Ortsnamen interpretiert würde, so könnten die primären Hybride durchaus als code-switches charakterisiert werden; falls jedoch die typologisch-divergenten Namenbildungssysteme der mittelniederdeutschen Komposition einerseits und der altpolabischen Derivation andererseits betrachtet würden, so wäre das Kriterium der strukturellen Synonymie nicht erfüllt, und die primären Mischnamen wären wiederum als ad-hoc-Entlehnungen zu klassifizieren.

In der neueren Kontaktlinguistik ist ein alternativer Ansatz entwickelt worden, der die strukturellen Voraussetzungen dafür schafft, die primären Mischnamen als code-switches klassifizieren zu können. Diesen Ansatz repräsentiert das ‚Matrix Language Frame'-Modell von Myers-Scotton. Das übergeordnete Prinzip dieses Modells stellt die ‚Matrix Language Hypothesis' dar, nach der die ‚matrix language' (= Basissprache) – in bezug auf den mittelniederdeutsch-altpolabischen Sprachkontakt das superstrate mittelniederdeutsche Idiom – den morphosyntaktischen Rahmen bestimmt, innerhalb dessen die code-switching Äußerung produziert wird; dies impliziert, daß die ‚embedded language' (= eingebettete Sprache) – hier das substrate altpolabische Idiom – die eigensprachlichen morphemischen Prinzipien quasi aufgibt. Dieses Kriterium wird durch zwei weitere, untergeordnete Prinzipien ergänzt, und zwar erstens durch das ‚Morpheme-Order Principle', das besagt, daß die Morphemordnung in satz- und wortinternen code-switchings mit derjenigen der Basissprache übereinstimmen muß. Zweitens fordert das ‚System Morpheme Principle', daß die sprachsystemrelevanten Morpheme im code-switching durch die Basissprache gestellt werden müssen. Wenn diese beiden Kriterien erfüllt sind, dann ist der betreffende Ausdruck, d.h. das primäre onymische Hybrid, als code-switching zu klassifizieren.

Das ‚Morpheme-Order Principle' ist für die primären onymischen Hybride vom Typus *Blieschendorf* (OH) erfüllt, denn eine Morphemanalyse zeigt, daß das Toponym in die binäre, kompositive toponymische Struktur von Bestimmungswort und einem freien Morphem als Grundwort, die für die Basissprache konstitutiv ist, segmentiert werden kann: BW = PN aplb. *Bliz-k-, *Blisek + GW = mnd. {dorf}.[162] Angesichts dessen, daß die primären Mischnamen des Untersuchungsgebiets mit einem genuin deutschen Ortsnamengrundwort gebildet werden, welches das Klassifikationsmorphem für die systematische Identifizierung dieser sprachlichen Einheiten als Toponyme darstellt, wird ferner dem ‚System Morpheme Principle' Rechnung getragen. Somit ist zu resümieren, daß die primären onymischen Hybride Ost- und Südholsteins nach dem ‚Matrix Language Frame'-Modell von Myers-Scotton hinreichend als code-switchings definiert sind.

Zugleich muß jedoch berücksichtigt werden, daß Myers-Scotton die ad-hoc-Entlehnung als Subkategorie des code-switchings charakterisiert.[163] Demzufolge bleibt eine Klassifizierung der primären Hybride als ad-hoc-Entlehnungen weiterhin offen.

Diese Erörterung zeigt, daß eine Klassifizierung der primären onymischen Hybride entweder als code-switches oder als ad-hoc-Entlehnungen nicht eindeutig möglich ist. Dies ist insbesondere damit verbunden, daß die Differenzierung dieser beiden Typen der transkodischen Markierungen, „die an der Grenze zwischen systemimmanenter Variation, Sprachwandel und Sprachwechsel liegen" (Eichinger

---

159 Vgl. Bechert/Wildgen 1991: 66f.; Heller/Pfaff 1996: 599ff. und Wilkins 1996: 113. Dieses Kriterium wird vielfach kritisiert, „da offensichtlich zahlreiche Gegenbeispiele [...] identifiziert werden konnten" (Pütz 1993: 188).
160 Vgl. Heller/Pfaff 1996: 599f.
161 Vgl. Pütz 1993: 192.
162 Ebenfalls ist nach Appel und Muysken code-switching innerhalb Komposita legitim; vgl. Wilkins 1996: 115.
163 Vgl. Lüdi 1996: 242.

1993: 15), in der aktuellen Theoriediskussion nicht unumstritten ist. Es zeigt sich, daß keine konkreten Abgrenzungskriterien zwischen diesen Kontaktphänomenen vorliegen, sondern vielmehr eher graduelle Abstufungen vorgenommen werden, die in Abhängigkeit vom Modell variieren: In Poplacks Theorie stehen code-switching und ad-hoc-Entlehnung in differenzierender Opposition zueinander, während Myers-Scotton eine hierarchische Ordnung beider transkodischer Markierungen vorschlägt. Dennoch illustriert diese Diskussion, daß es durchaus möglich ist, die primären Mischnamen des Untersuchungsgebiets nach dem ‚Matrix Language Frame'-Modell Myers-Scottons als code-switches zu definieren und somit ihrem Charakter als einer speziellen Kontaktbildung in bilingualen Sprachgemeinschaften Rechnung zu tragen.

8 Schlußbetrachtung

Ziel der vorliegenden Arbeit war zu zeigen, daß und inwiefern Kultur- und Sprachkontakt die Ursache für die Realisation der toponymischen Integration darstellen. Aus dem Kulturkontakt, der die Art des gesellschaftlichen Zusammenlebens historisch, sozial, politisch und hierarchisch bestimmt, entsteht der gesellschaftliche Bedarf, die substraten Toponyme zu übernehmen und in das Superstratidiom zu integrieren. Diese Integration ist als ein Prozeß von dynamischer Adaptation der Toponyme auf allen sprachlichen Ebenen, und zwar phonemisch, morphemisch sowie partiell lexikalisch-semantisch, zu charakterisieren. Demzufolge sind diese Veränderungen im sprachlichen Bereich, die aus der onymischen Integration resultieren, direkt mit den extralinguistischen Bedingungsfaktoren des Sprachkontakts verbunden, wie die Kapitel 4, 5 und 7 der vorliegenden Arbeit illustrieren. In Anbetracht der Bedeutsamkeit dieser kausalen Verknüpfung beider Aspekte für den Sprachkontakt soll – unter Resümierung der Strukturprinzipien der linguistischen Interferenzanalyse – nochmals einer Kombination beider Faktoren Rechnung getragen werden.

Die phonemische Integration der altpolabischen Toponyme in das mittelniederdeutsche onymische System vollzieht sich einerseits unter Substituierung der altpolabischen Phoneme durch die entsprechenden mittelniederdeutschen Laute. Andererseits muß jedoch ebenfalls die Interferenz des mittelniederdeutschen Phonemsystems berücksichtigt werden, die zum einen bei der Realisierung von altpolabischen Lauten auftritt, die im mittelniederdeutschen Phoneminventar nicht existieren (/ą/, /ę/, /ě/, /č/, /šč/ und /ž/) und daher nicht direkt substituiert, sondern vielmehr durch die ihnen phonemisch nächstgelegenen Äquivalente des Mittelniederdeutschen ersetzt werden müssen. Zum anderen ist die mittelniederdeutsche phonemische Interferenz bei altpolabischen Phonemen wirksam, welche durch die für das Altpolabische distinktive Opposition ‚palatal' versus ‚nicht palatal' differenziert werden, die jedoch nicht im mittelniederdeutschen Phonemsystem relevant ist (/č/ vs. /c/, /š/ vs. /s/, /ž/ vs. /z/ und die palatalen Plosive, Nasale und Liquide). Das Mittelniederdeutsche interferiert, indem es diese distinktiven Phonemoppositionen im Transsumtionsprozeß neutralisiert und die entsprechenden altpolabischen Phoneme in die für das Mittelniederdeutsche gültigen Distinktionen integriert. Die daraus resultierende Unterdifferenzierung der altpolabischen Phoneme im Mittelniederdeutschen wird in der sowohl graphemisch als auch phonemisch gleichwertigen Realisation offenkundig. Eine phonemische Interferenz des altpolabischen Phonemsystems im Mittelniederdeutschen ist hingegen nur partiell und äußerst marginal festzustellen und betrifft den umlautbewirkenden Einfluß der altpolabischen palatalen Konsonanz.

Diese Konstellation, die das Mittelniederdeutsche im sprachinternen Bereich des Kontakts als das dominierende Idiom charakterisiert, resultiert sowohl aus der extralinguistischen Dominanzkonfiguration als auch aus dem Diglossieverhältnis der beiden Kontaktsprachen zueinander und manifestiert diese sprachexterne Konfiguration zugleich; außerdem bestätigt sie ebenfalls die aus den extralinguistischen Faktoren ermittelte Richtung des Sprachkontakts $L_A \rightarrow L_B$. Des weiteren schlägt sich die Periodisierung der Kontaktphase, welche die deutsche Ostkolonisation in der Mitte des 12. Jahrhunderts bewirkt, in der Transsumtion nieder. In der ersten Periode bis ca. 1150 wird der Sprach- und Kulturkontakt ausschließlich durch koordiniert-bilinguale Individuen getragen, so daß die Transsumte, ohne bereits durch deutschen Phonemwandel interferiert zu sein, mit großer Nähe zur altpolabischen phonemischen Basis fixiert werden. Demgegenüber bewirken erstens der naturale, kombinierte Bilingualismus ab 1150, der aus interethnischem Nahkontakt resultiert, und zweitens der Verlust bilingualer Kenntnisse bei den Kanzleischreibern, der sowohl mit der Etablierung der frühbürgerlichen mittelniederdeutschen Schreiblandschaft – insbesondere im Gegensatz zum schriftlosen altpolabischen Idiom – als auch mit unbewußten sprachenpolitischen Zwängen im Rahmen der Dominanzkonfiguration verbunden ist, daß sich die Verschriftlichung der altpolabischen Toponyme unter dem Einfluß des mittelniederdeutschen Phonemsystems vollzieht; dies deutet zugleich auf die bevorstehende Reunilingualisierung.

Im Unterschied zur phonemischen Integration ist die morphemische Adaptation durch weitaus größere altpolabische Interferenz charakterisiert, die in Anbetracht der binären Struktur sowohl des mittelniederdeutschen als auch des altpolabischen Namenbildungssystems möglich ist. Diese altpolabische Interferenzwirkung verdeutlicht sich erstens in der Morphemadaptation der altpolabischen Topoformanten sowohl an freie als auch an gebundene Morpheme des deutschen Appellativwortschatzes, die in der deutschen Toponymenbildung nicht verwendet werden. Die Funktionalisierung dieser Morpheme für den toponymischen Bereich repräsentiert eine Normabweichung in bezug auf das deutsche toponymische System. Zweitens ist eine weitaus bedeutsamere altpolabische Interferenz in der Generierung toponymischer Lehnmorpheme dokumentiert ({itz}, {in}), die infolge der phonemischen Adaptation häufig verwendeter altpolabischer toponymischer Suffixe im Mittelniederdeutschen gebildet werden. Angesichts ihrer attrahierenden Wirkung auf weitere altpolabische Substrate sind diese toponymischen Lehnsuffixe als integriert zu bezeichnen, wenngleich jedoch betont werden muß, daß bei Kontinuität des altpolabischen Ultimaakzents ein partieller Fremdheitscharakter erhalten bleibt. Und drittens besteht die altpolabische Interferenzwirkung darin, daß die Mehrzahl der altpolabischen Toponyme nicht an den kompositiven Wortbildungstypus adaptiert werden, der für die deutschen Oikonyme charakteristisch ist, sondern vielmehr ebenfalls als Integrate die für das Slawische typische Derivation bewahren. Dennoch muß in Anbetracht derjenigen altpolabischen Toponyme, die an kompositive deutsche Ortsnamengrundwörter attrahiert sind, mittelniederdeutsche Interferenz reflektiert werden.

In Analogie zur phonemischen Adaptation der altpolabischen Toponyme korrespondiert die morphemische Integration ebenso mit dem dreistufigen Phasenmodell des mittelniederdeutsch-altpolabischen Sprachkontakts. Die insbesondere zweisprachigen Verhältnisse der integrativen Phase verdeutlichen sich sowohl an der Lehnmorphologie als auch an der dynamischen Entwicklung der altpolabischen Topoformanten, die aus Mehrfachentlehnungen infolge des Kontakts mit Bilingualen resultiert. Damit korrespondiert, daß diese altpolabischen Topomorpheme in der postintegrativen Phase, d.h. also nach der Reunilingualisierung, durch Stabilität charakterisiert sind.

Die semantische Integration der altpolabischen Toponyme ins mittelniederdeutsche onymische System vollzieht sich ähnlich strukturiert wie die morphemische Adaptation. Neben semantisch unmarkierten Integraten, die demzufolge am ehesten mit dem ‚Gesetz der semantischen Isolierung' in Beziehung stehen, gibt es ebenfalls semantisch attrahierte Adaptate, deren Lehndeutung entweder die gesamte Namenform oder – nur partiell – das Erst- oder Zweitglied umfassen kann. Die sekundäre semantische Motivierung des Zweitgliedes erfolgt durch Adaptation an ein genuin deutsches Ortsnamengrundwort – was quantitativ am häufigsten bezeugt ist – oder durch semantische Attraktion an ein deutsches Appellativum, das der Semantik von Ortsnamen entweder angemessen oder nicht angemessen ist.

Diese Resemantisierung, die für die Identifizierungsfunktion des Toponyms redundant ist, ist – in Analogie zur morphemischen Adaptation – ebenfalls gemäß des Drei-Phasen-Kontaktmodells zu periodisieren. Innerhalb der integrativen Phase erfolgt die Resemantisierung weitgehend kasual und beruht auf phonemischer sowie morphemischer Adaptation des altpolabischen Toponyms, die eine Homophonie bzw. Homonymie zu deutschen Appellativen hervorruft. In dieser integrativen Phase muß neben den Lehndeutungen außerdem den konformen und hybriden Lehnübersetzungen Rechnung getragen werden, die ein direktes Indiz für bilinguale Sprecherkompetenz repräsentieren. Demgegenüber ist die postintegrative Phase durch Lehndeutungen, Namenanalogiebildungen, Umbenennungen und Lehnschöpfungen charakterisiert, die aus volksetymologischen Umdeutungen resultieren. Dies ist vornehmlich auf die Tendenz zurückzuführen, denjenigen altpolabischen Toponymen, die infolge der Reunilingualisierung lexikalisch-semantisch unverständlich geworden sind, eine neue semantische Verankerung im Superstratsystem zu verleihen. Sowohl die – bewußt oder unbewußt durchgeführte – Resemantisierung als auch die Stabilität der postintegrativen altpolabischen Topomorpheme tragen dem Bestreben der Kanzleischreiber Rechnung, die Substrattoponymie in die Standardisierungstendenzen des sich in seiner Etablierungsphase befindlichen neuhochdeutschen Schriftsprachsystems zu integrieren.

Die hier dargestellte Kausalverknüpfung von sprachinternen und -externen Faktoren des mittelniederdeutsch-altpolabischen Sprachkontakts ist in Abbildung 5 schematisch zusammengefaßt:

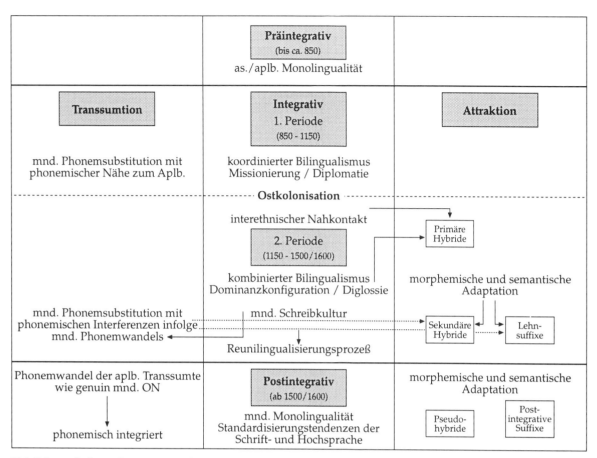

Abbildung 5: Sprachinterne und -externe Faktoren des mnd.-aplb. Sprachkontakts

Die in dieser Arbeit ermittelten Strukturprinzipien der morphemischen sowie lexikalisch-semantischen Integration der altpolabischen Toponyme ins mittelniederdeutsche onymische System entsprechen formal den Grundsätzen, die Eichler und Hengst als charakteristisch für die Adaptation der altsorbischen Oikonyme ans Ostmitteldeutsche ermittelt haben. Im Hinblick auf diese strukturellen Übereinstimmungen ist zu konstatieren, daß diese strukturbildenden Prinzipien offensichtlich allgemeine, systematische Regeln repräsentieren, nach deren Modell sich der toponymische Integrationsprozeß im deutsch-slawischen Sprachkontaktgebiet vollzieht – wenngleich ebenfalls betont werden muß, daß der konkrete Integrationsfall phonemisch bzw. dialektal bedingte Abweichungen infolge der slawischen oder deutschen Mundart zeigen kann. Darauf deuten insbesondere sowohl die unterschiedliche postintegrative Realisation der slawischen Topomorpheme als auch deren landschaftliche Staffelung.

In diesem Kontext erscheint es produktiv, weitere Areale des deutsch-slawischen Sprachkontakts, beispielsweise in Österreich, in bezug auf diese strukturellen Gesetzmäßigkeiten der toponymischen Integration zu untersuchen. Dieses Vorgehen verspricht des weiteren vertiefende Ergebnisse für die Rekonstruktion toponymischer Kernlandschaften, die im Rahmen der Erarbeitung des Slawischen Onomastischen Atlasses von Bedeutung sind.[164] Ebenso ist es für zukünftige Forschungsarbeiten wünschenswert, die Sonderstellung der primären onymischen Hybride im Sprachkontakt zu betonen und deren Entstehung den extralinguistischen Faktoren wie Mehrsprachigkeit, interethnische Gleichberechtigung sowie friedliche Kooperation in Rechnung zu stellen. Es bereitet in diesem Kontext sicherlich ein ertragreiches Unterfangen, die onomastische Theorie in bezug auf die Hybridbildungen mit den Erkenntnissen der modernen Kontaktlinguistikforschung im Bereich code-switching und ad-hoc-Entlehnung in Beziehung zu setzen.

---

164 Vgl. Eichler 1996.

9 Abkürzungsverzeichnis

ahd.	althochdeutsch	mnd.	mittelniederdeutsch
altpolab.	altpolabisch	nd.	niederdeutsch
aplb.	altpolabisch	nhd.	neuhochdeutsch
altsächs.	altsächsisch	OH	Kreis Ostholstein
as.	altsächsisch	omd.	ostmitteldeutsch
app.	appellativisch	ON	Ortsname
aso.	altsorbisch	Pl.	Plural
BW	Bestimmungswort	PLÖ	Kreis Plön
bzw.	beziehungsweise	PN	Personenname
ca.	zirka	s.	siehe
d.h.	das heißt	Sg.	Singular
dt.	deutsch	slaw.	slawisch
EN	Eigenname	sog.	sogenannt
evtl.	eventuell	top.	toponymisch
FN	Familienname	u.ä.	und ähnliches
germ.	germanisch	u.a.	unter anderem
gr.	griechisch	u.v.m.	und viele[s] mehr
GW	Grundwort	usw.	und so weiter
HL	Hansestadt Lübeck	vgl.	vergleiche
Jh.	Jahrhundert	vs.	versus
LAU	Kreis Herzogtum Lauenburg	z.B.	zum Beispiel
L^e	langue étrangère	z.T.	zum Teil
L^m	langue maternelle	*	rekonstruierte Namenform
ma.	mundartlich	+	Wüstung
mhd.	mittelhochdeutsch		

10 Glossar

Die im laufenden Text bzw. in den Fußnoten der Arbeit erläuterten Fachtermini sind in diesem Glossar nicht wieder aufgenommen.

Die mit * versehenen Termini können in einem umfangreicheren Artikel im Lexikon der Sprachwissenschaft von Hadumod Bußmann (vgl. Literaturverzeichnis) nachgelesen werden.

*ad-hoc-Entlehnung	Spontane, meist stark kontextbezogene Wortentlehnung zur Bezeichnung von neuen oder bisher nicht bekannten Sachverhalten.
*Affrikate	Verschlußlaut, bei dem der orale Verschluß der ersten Phase nur so weit gelöst wird, daß sich bei der zweiten Phase eine Reibung ergibt, z.B. /ts/.
*Allograph	Graphische Variante der Verschriftung eines nicht-graphischen Objekts.
*Allomorph	Konkret realisierte Variante eines Morphems.
*Allophon	Konkret realisierte Variante eines Phonems.
Anthroponym	Oberbegriff für Personennamen (Vor- und Familiennamen, z.B. Winfried, Schmidt).
*Apokope	Wegfall eines unbetonten Vokals am Wortende.
Appellativum / nomen appellativum	Gattungsname
*Archiphonem	Bezeichnung für die Gesamtheit der distinktiven Merkmale, die zwei Phonemen in binärer Opposition gemeinsam sind.
Benrather Linie	An der Benrather Linie scheidet sich der hochdeutsche Lautstand vom niederdeutschen. Diese westöstlich verlaufende Linie überquert den Rhein bei Benrath südlich von Düsseldorf, die Weser nördlich von Kassel und die Elbe südlich von Magdeburg.
*bilabial	Bei der Bildung des Sprachlauts sind Ober- und Unterlippe beteiligt, z.B. /b/.
*code-switching	Wechsel zwischen verschiedenen Sprachvarietäten bei bilingualen bzw. multilingualen Sprechern je nach Erfordernissen der Kommunikationssituation, wobei hauptsächlich der situative Formalitätsgrad ausschlaggebend für die Wahl einer spezifischen Varietät ist.
*Deglutination	Wegfall anlautender Vokale, Konsonanten oder Silben.
*Dental	Sprachlaut, der an den oberen Schneidezähnen artikuliert wird, /z/, /s/.
*Derivation	Wortbildung durch Ableitung, d.h. durch Suffigierung (und auch Präfigierung), z.B. Schönheit.

*Diachronie	Historisch-Vergleichende Sprachwissenschaft, welche die Entwicklung einzelner Laute oder Formen ohne Berücksichtigung des Systemcharakters von Sprache untersucht.
*diastratisch	Bezeichnung für schichtenspezifisch differenzierte Subsysteme innerhalb eines Sprachsystems.
*Diatopie / diatopisch	Bezeichnung für Lokaldialekte in einem Sprachsystem.
*Diglossie	Terminus, um eine stabile Sprachsituation zu beschreiben, in der eine strenge funktionale Differenzierung zwischen einer sozial niedrigen Sprachvarietät und einer sozial hohen Varietät existiert.
*Domäne	Bezeichnung für einen Sprachbereich, der durch spezifische Umgebungsbedingungen und Rollenbeziehungen zwischen den Sprachteilnehmern sowie typische Themenbereiche (z.B. Familie vs. Administration) gekennzeichnet ist. In diesem Kontext ist die Wahl einer angemessenen Sprachvarietät (etwa im Fall diglossischer Sprachsituationen) zu berücksichtigen.
*Etymologie	Wissenschaft von der Herkunft, Grundbedeutung und Entwicklung einzelner Wörter sowie von ihrer Verwandtschaft mit Wörtern gleichen Ursprungs in anderen Sprachen.
Fortisierung	Konsonantenverhärtung durch Verstärkung des Atemdrucks: /d/ > /t/, /b/ > /p/.
Frikativ	Hauchlaut, bei dessen Bildung keine Reibung entsteht: /v/, /f/, /z/, /s/, /ç/.
*Gemination	Lautveränderung, die zu einer Verdoppelung von Konsonanten führt.
*Graphem / graphemisch	Distinktive Einheit eines Schriftsystems.
*Guttural	Kehllaut, /g/, /k/.
*Homonymie / homonym	Typ lexikalischer Mehrdeutigkeit: Homonyme Ausdrücke verfügen über eine gleiche Orthographie und Aussprache bei unterschiedlicher Bedeutung und etymologischer Herkunft, z.B. der/die Kiefer.
*Homophonie / homophon	Typ lexikalischer Mehrdeutigkeit: Homophone Ausdrücke verfügen über identische Aussprache bei unterschiedlicher Orthographie und Bedeutung, z.B. Meer vs. mehr.
*hybride Bildung	In der Wortbildung zusammengesetztes oder abgeleitetes Wort, dessen Einzelelemente aus verschiedenen Sprachen stammen.
*Idiom	die einer kleineren Gruppe eigentümliche Sprechweise
Initialakzent	Der Hauptakzent fällt auf die erste Silbe des Wortes.
*Kompositum	Begriff aus der Wortbildungslehre: Zusammensetzung, Verbindung von zwei oder mehreren sonst frei vorkommenden Morphemen, z.B. Stuhlbein.

Kontaktlinguistik	Sprachwissenschaftliche Richtung, die sich mit der Analyse des Sprachkontakts zwischen zwei oder mehr Sprachen sowie den daraus resultierenden sprachlichen Phänomenen befaßt.
*Labial	Bezeichnung für Sprachlaute, an deren Artikulation vornehmlich die Lippen beteiligt sind, z.B. /b/, /p/, /m/.
*Lenisierung	Konsonantenschwächung der Konsonantenstärke durch Reduktion des Atemdrucks: /t/ > /d/, /p/ > /b/.
*Liquidametathese	Vertauschung der Konsonanten /l/ und /r/ innerhalb etymologisch verwandter Wörter.
*Liquide	/l/, /r/
*Morphem / morphemisch	Kleinstes bedeutungstragendes Element der Sprache, das nicht mehr in kleinere Elemente zerlegt werden kann.
*Morphologie	Teildisziplin der Sprachwissenschaft, welche die Form, die innere Struktur, die Funktion und das Vorkommen der Morpheme als kleinsten bedeutungstragenden Einheiten der Sprache untersucht.
*Nasal	Sprachlaut, bei dem die Luft durch die Nasenhöhle entweicht, /m/, /n/.
*Onomastik	Namenkunde
*Paenultimaakzent	Der Hauptakzent eines Wortes liegt auf der vorletzten Silbe.
*Palatal	Sprachlaute, die am harten Gaumen gebildet werden, z.B. /j/, /ç/, aplb. /l'/, /m'/, /n'/.
*Phonem / phonemisch	Bezeichnung für das kleinste aus dem Schallstrom einer Rede abstrahierte lautliche Segment mit bedeutungsunterscheidender (distinktiver) Funktion.
*Phonologie	Teildisziplin der Sprachwissenschaft, die sich mit den bedeutungsunterscheidenden Sprachlauten, ihren relativen Eigenschaften, Relationen und Systemen befaßt.
*Plosiv	Verschlußlaut, /b/, /p/, /d/, /t/, /g/, /k/
Proprium / nomen proprium	Eigenname
Rekursion	Eigenschaft einer Grammatik, mit der nach bestimmten Formationsregeln unendlich viele Sätze gebildet werden können. Die Konstituenten eines jeden Satzes entsprechen jeweils neuen Sätzen. Hier: Erschließung der Formationsregeln der Grammatik aplb. Toponyme, Rekonstruktion der aplb. Toponyme.
*Semantik / semantisch	Bezeichnung für die Teildisziplin der Sprachwissenschaft, die sich mit der Analyse und Beschreibung der Bedeutung von sprachlichen Ausdrücken beschäftigt.

*Sibilant	Zischlaut, der durch Engebildung zwischen Vorderzunge und vorderem Gaumen entsteht, z.B. /s/, /z/.
*signifiant / signifié	Bezeichnendes vs. Bezeichnetes; Ausdruck/Lautbild vs. Bedeutung/Inhalt; von de Saussure etablierte Unterscheidung zwischen dem Formaspekt des sprachlichen Zeichens und dem inhaltlichen Aspekt.
*Simplex / Simplizium	In der Wort- und Namenbildung ein nicht zusammengesetztes oder abgeleitetes Wort.
*Soziolekt	Bezeichnung für eine Sprachvarietät, die für eine sozial definierte Gruppe charakteristisch ist.
*Spirant	Hauchlaut, bei dessen Bildung keine Reibung entsteht: /v/, /f/, /z/, /s/, /ç/.
*Synchronie	Sprachwissenschaft, die Laute und Formen in einem geschlossenen Zeichensystem auf der Achse der Gleichzeitigkeit untersucht; der Wert eines einzelnen Elements ergibt sich aus dem relationalen Kontext aller Werte.
*Synkope	Wegfall eines unbetonten Vokals im Wortinnern.
*Synonymie	Bedeutungsgleichheit oder Bedeutungsähnlichkeit von zwei oder mehreren sprachlichen Ausdrücken.
Topoformant	Ortsnamenbildungsmorphem
Toponym	Oberbegriff für Ortsnamen (Siedlungsnamen, Flurnamen, Flußnamen, Gebirgsnamen, ...)
Transkription	phonetische Umschrift
*unikales Morphem	Morphem, das nicht allein, sondern nur in der Verbindung mit einem einzigen anderen Morphem vorkommt, z.B. {Him} in Himbeere.

11 Literaturverzeichnis

BACH, ADOLF (1953): Deutsche Namenkunde II. Die deutschen Ortsnamen 1. Heidelberg.

BACH, ADOLF (1954): Deutsche Namenkunde II. Die deutschen Ortsnamen 2. Heidelberg.

BAUER, GERHARD (1985): Namenkunde des Deutschen. (= Langs Germanistische Lehrbuchsammlung 21). Bern/Frankfurt am Main/New York.

BECHERT, JOHANNES / WILDGEN, WOLFGANG (1991): Einführung in die Sprachkontaktforschung. Darmstadt.

BELLMANN, GÜNTER (1973): Institutionelle Terminologie im Sprachkontakt. In: Festschrift für Walter Schlesinger. Hrsg. von Helmut Beumann, Rainer Olesch, Walter Schlesinger, L. E. Schmitt. Band 1. (= Mitteldeutsche Forschungen 74.1). Köln, 87-101.

BELLMANN, GÜNTER (1982): Vorschläge zur Integrationstypologie auf der Grundlage des slawisch-deutschen Sprachkontaktes. In: Die Leistung der Strataforschung und der Kreolistik. Typologische Aspekte der Sprachkontakte. Akten des 5. Symposions über Sprachkontakt in Europa. Mannheim 1982. Hrsg. von Sture P. Ureland. (= Linguistische Arbeiten 125). Tübingen, 265-276.

BELLMANN, GÜNTER (1990): Slawische Ortsnamen. Über ihren Erkenntniswert für die germanische Forschung. In: Wörter und Namen. Aktuelle Lexikographie. Hrsg. von Rudolf Schützeichel, Peter Seidensticker. (= Marburger Studien zur Germanistik 13). Marburg, 9-16.

BIEDER, HERMANN (1987): Der deutsch-slawische Sprachkontakt in der Wortbildung (Derivation). In: Sprach- und Kulturkontakte im Polnischen. Hrsg. von Gerd Hentschel, Gustav Ineichen, Alek Pohl. (= Specimina philologiae slavicae. Supplementband 23). München, 175-184.

BOOT, KEES DE (1996): Language Loss. In: Kontaktlinguistik. Ein internationales Handbuch zeitgenössischer Forschung. 1. Halbband. Hrsg. von Hans Goebl, Peter Hans Nelde, Zdeněk Starý, Wolfgang Wölck. (= Handbücher zur Sprach- und Kommunikationswissenschaft 12.1). Berlin/New York, 579-586.

BUSSMANN, HADUMOD (1990): Lexikon der Sprachwissenschaft. Zweite, völlig neu bearbeitete Auflage. Stuttgart.

CAMPELL, LYLE (1996): Phonetics and Phonology. In: Kontaktlinguistik. Ein internationales Handbuch zeitgenössischer Forschung. 1. Halbband. Hrsg. von Hans Goebl, Peter Hans Nelde, Zdeněk Starý, Wolfgang Wölck. (= Handbücher zur Sprach- und Kommunikationswissenschaft 12.1). Berlin/New York, 98-104.

CARSTEN, R. HEINZ (1969): Germanische, slawische und deutsche Siedlungen im Raum des Limes Saxoniae. In: Slawisch-deutsche Wechselbeziehungen in Sprache, Literatur und Kultur. Hrsg. von W. Krauss u.a. Berlin, 25-36.

CLYNE, MICHAEL (1996): Sprache, Sprachbenutzer und Sprachbereich. In: Kontaktlinguistik. Ein internationales Handbuch zeitgenössischer Forschung. 1. Halbband. Hrsg. von Hans Goebl, Peter Hans Nelde, Zdeněk Starý, Wolfgang Wölck. (= Handbücher zur Sprach- und Kommunikationswissenschaft 12.1). Berlin/New York, 12-23.

DEBUS, FRIEDHELM (1980): Onomastik. In: Lexikon der germanistischen Linguistik. Hrsg. von Hans Peter Althaus, Helmut Henne, Herbert Ernst Wiegand. Tübingen, 187-198.

DEBUS, FRIEDHELM (1993): Zu den deutschen Ortsnamen. In: Deutsch-slawischer Sprachkontakt im Lichte der Ortsnamen. Mit besonderer Berücksichtigung des Wendlandes. Hrsg. von Friedhelm Debus. (= Kieler Beiträge zur deutschen Sprachgeschichte 15). Neumünster, 47-60.

DEBUS, FRIEDHELM / SCHMITZ, ANTJE (1990): Die slawisch-deutschen Mischnamen im ost- und südholsteinischen Siedlungsgebiet. In: Onomastica Slavogermanica XIX. (= Abhandlungen der sächsischen Akademie der Wissenschaften zu Leipzig 73/2). Berlin, 67-76.

DEBUS, FRIEDHELM / SCHMITZ, HEINZ-GÜNTHER (1985): Überblick über Geschichte und Typen der deutschen Orts- und Landschaftsnamen. In: Sprachgeschichte. Ein Handbuch zur Geschichte der deutschen Sprache und ihrer Erforschung. Hrsg. von Werner Besch, Oskar Reichmann, Stefan Sonderegger. 2. Halbband. (= Handbücher zur Sprach- und Kommunikationswissenschaft 2.2). Berlin/New York, 2096-2129.

DUDEN (1990): DUDEN. Das Aussprachewörterbuch. Bearbeitet von Max Mangold in Zusammenarbeit mit der Dudenredaktion. Dritte, völlig neu bearbeitete und erweiterte Auflage. (= DUDEN 6). Mannheim/Leipzig/Wien/Zürich.

EICHINGER, LUDWIG M. (1993): Sprachkontakte. Konstanten und Variablen. In: Sprachkontakte. Konstanten und Variablen. Hrsg. von Ludwig M. Eichinger, Joachim Raith. (= Bochum-Essener Beiträge zur Sprachwandelforschung 20). Bochum, 7-16.

EICHLER, ERNST (1961/1985): Probleme der Analyse- slawischer Ortsnamen in Deutschland. In: Leip-ziger namenkundliche Beiträge. (= Berichte über die Verhandlungen der sächsischen Akademie der Wissenschaften zu Leipzig. Philologisch-historische Klasse 106/5). Berlin, 19-50. Neuabdruck in: Eichler, Ernst (1985): Beiträge zur deutsch-slawischen Namenforschung (1955-1981). Reprint kleiner Schriften aus den Jahren 1955-1981. Leipzig, 1-33.

EICHLER, ERNST (1964/1985): Ergebnisse der Namengeographie im altsorbischen Sprachgebiet. In: Materialien zum Slawischen Onomastischen Atlas. (=

Sitzungsberichte der sächsischen Akademie der Wissenschaften zu Leipzig. Philologisch-historische Klasse 108/6). Berlin, 13-78. Neuabdruck in: Eichler, Ernst (1985): Beiträge zur deutsch-slawischen Namenforschung (1955-1981). Reprint kleiner Schriften aus den Jahren 1955-1981. Leipzig, 33-98.

EICHLER, ERNST (1965/1985): Zur Methodik der Namenforschung im deutsch-slawischen Berührungsgebiet. In: Wissenschaftliche Zeitschrift der Karl-Marx-Universität. Gesellschafts- und sprachwissenschaftliche Reihe 14/1. Leipzig, 117-122. Neuabdruck in: Eichler, Ernst (1985): Beiträge zur deutsch-slawischen Namenforschung (1955-1981). Reprint kleiner Schriften aus den Jahren 1955-1981. Leipzig, 99-104.

EICHLER, ERNST (1968): Zur morphematischen Struktur der Substratonomastik. In: Probleme der strukturellen Grammatik und Semantik. Hrsg. von Rudolf Růžička. Leipzig, 243-252.

EICHLER, ERNST (1972): Zur Typologie slawisch-deutscher Ortsnamenpaare. In: Namenkundliche Informationen 20. Leipzig, 2-11.

EICHLER, ERNST (1974): Phonologie und Lautsubstitution. Dargestellt an Ortsnamenmaterial. In: Onomastica Slavogermanica IX. (= Abhandlungen der sächsischen Akademie der Wissenschaften zu Leipzig. Philologisch-historische Klasse 66/1). Berlin, 13-16.

EICHLER, ERNST (1976/1989): Sprachkontakte im Lichte der Onomastik. In: Onoma 20. Leuven, 128-141. Neuabdruck in: Reader zur Namenkunde. Band I. Namentheorie. Hrsg. von Friedhelm Debus, Wilfried Seibicke. (= Germanistische Linguistik 98-100). Hildesheim/Zürich/New York, 377-389.

EICHLER, ERNST (1976/1996): Der slawische Anteil am deutschen Ortsnamenschatz. In: Onomastica Slavogermanica XXI. (= Abhandlungen der sächsischen Akademie der Wissenschaften zu Leipzig. Philologisch-historische Klasse 66/3). Berlin, 7-15. Neuabdruck in: Reader zur Namenkunde. Band III, 1. Toponymie. Hrsg. von Friedhelm Debus, Wilfried Seibicke. (= Germanistische Linguistik 128-130). Hildesheim/Zürich/New York, 117-130.

EICHLER, ERNST (1980): Grundfragen der toponymischen Integration. In: NORNA-rapporter 17. Uppsala, 128-139.

EICHLER, ERNST (1981): Sprachkontakte und Sprachebenen in der Onomastik. In: Onomastica Slavogermanica XXIII. (= Abhandlungen der sächsischen Akademie der Wissenschaften zu Leipzig. Philologisch-historische Klasse 69/4). Berlin, 7-19.

EICHLER, ERNST (1988): Perspektiven der slawischen Ortsnamenforschung im deutsch-slawischen Berührungsgebiet. Ein Beitrag zur Sprachkontaktforschung. In: Benennung und Sprachkontakt bei Eigennamen. Hrsg. von Friedhelm Debus, Ernst Eichler, Hans Walther. Heidelberg, 20-51.

EICHLER, ERNST (1993): Zum Zeugnis der altpolabischen Ortsnamen des Lüneburger Wendlandes für die Sprachgeschichte. In: Deutsch-slawischer Sprachkontakt im Lichte der Ortsnamen. Mit besonderer Berücksichtigung des Wendlandes. Hrsg. von Friedhelm Debus. (= Kieler Beiträge zur deutschen Sprachgeschichte 15). Neumünster, 87-95.

EICHLER, ERNST (1996): Slawische Namengeographie. Der Slawische Onomastische Atlas. In: Namenforschung. Ein internationales Handbuch zur Onomastik. 2. Halbband. Hrsg. von Ernst Eichler u.a. (= Handbücher zur Sprach- und Kommunikationswissenschaft 11.2). Berlin/New York, 1106-1120.

EICHLER, ERNST / HENGST, KARLHEINZ / WENZEL, WALTER (1986): Zur Entwicklung der deutsch-slawischen onomastischen Sprachkontaktforschung. In: Onomastica Slavogermanica XV. (= Abhandlungen der sächsischen Akademie der Wissenschaften zu Leipzig. Philologisch-historische Klasse 71/2). Berlin, 19-28.

EICHLER, ERNST / ŠRÁMEK, RUDOLF (1984): Thesen zur toponymischen Integration. In: Sprachkontakt im Wortschatz. Dargestellt an Eigennamen. Red. Ernst-Michael Christoph, Ernst Eichler, Karlheinz Hengst, Rudolf Šrámek. (= Wissenschaftliche Beiträge Karl-Marx-Universität Leipzig). Leipzig, 9-18.

EICHLER, ERNST / WALTHER, HANS (1984): Untersuchungen zur Ortsnamenkunde und Sprach- und Siedlungsgeschichte zwischen mittlerer Saale und Weißer Elster. (= Deutsch-Slawische Forschungen zur Namenkunde und Siedlungsgeschichte 35). Berlin.

FISCHER, REINHARD E. (1966): Zur Interpretation der ‚Mischnamen'. In: Studia Slavica Acad. Scient. Hungaricae. Tom XII, Fasc. 1-4. Budapest, 125-130.

FISCHER, REINHARD E. (1972): Die slawisch-deutschen Mischnamen im altpolabischen Sprachgebiet. In: Namenkundliche Informationen 20. Leipzig, 11-16.

FLEISCHER, WOLFGANG / BARZ, IRMHILD (1995): Wortbildung der deutschen Gegenwartssprache. Unter Mitarbeit von Marianne Schröder. Zweite, durchgesehene und ergänzte Auflage. Tübingen.

GLÜCK, HELMUT (1979): Die preußisch-polnische Sprachenpolitik vor 1914. Hamburg.

GRIMM, JACOB (1840): Über hessische Ortsnamen. In: Zeitschrift des Vereins für hessische Geschichte und Landeskunde. 2. Band, 132-154.

GRINGMUTH-DALLMER, EIKE (1988): Siedlungsarchäologische Beobachtungen zur Namengebung im slawisch-deutschen Kontaktgebiet zwischen Elbe und Oder/Neiße. In: Onomastica Slavogermanica XVII. (= Abhandlungen der sächsischen Akademie der Wissenschaften zu Leipzig. Philologisch-historische Klasse 71/4). Berlin, 21-31.

GRINGMUTH-DALLMER, EIKE (1990): Deutsch und Wendisch – Groß und Klein. Zur siedlungsgeschichtlichen Aussage von Ortsnamen mit unterschiedlichen Zusätzen in der Mark Brandenburg. In: Onomastica Slavogermanica XIX. (= Abhandlungen der sächsischen Akademie der Wissenschaften zu Leipzig. Philologisch-historische Klasse 73/2). Berlin, 77-89.

GRINGMUTH-DALLMER, EIKE (1993): Zur Herausbildung der mittelalterlichen Siedlungsstruktur im slawisch-deutschen Kontaktgebiet. In: Deutsch-slawischer Sprachkontakt im Lichte der Ortsnamen. Mit besonderer Berücksichtigung des Wendlandes. Hrsg. von Friedhelm Debus. (= Kieler Beiträge zur deutschen Sprachgeschichte 15). Neumünster, 23-35.

GRUCZA, FRANCISZEK (1968): Die Vertretung des altpomoranischen (s) und (z) in den deutschen Formen der Ortsnamen slawischer Herkunft im Ostseeraum. In: Lingua Posnaniensis 12-13. Posen, 125-133.

GRUCZA, FRANCISZEK (1971): Zu den theoretischen Grundlagen der slawisch-deutschen Toponomastik im polabisch-pomoranischen Raum. In: Onoma 16. Leuven, 6-25.

HELLER, MONICA / PFAFF, CAROL W. (1996): Code-switching. In: Kontaktlinguistik. Ein internationales Handbuch zeitgenössischer Forschung. 1. Halbband. Hrsg. von Hans Goebl, Peter Hans Nelde, Zdeněk Starý, Wolfgang Wölck. (= Handbücher zur Sprach- und Kommunikationswissenschaft 12.1). Berlin/New York, 594-609.

HELMOLD VON BOSAU (1963): Slawenchronik. Neu übertragen und erläutert von Heinz Stoob. (= Ausgewählte Quellen zur Geschichte des Mittelalters 19). Berlin.

HENGST, KARLHEINZ (1967): Die Beziehung zwischen altsorbischem Phonem und Graphem in lateinischen Urkunden. Dargestellt am Bosauer Zehntverzeichnis von 1181/1214. In: Onomastica Slavogermanica III. (= Abhandlungen der sächsischen Akademie der Wissenschaften zu Leipzig. Philologisch-historische Klasse 58/4). Berlin, 113-126.

HENGST, KARLHEINZ (1968): Strukturelle Betrachtung slawischer Namen in der Überlieferung des 11./12. Jahrhunderts. In: Leipziger Namenkundliche Beiträge II. Hrsg. von Rudolf Fischer u.a. (= Sitzungsberichte der sächsischen Akademie der Wissenschaften zu Leipzig. Philologisch-historische Klasse 113/4). Berlin, 47-58.

HENGST, KARLHEINZ (1973): Zur Typologie der Lehnnamen im Deutschen. In: Der Name in Sprache und Gesellschaft. Beiträge zur Theorie der Onomastik. Hrsg. von Ernst Eichler u.a. (= Deutsch-slawische Forschungen zur Namenkunde und Siedlungsgeschichte 27). Berlin (Ost), 80-88.

HENGST, KARLHEINZ (1977): Interferenz in der Wortbildung von Toponymen im deutsch-slawischen Kontaktbereich. In: Onoma XXI. Leuven, 440-448.

HENGST, KARLHEINZ (1978): Sekundäre semantische Motivierung slawischer Lehnnamen im Deutschen. In: Namenkundliche Informationen 33. Leipzig, 25-33.

HENGST, KARLHEINZ (1981): Zur Integration slawischer Toponyme ins Deutsche. In: Onomastica Slavogermanica XII. (= Abhandlungen der sächsischen Akademie der Wissenschaften zu Leipzig. Philologisch-historische Klasse 69/4). Berlin, 21-42.

HENGST, KARLHEINZ (1984): Integrationsprozesse von Substrattoponymie ins System der Superstratsprache. In: Sprachkontakt am Wortschatz. Dargestellt an Eigennamen. Red. Ernst-Michael Christoph, Ernst Eichler, Karlheinz Hengst, Rudolf Šrámek. (= Wissenschaftliche Beiträge Karl-Marx-Universität). Leipzig, 46-51.

HENGST, KARLHEINZ (1985): Sprachkontakt und Entlehnungsprozeß. Ergebnisse der toponomastischen Analyse im deutsch-slawischen Berührungsgebiet. In: Zeitschrift für Slawistik 30. Berlin, 809-822.

HENGST, KARLHEINZ (1986): Integrationsprozeß und toponymische Varianten. Namenvarianten bei der Integration slawischer Toponyme ins Deutsche. In: Onomastica Slavogermanica XV. (= Abhandlungen der sächsischen Akademie der Wissenschaften zu Leipzig. Philologisch-historische Klasse 71/2). Berlin, 55-62.

HENGST, KARLHEINZ (1988): Beginn, Verlauf und Dauer des slawisch-deutschen Sprachkontakts an mittlerer Saale und weißer Elster. Phasen der Integration. In: Onomastica Slavogermanica XVII. (= Abhandlungen der sächsischen Akademie der Wissenschaften zu Leipzig. Philologisch-historische Klasse 71/4). Berlin, 7-20.

HENGST, KARLHEINZ (1990a): Frühe Namenüberlieferung als Sprachkontaktzeugnis in Ostthüringen. In: Ortsname und Urkunde. Frühmittelalterliche Ortsnamenüberlieferung. Münchener Symposion 10. bis 12. Oktober 1988. Hrsg. von Rudolf Schützeichel. (= Beiträge zur Namenforschung N.F. Beiheft 29). Heidelberg, 236-258.

HENGST, KARLHEINZ (1990b): Namenforschung. Slawisch-deutscher Sprachkontakt und frühe slawische Sprachstudien im Elbe-Saale-Grenzraum. In: Onomastica Slavogermanica XIX. (= Abhandlungen der sächsischen Akademie der Wissenschaften zu Leipzig. Philologisch-historische Klasse 73/2). Berlin, 105-115.

HENGST, KARLHEINZ (1990c): Slawisch-deutscher toponymischer Integrationsprozeß und soziolinguistische Differenzierung. In: Namenkundliche Informationen 13/14. (= Studia Onomastica VI). Leipzig, 97-105.

HENGST, KARLHEINZ (1996): Namen im Sprachaustausch: Slawisch. In: Namenforschung. Ein internationales Handbuch zur Onomastik. 2. Halbband. Hrsg. von Ernst Eichler u.a. (= Handbücher zur Sprach- und Kommunika-tionswissenschaft 11.2). Berlin/New York, 1007-1011.

HENGST, KARLHEINZ (1997): Zur Philologie tradierter Namenformen aus dem 10. bis 12. Jahrhundert im deutsch-slawischen Kontakt- und Siedlungsgebiet.

In: Wort und Name im deutsch-slawischen Sprachkontakt. Ernst Eichler von seinen Schülern und Freunden. Hrsg. von Karlheinz Hengst, Dietlind Krüger, Hans Walther (= Bausteine zur slawischen Philologie und Kulturgeschichte. Reihe A. Slawistische Forschungen 20). Köln, 335-352.

HINZE, F. (1990): Slawische Lehn- und Reliktwörter im vorpommersch-mecklenburgischen Raum. In: Zeitschrift für Slawistik 35/2. Berlin, 249-254.

HOFFER, BATES L. (1996): Borrowing. In: Kontaktlinguistik. Ein internationales Handbuch zeitgenössischer Forschung. 1. Halbband. Hrsg. von Hans Goebl, Peter Hans Nelde, Zdeněk Starý, Wolfgang Wölck. (= Handbücher zur Sprach- und Kommunikationswissenschaft 12.1). Berlin/New York, 541-549.

KAESTNER, WALTER (1979): Zur Eindeutschung der slawischen Ortsnamen im östlichen Holstein. In: Die Heimat 86. Neumünster, 207-215.

KLUGE, FRIEDRICH (1989): Etymologisches Wörterbuch der deutschen Sprache. 22. Auflage. Berlin/New York.

KOSS, GERHARD (1996): Namenforschung. Eine Einführung in die Onomastik. 2. Auflage. (= Germanistische Arbeitshefte 34). Tübingen.

KREMNITZ, GEORG (1996): Diglossie. In: Kontaktlinguistik. Ein internationales Handbuch zeitgenössischer Forschung. 1. Halbband. Hrsg. von Hans Goebl, Peter Hans Nelde, Zdeněk Starý, Wolfgang Wölck. (= Handbücher zur Sprach- und Kommunikationswissenschaft 12.1). Berlin/New York, 245-258.

KRIER, FERNANDE (1990): Typologie der Sprachkontaktphänomene. In: Proceedings of the Fourteenth International Congress of Linguists. Vol. 2. Hrsg. von Werner Bahner, Joachim Schildt, Dieter Viehweger. Berlin, 1726-1729.

LAROUSSI, FOUED / MARCELLESI, JEAN-BAPTISTE (1996): Colonisation et décolonisation. In: Kontaktlinguistik. Ein internationales Handbuch zeitgenössischer Forschung. 1. Halbband. Hrsg. von Hans Goebl, Peter Hans Nelde, Zdeněk Starý, Wolfgang Wölck. (= Handbücher zur Sprach- und Kommunikationswissenschaft 12.1). Berlin/New York, 193-199.

LAUR, WOLFGANG (1996): Morphologie und Wortbildung der Ortsnamen. In: Namenforschung. Ein internationales Handbuch zur Onomastik. 2. Halbband. Hrsg. von Ernst Eichler u.a. (= Handbücher zur Sprach- und Kommunikationswissenschaft 11.2). Berlin/New York, 1370-1375.

LÖTZSCH, RONALD (1977): Versuch einer Typologie der slawisch-nichtslawischen Sprachkontakte. In: Zeitschrift für Slawistik 22. Berlin, 591-597.

LÜDI, GEORGES (1996): Mehrsprachigkeit. In: Kontaktlinguistik. Ein internationales Handbuch zeitgenössischer Forschung. 1. Halbband. Hrsg. von Hans Goebl, Peter Hans Nelde, Zdeněk Starý, Wolfgang Wölck. (= Handbücher zur Sprach- und Kommunikationswissenschaft 12.1). Berlin/New York, 233-245.

NELDE, PETER HANS (1980): Sprachkontakt und Sprachkonflikt. (= Zeitschrift für Dialektologie und Linguistik. Beihefte 32). Wiesbaden.

NICOLAISEN, WILHELM F. H. (1996): Language Contact and Onomastics. In: Kontaktlinguistik. Ein internationales Handbuch zeitgenössischer Forschung. 1. Halbband. Hrsg. von Hans Goebl, Peter Hans Nelde, Zdeněk Starý, Wolfgang Wölck. (= Handbücher zur Sprach- und Kommunikationswissenschaft 12.1). Berlin/New York, 549-554.

OKSAAR, ELS (1996): The History of Contact Linguistics as a Disciplin. In: Kontaktlinguistik. Ein internationales Handbuch zeitgenössischer Forschung. 1. Halbband. Hrsg. von Hans Goebl, Peter Hans Nelde, Zdeněk Starý, Wolfgang Wölck. (= Handbücher zur Sprach- und Kommunikationswissenschaft 12.1). Berlin/New York, 1-12.

POLENZ, PETER VON (1991): Deutsche Sprachgeschichte vom Spätmittelalter bis zur Gegenwart. Band 1. Einführung, Grundbegriffe, Deutsch in der frühbürgerlichen Zeit. Berlin/New York.

PÜTZ, MARTIN (1993): Bilinguale Sprecherstrategien: Code-switching, Integration und ad-hoc Entlehnungen. In: Sprachkontakte. Konstanten und Variablen. Hrsg. von Ludwig M. Eichinger, Joachim Raith. (= Bochum-Essener Beiträge zur Sprachwandelforschung 20). Bochum, 181-195.

RIPEĆKA, OLGA (1967): Zur semantischen Struktur der slawisch-deutschen Ortsnamen. In: Onomastica Slavoger-manica III. (= Abhandlungen der sächsischen Akademie der Wissenschaften zu Leipzig. Philologisch-historische Klasse 58/4). Berlin, 145-152.

RIPEĆKA, OLGA (1993): Begriffsinhalt und Formativstruktur der toponymischen Wortzeichen (am Material der deutsch-slawischen Oikonymie). In: Onomastica Slavogermanica XXI. (= Abhandlungen der sächsischen Akademie der Wissenschaften zu Leipzig. Philologisch-historische Klasse 73/4). Berlin, 21-38.

SCHLIMPERT, GERHARD (1990): Zur Geschichte der Namenforschung im deutsch-slawischen Kontaktraum. In: History and Historiography of Linguistics. Vol. 2. Papers from the Fourth International Conference on the History of the Language Sciences. Trier, 24. bis 28. August 1987. Hrsg. von Hans-Josef Niederehe, Konrad Körner. Amsterdam/Philadelphia, 729-736.

SCHMIDT, WILHELM (1996): Geschichte der deutschen Sprache. Siebente, verbesserte Auflage. Erarbeitet unter der Mitarbeit von Helmut Langner. Stuttgart/Leipzig.

SCHMITZ, ANTJE (1978): Die Bildungsweise der deutschen Ortsnamen im Kreis Ostholstein. In: Name und Geschichte. Henning Kaufmann zum 80. Geburtstag. Hrsg. von Friedhelm Debus, Karl Puchner. München, 287-300.

SCHMITZ, ANTJE (1981): Die Orts- und Gewässernamen des Kreises Ostholstein. (= Kieler Beiträge zur deutschen Sprachgeschichte 3). Neumünster.

SCHMITZ, ANTJE (1986): Die Orts- und Gewässernamen des Kreises Plön. (= Kieler Beiträge zur deutschen Sprachgeschichte 8). Neumünster.

SCHMITZ, ANTJE (1990): Die Ortsnamen des Kreises Herzogtum Lauenburg und der Stadt Lübeck. (= Kieler Beiträge zur deutschen Sprachgeschichte 14). Neumünster.

SCHMITZ, ANTJE (1992): Philologische Behandlung der ältesten slawischen Siedlungsnamen in Schleswig-Holstein. In: Philologie der ältesten Ortsnamenüberlieferung. Hrsg. von Rudolf Schützeichel. (= Beiträge zur Namenforschung N.F. Beiheft 40). Heidelberg, 78-106.

SCHWEIKLE, GÜNTHER (1990): Germanisch-deutsche Sprachgeschichte im Überblick. Dritte, verbesserte und erweiterte Auflage. Stuttgart.

SONDEREGGER, STEFAN (1983): Grundsätzliches und Methodisches zur namengeschichtlichen Interferenzforschung in Sprachgrenzräumen. In: Zwischen den Sprachen. Siedlungs- und Flurnamen in germanisch-romanischen Grenzgebieten. Beiträge des Saarbrücker Kolloquiums vom 9. bis 11. Oktober 1980. Hrsg. von Wolfgang Haubrich, Hans Ramge. (= Beiträge zur Sprache im Saarland 4). Saarbrücken, 25-57.

SONDEREGGER, STEFAN (1985): Namengeschichte als Bestandteil der deutschen Sprachgeschichte. In: Sprachgeschichte. Ein Handbuch zur Geschichte der deutschen Sprache und ihrer Erforschung. 2. Halbband. Hrsg. von Werner Besch, Oskar Reichmann, Stefan Sonderegger. (= Handbücher zur Sprach- und Kommunikationswissenschaft 2.2). Berlin/New York, 2039-2067.

SONDEREGGER, STEFAN (1997): Der Eigenname als Definitionsproblem. In: Wort und Name im deutsch-slawischen Sprachkontakt. Ernst Eichler von seinen Schülern und Freunden. Hrsg. von Karlheinz Hengst, Dietlind Krüger, Hans Walther. (= Bausteine zur slawischen Philologie und Kulturgeschichte. Reihe A. Slawistische Forschungen 20). Köln, 79-87.

ŠRÁMEK, RUDOLF (1986): Die Stellung des onymischen Benennungsmodells in der Namenintegration. In: Onomastica Slavogermanica XV. (= Abhandlungen der sächsischen Akademie der Wissenschaften zu Leipzig 71/2). Berlin, 29-35.

ŠRÁMEK, RUDOLF (1996): Morphologie der Ortsnamen: Slawisch. In: Namenforschung. Ein internationales Handbuch zur Onomastik. 2. Halbband. Hrsg. von Ernst Eichler u.a. (= Handbücher zur Sprach- und Kommunikationswissenschaft Bd. 11.2). Berlin/New York, 1383-1386.

WALTHER, HANS (1971): Namenkundliche Beiträge zur Siedlungsgeschichte des Saale- und Mittelelbegebietes bis zum 9. Jahrhundert. (= Deutsch-Slawische Forschungen zur Namenkunde und Siedlungsgeschichte 26). Berlin, 110ff.

WALTHER, HANS (1978): Zur Typologie der sogenannten Mischnamen (onymischen Hybride). In: Namenkundliche Informationen 33. Leipzig, 43-58.

WALTHER, HANS (1980): Sekundäre Suffixangleichung im Deutschen bei adaptierten altsorbischen Toponymen. In: Namenkundliche Informationen. Beiheft 2. Leipzig, 90-98.

WALTHER, HANS (1982): Zur Terminologie, Typologie und soziolinguistischen Problematik der sogenannten ‚Mischnamen' (onymischen Hybride). In: Proceedings of the Thirteenth International Congress of Onomastic Sciences. Vol. 2. Hrsg. von Kazimierz Rymut. Krakau, 589-596.

WALTHER, HANS (1984): Die Integrationsstufen im Lichte der onymischen Hybride (Mischnamen). In: Sprachkontakt am Wortschatz. Dargestellt an Eigennamen. Red. Ernst-Michael Christoph, Ernst Eichler, Karlheinz Hengst, Rudolf Šrámek. (= Wissenschaftliche Beiträge Karl-Marx-Universität). Leipzig, 27-29.

WALTHER, HANS (1988): Historisch-gesellschaftliche Determinanten in Benennungsakten. In: Benennung und Sprachkontakt bei Eigennamen. Jahrespreis 1987 der Henning-Kaufmann-Stiftung zur Förderung der westdeutschen Namenforschung auf sprachgeschichtlicher Grundlage. Hrsg. von Friedhelm Debus. Heidelberg, 52-67.

WAUER, SOPHIE (1990): Ein Beitrag zur Lautsubstitution im altpolabisch-niederdeutschen Berührungsgebiet. In: Namenkundliche Informationen. Beiheft 13/14. (= Studia onomastica VI.). Leipzig, 229-350.

WAUER, SOPHIE (1993): Sprachkontakte in der Prignitz in Nachbarschaft zum Hannoverschen Wendland. In: Deutsch-slawischer Sprachkontakt im Lichte der Ortsnamen. Mit besonderer Berücksichtigung des Wendlandes. Hrsg. von Friedhelm Debus. (= Kieler Beiträge zur deutschen Sprachgeschichte 15). Neumünster, 173-180.

WEINREICH, URIEL (1953/1977): Languages in Contact. Findings and Problems. New York. Deutsche Ausgabe 1977: Sprachen in Kontakt. Ergebnisse und Probleme der Zweisprachigkeitsforschung. Hrsg. von André de Vincenz. München.

WIESINGER, PETER (1990): Mehrsprachige Ortsnamenforschung. In: Wörter und Namen. Aktuelle Lexikographie. Hrsg. von Rudolf Schützeichel, Peter Seidensticker. (= Marburger Studien zur Germanistik 13). Marburg, 214-238.

WIESINGER, PETER (1996): Namen im Sprachaustausch. Germanisch. In: Namenforschung. Ein internationales Handbuch zur Onomastik. 2. Halbband.

Hrsg. von Ernst Eichler u.a. (= Handbücher zur Sprach- und Kommunikationswissenschaft 11.2). Berlin/New York, 979-991.

WILKINS, DAVID P. (1996): Morphology. In: Kontaktlinguistik. Ein internationales Handbuch zeitgenössischer Forschung. 1. Halbband. Hrsg. von Hans Goebl, Peter Hans Nelde, Zdeněk Starý, Wolfgang Wölck. (= Handbücher zur Sprach- und Kommunikationswissenschaft 12.1). Berlin/New York, 109-117.

WITKOWSKI, TEODOLIUS (1964): Grundbegriffe der Namenkunde. Berlin.

WITKOWSKI, TEODOLIUS (1966): Slawische Namenforschung im niederdeutschen Sprachgebiet. In: Jahrbuch des Vereins für niederdeutsche Sprachforschung 89, 103-121.

WITKOWSKI, TEODOLIUS (1971): *Lanke* als Reliktwort und als Name. In: Forschungen zur slawischen und deutschen Namenkunde. Hrsg. von Teodolius Witkowski. (= Veröffentlichungen des Instituts für Slawistik 55). Berlin, 88-121.

12 Anhang

12.1 Phonemische Integration

Methodische Vorbemerkung

In der folgenden Auswertung der phonemischen Integration der altpolabischen Toponyme ins mittelniederdeutsche Idiom werden sowohl die mittelniederdeutsch-altpolabische Phonemsubstitution als auch die phonemische Interferenz betrachtet, die das Mittelniederdeutsche auf die altpolabischen Toponyme ausübt. Diese Interferenz resultiert zum einen aus der Spezifität des mittelniederdeutschen Phonemsystems und zum anderen aus dem Einfluß des genuin deutschen Lautwandels.

Diese Analyse basiert auf der jeweils rekonstruierten altpolabischen Grundform und ihrer mittelniederdeutschen phonemischen Realisation im ersten Urkundenbeleg. In Anbetracht dessen, daß die altpolabischen Grundformen aus dem defizitären Urkundenmaterial nicht immer eindeutig rekonstruiert werden können, ist es möglich, pro neuhochdeutschem Namen zwei oder mehr altpolabische Grundformen zu reflektieren. Diese Toponyme werden in der Auswertung berücksichtigt; daher sind sowohl Mehrfachnennungen bei verschiedenen Substitutionsgesetzen als auch weitere Irregularitäten innerhalb der Phonemsubstitution möglich.[1] Die Phoneme sind jeweils durch eine Graphem-Phonem-Analyse ermittelt worden.

Die grau unterlegte Kopfzeile formuliert die regulären Phonemsubstitutionsgesetze. Beispielsweise ist die Regel „aplb. /a/ > mnd. /a/ <a>" wie folgt zu lesen: Das rekonstruierte altpolabische Phonem /a/ wird durch das mittelniederdeutsche Phonem /a/ substituiert und graphemisch durch <a> realisiert.

In der tabellarischen Aufzählung werden alle altpolabischen Toponyme genannt, die in ihrer rekonstruierten altpolabischen Grundform das jeweilige Phonem dokumentieren; angegeben wird jeweils die neuhochdeutsche Namenform. Der Zusatz in Klammern belegt, aus welchem Landkreis der Ortsname stammt.

Die in der Tabelle kursivierten bzw. fett gedruckten Namenbelege repräsentieren Toponyme, die sich nicht entsprechend der Substitutionsregel verhalten, d.h. bei diesen Ortsnamen ist mittelniederdeutsche phonemische Interferenz wirksam.

Diese aus mittelniederdeutscher Interferenz resultierenden Ausnahmen werden quantitativ erfaßt und prozentual im Verhältnis zu den regulär substituierten Phonemen statistisch ausgewertet. Das Kreisdiagramm veranschaulicht die Resultate graphisch.

Zur Substitution der Vokalphoneme ist anzumerken, daß für die Auswertung ausschließlich die Vokale der Haupttonsilben zugrundegelegt werden, da infolge der mittelniederdeutschen Vokalreduktion die altpolabischen Vokale der Nebentonsilben nicht exakt rekonstruierbar sind.

Zur Substitution der Konsonantenphoneme ist zu bemerken, daß die altpolabischen palatalisierten Plosive, Nasale und Liquide wie nicht palatalisierte Konsonanten behandelt werden, da sie im mittelniederdeutschen Phonemsystem nicht existieren; dort werden sie dementsprechend durch die „nicht palatalisierten" Phoneme substituiert. Die durch die altpolabische palatale Konsonanz bewirkten phonemischen Interferenzerscheinungen werden im laufenden Text diskutiert.

---

[1] Eine für die linguistische Untersuchung eventuell zweckmäßige Einschränkung des toponymischen Materials auf die eindeutig rekonstruierten altpolabischen Grundformen ist für diese Auswertung nicht praktizierbar, da dann sowohl qualitativ als auch quantitativ nicht alle Phonemsubstitutionsgesetze erfaßt würden.

12.1.1 Vokalismus

aplb. /a/ > mnd. /a/ <a>		
+Barac (PLÖ)	Lensahn (OH)	Sahms (LAU)
Bardin (OH)	Lensahnerhof (OH)	Salem (LAU)
Basedow (LAU)	Lepahn (PLÖ)	+Klein-Salem (LAU)
Berkenthin (LAU)	Malkwitz (OH)	Salzau (PLÖ)
+Wendisch-Berkenthin (LAU)	+Manau (LAU)	+Deutsch-Salzau (PLÖ)
+Bramnes (OH)	+Marus (OH)	Groß Sarau (LAU)
Bresahn (LAU)	+Maselow (OH)	Klein Sarau (LAU)
Dannau (OH)	Matzwitz (PLÖ)	Sarnekow (LAU)
Dannau (PLÖ)	+Neu Matzvitze (PLÖ)	Satjewitz (OH)
+Dargenow (LAU)	+Mazleviz (LAU)	Schwartau (OH)
Dargow (LAU)	Möhnsen (LAU)	Schwartbuck (PLÖ)
Dodau (OH)	*Neuwühren (PLÖ)*	Schwonau (OH)
Dodau (PLÖ)	Großparin (OH)	*Segrahn (LAU)*
Fahren (PLÖ)	Kleinparin (OH)	*+Wendisch-Segrahn (LAU)*
Gaarz (OH)	Passade (PLÖ)	Sepel (PLÖ)
+Gerwitz (PLÖ)	Rastorferpassau (PLÖ)	Sierhagen (OH)
Grabau (LAU)	Wittenbergerpassau (PLÖ)	Söhren (OH)
Grebin (PLÖ)	Pogeez (LAU)	+Starigard (OH)
Güster (LAU)	+Wendisch-Pogeez (LAU)	*Sterley (LAU)*
Jarkau (OH)	Pratjau (PLÖ)	*Stöfs (PLÖ)*
Jasen (OH)	Puttgarden (OH)	*+Stove (OH)*
+Kakediz (OH)	Quaal (OH)	Tralau (PLÖ)
Kalübbe (PLÖ)	Quals (OH)	*Trems (HL)*
Karpe (PLÖ)	(Deutsch-)Rantzau (PLÖ)	Warnau (PLÖ)
Kassau (OH)	(Wendisch-)Rantzau (PLÖ)	*Wotersen (LAU)*
Kehrsen (LAU)	Ratekau (OH)	Zarnekau (OH)
Kogel (LAU)	Rathlau (PLÖ)	*Groß Zecher (LAU)*
+Kolatza (LAU)	*Kleinrolübbe (OH)*	*Klein Zecher (LAU)*
Lebatz (OH)	*Römnitz (LAU)*	
Lebrade (PLÖ)	Sagau (OH)	

mnd. Rundung: /a/ > /o/
Umlaut: /a/ > /e/

statistische Auswertung

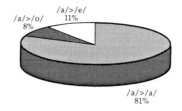

/a/>/o/ 8%
/a/>/e/ 11%
/a/>/a/ 81%

Anhang III

aplb. /e/ > mnd. /e/ <e>		
Barkau (OH)	+Lalkau (LAU)	Selkau (PLÖ)
Bresahn (LAU)	+Markwitz (OH)	Sellin (PLÖ)
Bürau (OH)	Mechow (LAU)	Sereetz (OH)
Cismar (OH)	Perdöl (PLÖ)	Siblin (OH)
+Crampesze (PLÖ)	Pönitz (PLÖ)	*Strecknitz (HL)*
Dersau (PLÖ)	Pratjau (PLÖ)	+Stresow (PLÖ)
+Deventze (PLÖ)	*Priwall (HL)*	Süsel (OH)
Farchau (LAU)	Ritzerau (LAU)	Talkau (LAU)
Fargau (PLÖ)	Sarkwitz (OH)	+Tangmer (LAU)
Fargemiel (OH)	Großschlamin (OH)	Thürk (OH)
Farve (OH)	Kleinschlamin (OH)	+Treschau (OH)
+Farwitz (OH)	Schlesen (PLÖ)	+Vellin (OH)
Gremsmühlen (OH)	Sebent (OH)	Wielen (PLÖ)
Klenau (OH)	Selent (PLÖ)	Zarnekau (OH)
Niederkleveez (PLÖ)	+Deutsch-Selkau (PLÖ)	

mnd. Vokalverengung: /e/ > /i/

statistische Auswertung

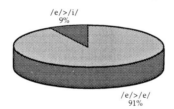

/e/>/i/ 9%

/e/>/e/ 91%

aplb. /ě/ > mnd. /e/ <e>		
Bälau (LAU)	Nehmten (PLÖ)	Sibstin (OH)
Behl (PLÖ)	Pehmen (PLÖ)	*Siems (HL)*
Belau (PLÖ)	+Pezeke (LAU)	Siggeneben (OH)
Bellin (PLÖ)	*+Plessewitz (PLÖ)*	Alttechau (OH)
Cismar (OH)	+Pölitz (OH)	Neutechau (OH)
+Deutsch-Gneningen (OH)	Pönitz (OH)	+Treschau (OH)
+Wendisch-Gneningen (OH)	Preetz (PLÖ)	Großwessek (OH)
Gnissau (OH)	*Presen (OH)*	Kleinwessek (OH)
Niederkleveez (PLÖ)	Reecke (HL)	Witzeeze (LAU)
Langenlehsten (LAU)	Sandesneben (LAU)	
+Letzeke (OH)	Sellin (PLÖ)	
Mechow (LAU)	Siblin (OH)	

mnd. Vokalverengung: /e/ > /i/

statistische Auswertung

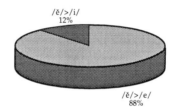

/ě/>/i/
12%

/ě/>/e/
88%

Anhang V

aplb. /i/ > mnd /i/ <i>, <y>		
Bellin (PLÖ)	Kembs (OH)	+Priwitz (OH)
Berkenthin (LAU)	Kittlitz (LAU)	Quals (OH)
+Wendisch-Berkenthin (LAU)	Klötzin (OH)	Rellin (OH)
Beutinerhof (OH)	+Korlin (OH)	Rettin (OH)
Böbs (OH)	Körnick (OH)	Ritzerau (LAU)
+Börse (LAU)	*Kükelühn (OH)*	+Ruggelin (OH)
+Cyppin (PLÖ)	Kulpin (LAU)	Rüting (OH)
Dermin (LAU)	+Kulpin (LAU)	Sahms (LAU)
Groß Disnack (LAU)	Lenste (OH)	+Klein-Salem (LAU)
Klein Disnack (LAU)	Linau (LAU)	Sarkwitz (OH)
Dissau (OH)	+Linow (PLÖ)	Satjewitz (OH)
Dörnick (PLÖ)	Löptin (PLÖ)	Schmilau (LAU)
Eutin (OH)	Klein-Löptin (PLÖ)	Sellin (PLÖ)
Fargemiel (OH)	+Alt-Lübeck (HL)	Siblin (OH)
+Farwitz (OH)	Malkwitz (OH)	Sierhagen (OH)
Fitzen (LAU)	+Markwitz (OH)	Siggen (OH)
Genin (HL)	Matzwitz (PLÖ)	Strecknitz (HL)
+Gerwitz (PLÖ)	+Neu-Matzewitz (PLÖ)	Trems (HL)
+Deutsch-Gneningen (OH)	+Mazleviz (LAU)	+Vellin (OH)
+Wendisch-Gneningen (OH)	Mustin (LAU)	Wandelwitz (OH)
Göttin (LAU)	Großparin (OH)	Wangels (OH)
Grebin (PLÖ)	Kleinparin (OH)	Ziethen (LAU)
Griebel (OH)	+Pinnau (LAU)	+Wendisch-Ziethen (LAU)
Grinau (LAU)	+Plessewitz (PLÖ)	

mnd. Rundung: /i/ > /y/

statistische Auswertung

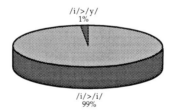

aplb. /y/ > mnd. /i/ <i>, <y>		
Bichel (OH)	Genin (HL)	+Starigard (OH)
+Cyppin (PLÖ)	Giekau (PLÖ)	Wasbuck (OH)
Dissau (OH)	+Kietz (OH)	+Wizok (LAU)
Fissau (OH)	Kittlitz (LAU)	

aplb. /y/ > mnd. /y/ <u>, nhd. <ü>		
Niederbüssau (HL)	Oberbüssau (HL)	+Smütze (OH)

aplb. /y/ > mnd. /ɔy/ <oy>		
Moisling (HL)	Römnitz (LAU)	Scharbeutz (OH)

statistische Auswertung

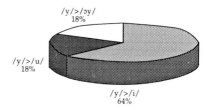

/y/ > /ɔy/ 18%
/y/ > /u/ 18%
/y/ > /i/ 64%

Anhang VII

aplb. /o/ > mnd. /o/ <o>		
Großbarkau (PLÖ)	*Hobstin (OH)*	*Pötrau (LAU)*
Kirchbarkau (PLÖ)	Kaköhl (PLÖ)	+Prönau (OH)
Kleinbarkau (PLÖ)	Kogel (LAU)	Preetz (PLÖ)
Beutinerhof (OH)	Köhn (PLÖ)	Pülsen (PLÖ)
Böbs (OH)	+Kolatza (LAU)	*Putlos (OH)*
+Bölkau (LAU)	Kollow (LAU)	Puttgarden (OH)
+*Börse (LAU)*	+Korlin (OH)	**Rettin (OH)**
Bosau (OH)	Körnick (OH)	*Röbel (OH)*
Großenbrode (OH)	Koselau (OH)	Roge (OH)
Lütjenbrode (OH)	Kossau (PLÖ)	+Rossow (OH)
Brodten (HL)	Köthel (LAU)	*Ruggelin (OH)*
Bröthen (LAU)	Kröß (OH)	Scharbeutz (OH)
Curau (OH)	*Kükelühn (OH)*	Schmoel (PLÖ)
+Dolgen (OH)	*Kulpin (LAU)*	Schwochel (OH)
Dörnick (PLÖ)	+Kulpin (LAU)	+Neu-Schwochel (OH)
Gamal (OH)	**Labenz (LAU)**	*Sibstin (OH)*
Garkau (OH)	*Laboe (PLÖ)*	Stolpe (OH)
Godau (PLÖ)	*Altlauerhof (HL)*	+Thömen (LAU)
Göhl (OH)	Löja (OH)	**Walksfelde (LAU)**
Gold (OH)	+Loyen (LAU)	*Wasbuck (OH)*
Göldenitz (LAU)	*Morest (OH)*	Großwessek (OH)
Görnitz (PLÖ)	*Mustin (LAU)*	Kleinwessek (OH)
Görtz (OH)	*Neuwühren (PLÖ)*	+Widöle (OH)
Göttin (LAU)	*Nüchel (OH)*	Wittmoldt (PLÖ)
Gowens (PLÖ)	*Nüssau (LAU)*	*Witzeeze (LAU)*
Grömitz (OH)	**Padelügge (HL)**	+Wizok (LAU)
Grove (LAU)	Panker (PLÖ)	Wöbs (OH)
Grube (OH)	Passade (PLÖ)	Wotersen (LAU)
Gudow (LAU)	*Plön (PLÖ)*	+*Zuppute (PLÖ)*
+*Gülze (LAU)*	*Plunkau (OH)*	
Gülzow (LAU)	Pogeez (LAU)	
Güster (LAU)	+Wendisch-Pogeez (LAU)	
Guttau (OH)	+*Pölitz (OH)*	

> *mnd. Vokalverengung: /o/ > /u/*
> **mnd. Vokalsenkung: /o/ > /a/**
> *sekundäre semantische Motivierung*

statistische Auswertung

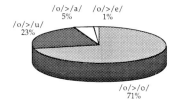

aplb. /u/ > mnd. /u/ <u>, <v>		
+Bucu (HL)	Kühren (PLÖ)	Mucheln (PLÖ)
Niederbüssau (HL)	Kleinkühren (PLÖ)	Padelügge (HL)
Oberbüssau (HL)	Kühsen (LAU)	Plügge (OH)
Dermin (LAU)	Laboe (PLÖ)	*Putlos (OH)*
Groß Disnack (LAU)	Lebatz (OH)	Kleinrolübbe (OH)
Klein Disnack (LAU)	Löptin (PLÖ)	Rülau (LAU)
Drüsen (LAU)	Klein-Löptin (PLÖ)	Rüting (OH)
Eutin (OH)	Lübeck (HL)	Schwartbuck (PLÖ)
Gömnitz (OH)	+Alt-Lübeck (HL)	Süsel (OH)
Guttau (OH)	Lüchow (LAU)	Süssau (OH)
Kaköhl (PLÖ)	Lütau (LAU)	Thürk (OH)
Klötzin (OH)	+Marus (OH)	*Trent (PLÖ)*
Krukow (LAU)	*Mölln (LAU)*	
Kükelühn (OH)	Alt Mölln (LAU)	

mnd. Vokalsenkung: /u/ > /o/

aplb. /u/ > mnd. /y/ <y>, <iu>		
Kalübbe (PLÖ)	Lebrade (PLÖ)	+Lütau (LAU)
Kücknitz (HL)	+Liutcha (PLÖ)	Großrolübbe (PLÖ)

statistische Auswertung

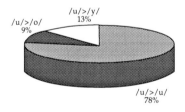

Anhang

aplb. /ą/ > mnd. /an/ <an>		
Altenkrempe (OH)	Grambek (LAU)	Panten (LAU)
Anker (LAU)	Kankelau (LAU)	Sandesneben (LAU)
Klein-Anker (LAU)	Kembs (OH)	Selent (PLÖ)
+Bannau (LAU)	Kembs (PLÖ)	+Tangmer (LAU)
Benz (OH)	Klempau (LAU)	Tramm (LAU)
+Crampesze (PLÖ)	Lankau (LAU)	Tramm (PLÖ)
+Crampove (PLÖ)	+Lanke (PLÖ)	Trent (PLÖ)
Dahme (OH)	Lanken (LAU)	Wandelwitz (OH)
Dahmker (LAU)	+Lanken (OH)	+Wanderoh (OH)
Damlos (OH)	Lanze (LAU)	Wandrerruh (OH)
+Deventze (PLÖ)	Groß Pampau (LAU)	Wangelau (LAU)
Dransau (PLÖ)	Klein Pampau (LAU)	Wangels (PLÖ)
+Glambek (OH)	Panker (PLÖ)	

aplb. /ę/ > mnd. /en/ <en>		
Klenzau (OH)	Lenste (OH)	Kleinschlamin (OH)
Lensahn (OH)	Malente (OH)	Sebent (OH)
Lensahnerhof (OH)	Großschlamin (OH)	

12.1.2 Konsonantismus

aplb. /b/ > mnd. /b/ <b> (Anlaut)		
Bälau (LAU)	Belau (PLÖ)	Bresahn (LAU)
+Bannau (LAU)	Bellin (PLÖ)	Großenbrode (OH)
+Barac (PLÖ)	Benz (OH)	Lütjenbrode (OH)
Bardin (OH)	Beutinerhof (OH)	Brodten (HL)
Barkau (OH)	Bichel (OH)	Bröthen (LAU)
Großbarkau (PLÖ)	Böbs (OH)	+Bucu (HL)
Kirchbarkau (PLÖ)	+Bölkau (LAU)	Bürau (OH)
Kleinbarkau (PLÖ)	+Börse (LAU)	Niederbüssau (HL)
Basedow (LAU)	Bosau (OH)	Oberbüssau (HL)
Behl (PLÖ)	+Bramnes (OH)	

aplb. /b/ > mnd. /b/ <b> (Inlaut)		
Böbs (OH)	Grube (OH)	Röbel (OH)
Farve (OH)	Kalübbe (PLÖ)	Großrolübbe (PLÖ)
+Farwitz (OH)	Karpe (PLÖ)	Kleinrolübbe (OH)
+Glambek (OH)	Laboe (PLÖ)	Sahms (LAU)
Grabau (LAU)	Lebatz (OH)	Scharbeutz (OH)
Grambek (LAU)	Löptin (PLÖ)	Sebent (OH)
Grebin (PLÖ)	Klein-Löptin (PLÖ)	Wasbuck (OH)
Griebel (OH)	Lübeck (HL)	Wöbs (OH)
Grömitz (OH)	+Alt-Lübeck (HL)	
Grove (LAU)	*+Priwitz (OH)*	

mnd. intervokalischer Wechsel: /b/ > /v/

statistische Auswertung

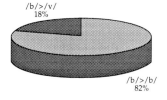

/b/ > /v/ 18%

/b/ > /b/ 82%

Anhang

aplb. /d/ > mnd. /d/ <d> (Anlaut)		
Dahme (OH)	Dermin (LAU)	Dodau (PLÖ)
Dahmker (LAU)	Dersau (PLÖ)	+Dolgen (OH)
Damlos (OH)	+Deventze (PLÖ)	Dörnick (PLÖ)
Dannau (OH)	Groß Disnack (LAU)	Dransau (PLÖ)
Dannau (PLÖ)	Klein Disnack (LAU)	Drüsen (PLÖ)
+Dargenow (LAU)	Dissau (OH)	
Dargow (LAU)	Dodau (OH)	

aplb. /d/ > mnd. /d/ <d> (In-/Auslaut)		
+Bannau (LAU)	Güster (LAU)	Römnitz (LAU)
Bardin (OH)	Köhn (PLÖ)	*Rüting (OH)*
Basedow (LAU)	Lebrade (PLÖ)	Satjewitz (OH)
Großenbrode (OH)	Lenste (OH)	*Sellin (PLÖ)*
Lütjenbrode (OH)	Padelügge (HL)	*Siblin (OH)*
Brodten (HL)	Perdöl (PLÖ)	+Starigard (OH)
Bröthen (LAU)	Plügge (OH)	Wandelwitz (OH)
Dodau (OH)	+Prönau (OH)	+Wanderoh (OH)
Dodau (PLÖ)	*Putlos (OH)*	Wandrerruh (OH)
Gaarz (OH)	Puttgarden (OH)	+Widöle (OH)
Godau (PLÖ)	*Ratekau (OH)*	
Gudow (LAU)	Kleinrolübbe (OH)	

mnd. Auslautverhärtung: /d/ > /t/

statistische Auswertung

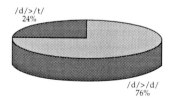

/d/>/t/ 24%

/d/>/d/ 76%

aplb. /g/ > mnd. /g/ <g>, <gh> (Anlaut)		
Gaarz (OH)	Göldenitz (LAU)	Grinau (LAU)
Gamal (OH)	Gömnitz (OH)	Grömitz (OH)
Garkau (OH)	Görnitz (PLÖ)	Grove (LAU)
+Glambek (OH)	Görtz (OH)	Grube (OH)
+Deutsch-Gneningen (OH)	Gowens (PLÖ)	Gudow (LAU)
+Wendisch-Gneningen (OH)	Grabau (LAU)	+Gülze (LAU)
Gnissau (OH)	Grambek (LAU)	Gülzow (LAU)
Godau (PLÖ)	Grebin (PLÖ)	Güster (LAU)
Göhl (OH)	Gremsmühlen (OH)	Guttau (OH)
Gold (OH)	Griebel (OH)	

aplb. /g/ > mnd. /g/ <g>, <gh> (Inlaut)		
+Dargenow (LAU)	Puttgarden (OH)	+Starigard (OH)
Dargow (LAU)	Roge (OH)	*Strecknitz (HL)*
+Dolgen (OH)	+Ruggelin (OH)	*+Tangmer (LAU)*
Padelügge (HL)	Sandesneben (LAU)	Walksfelde (LAU)
Plügge (OH)	Segrahn (LAU)	Wangelau (LAU)
Pogeez (LAU)	+Wendisch-Segrahn (LAU)	Wangels (OH)
+Wendisch-Pogeez (LAU)	Siggeneben (OH)	*Wasbuck (OH)*

mnd. Spirantisierung : /g/ > /ç/
mnd. Auslautverhärtung: /g/ > /k/

statistische Auswertung

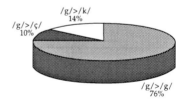

aplb. /p/ > mnd. /p/ <p> (Anlaut)		
Berkenthin (LAU)	Pehmen (PLÖ)	Pratjau (PLÖ)
+Wendisch-Berkenthin (LAU)	Perdöl (PLÖ)	Preetz (PLÖ)
Hobstin (OH)	+Pezeke (LAU)	Presen (PLÖ)
Padelügge (HL)	+Pinnau (LAU)	+Prisow (OH)
Groß Pampau (LAU)	+Plessewitz (PLÖ)	Priwall (HL)
Klein Pampau (LAU)	Plön (PLÖ)	+Prönau (OH)
Panker (PLÖ)	Plügge (OH)	Pülsen (PLÖ)
Panten (LAU)	Plunkau (OH)	Putlos (OH)
Großparin (OH)	Pogeez (LAU)	Puttgarden (OH)
Kleinparin (OH)	+Wendisch-Pogeez (LAU)	Sibstin (OH)
Passade (PLÖ)	+Pölitz (OH)	Trems (HL)
Rastorferpassau (PLÖ)	Pönitz (OH)	
Wittenbergerpassau (PLÖ)	Pötrau (LAU)	

aplb. /p/ > mnd. /p/ <p> (Inlaut)		
Altenkrempe (OH)	Klempau (LAU)	Schwartbuck (PLÖ)
+Crampesze (PLÖ)	Kulpin (LAU)	Sepel (PLÖ)
+Crampove (PLÖ)	+Kulpin (LAU)	Stolpe (OH)
+Cyppin (PLÖ)	Lepahn (PLÖ)	+Zuppute (PLÖ)
Kembs (OH)	Groß Pampau (LAU)	
Kembs (PLÖ)	Klein Pampau (LAU)	

aplb. /t/ > mnd. /t/ <t>, <th> (Anlaut)		
Talkau (LAU)	+Thömen (LAU)	Tramm (PLÖ)
+Tangmer (LAU)	Thürk (OH)	Trent (PLÖ)
Alttechau (OH)	Tralau (PLÖ)	+Treschau (OH)
Neutechau (OH)	Tramm (LAU)	

aplb. /t/ > mnd. /t/ <t>, <th> (In-/Auslaut)		
Berkenthin (LAU)	+Lütau (LAU)	Siblin (OH)
+Wendisch-Berkenthin (LAU)	Malente (OH)	Sibstin (OH)
Beutinerhof (LAU)	Mustin (LAU)	+Starigard (OH)
+Deventze (PLÖ)	Nehmten (PLÖ)	Sterley (LAU)
Eutin (OH)	Panten (LAU)	Stöfs (PLÖ)
Fitzen (LAU)	Pogeez (LAU)	Stolpe (OH)
Göttin (LAU)	+Wendisch-Pogeez (LAU)	+Stove (OH)
Güster (LAU)	Pötrau (LAU)	Strecknitz (HL)
Guttau (OH)	Pratjau (PLÖ)	+Stresow (PLÖ)
Hobstin (OH)	Puttgarden (OH)	Sütel (OH)
Kittlitz (LAU)	Ratekau (OH)	Trent (PLÖ)
Köthel (LAU)	Rathlau (PLÖ)	Wittmoldt (PLÖ)
Laboe (PLÖ)	Rettin (OH)	Wotersen (LAU)
+Liutcha (PLÖ)	Schwartau (OH)	Ziethen (LAU)
Löptin (PLÖ)	Schwartbuck (PLÖ)	+Wendisch-Ziethen (LAU)
Klein-Löptin (PLÖ)	Sebent (OH)	+Zuppute (PLÖ)
Lütau (LAU)	Selent (PLÖ)	

mnd. Lenisierung: /t/ > /d/

statistische Auswertung

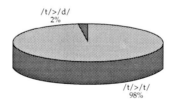

aplb. /k/ > mnd. /k/ <k>, <c> (Anlaut)		
Altenkrempe (OH)	Klempau (LAU)	Kröß (OH)
+Crampesze (PLÖ)	Klenau (OH)	Krukow (LAU)
+Crampove (PLÖ)	Klenzau (OH)	Krüzen (LAU)
Curau (OH)	Klötzin (OH)	Kücknitz (HL)
Giekau (PLÖ)	Kogel (LAU)	Kühren (PLÖ)
+Kakediz (OH)	+Kolatza (LAU)	Kühren (PLÖ)
Kaköhl (PLÖ)	Kollow (LAU)	Kleinkühren (PLÖ)
Kankelau (LAU)	+Korlin (OH)	Kühsen (LAU)
Kassau (OH)	Körnick (OH)	Kükelühn (OH)
Kehrsen (LAU)	Koselau (OH)	Kulpin (LAU)
Kembs (OH)	Kossau (PLÖ)	+Kulpin (LAU)
Kembs (PLÖ)	Köthel (LAU)	
Kittlitz (LAU)	Krokau (PLÖ)	

aplb. /k/ > mnd. /k/ <k>, <c>, <ch>, <ck>, <g>, <gh>, <gk> (In-/Auslaut)		
Anker (LAU)	Krukow (LAU)	Quals (OH)
Klein-Anker (LAU)	Kücknitz (HL)	Ratekau (OH)
Barkau (OH)	Labenz (LAU)	Reecke (HL)
+Bölkau (LAU)	+Lalkau (LAU)	Rettin (OH)
+Bucu (HL)	Lankau (LAU)	Rüting (OH)
Dahmker (LAU)	+Lanke (PLÖ)	Sarkwitz (OH)
Groß Disnack (LAU)	Lanken (PLÖ)	Sarnekow (LAU)
Klein Disnack (LAU)	+Lanken (OH)	Satjewitz (OH)
Dörnick (PLÖ)	+Letzeke (OH)	Selkau (PLÖ)
Garkau (OH)	+Liutcha (PLÖ)	+Deutsch-Selkau (PLÖ)
Giekau (PLÖ)	Lübeck (HL)	Talkau (LAU)
+Glambek (OH)	+Alt-Lübeck (HL)	Thürk (OH)
Görtz (OH)	Malkwitz (OH)	Großwessek (OH)
Grambek (LAU)	+Markwitz (OH)	Kleinwessek (OH)
Jarkau (OH)	+Pezeke (LAU)	+Wizok (LAU)
+Kakediz (OH)	Plunkau (OH)	Zarnekau (OH)
Kankelau (OH)	Pratjau (PLÖ)	
Krokau (PLÖ)	Priwall (HL)	

aplb. /ch/ > mnd. /k/ <c>, <k> (Anlaut)		
Curau (OH)	+Kietz (OH)	+Korlin (OH)
Kaköhl (PLÖ)	Kittlitz (LAU)	Kröß (OH)
Kalübbe (PLÖ)	Niederkleveez (PLÖ)	Kükelühn (OH)
Karpe (PLÖ)	Köhn (PLÖ)	

aplb. /ch/ > mnd. /g/ <g> (Anlaut)		
Garkau (OH)	Göttin (LAU)	Guttau (OH)
Genin (HL)	Gudow (LAU)	

statistische Auswertung

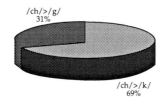

aplb. /ch/ > mnd. /x/ <ch>, <ggh>, <gh>, <gk> (In-/Auslaut)		
Groß Barkau (PLÖ)	Kaköhl (PLÖ)	+Neu-Schwochel (OH)
Klein Barkau (PLÖ)	Kükelühn (OH)	Selkau (PLÖ)
Kirchbarkau (PLÖ)	Mucheln (PLÖ)	+Deutsch-Selkau (PLÖ)
Berkenthin (LAU)	Panker (PLÖ)	Groß Zecher (LAU)
+Wendisch-Berkenthin (LAU)	Sagau (OH)	Klein Zecher (LAU)
Farchau (LAU)	Schwartbuck (PLÖ)	
Fargau (PLÖ)	Schwochel (OH)	

mnd. /x/ > /k/

aplb. /ch/ > mnd. /ç/ <ch> (Inlaut)		
Bichel (OH)	Mechow (LAU)	Alttechau (OH)
Fargemiel (OH)	Nüchel (OH)	Neutechau (OH)
Jarkau (OH)	Kirchnüchel (PLÖ)	
Lüchow (LAU)	Siggen (OH)	

statistische Auswertung

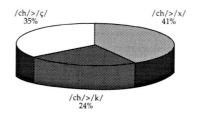

aplb. /m/ > mnd. /m/ <m> (Anlaut)		
Anker (LAU)	+Maselow (OH)	Mölln (LAU)
Klein-Anker (LAU)	Matzwitz (PLÖ)	Alt Mölln (LAU)
Malente (OH)	Neu-Matzewitze (PLÖ)	Morest (OH)
Malkwitz (OH)	+Mazleviz (LAU)	Mucheln (PLÖ)
+Manau (LAU)	Mechow (LAU)	Mustin (LAU)
+Markwitz (OH)	Möhnsen (LAU)	
+Marus (OH)	Moisling (HL)	

aplb. /m/ > mnd. /m/ <m> (In-/Auslaut)		
Cismar (OH)	Salem (LAU)	Siggen (OH)
Dermin (LAU)	+Klein-Salem (LAU)	+Smütze (OH)
Gamal (OH)	Großschlamin (OH)	+Tangmer (LAU)
Gömnitz (OH)	Kleinschlamin (OH)	Trems (HL)
Nehmten (PLÖ)	Schmilau (LAU)	Wittmoldt (PLÖ)
Pehmen (PLÖ)	Schmoel (PLÖ)	
Römnitz (LAU)	Siems (HL)	

aplb. /n/ > mnd. /n/ <n> (Anlaut)		
Nehmten (PLÖ)	Kirchnüchel (PLÖ)	Nusse (LAU)
Nüchel (OH)	Nüssau (LAU)	

aplb. /n/ > mnd. /n/ <n> (In-/Auslaut)		
Altenkrempe (OH)	Kehrsen (LAU)	Plön (PLÖ)
Bardin (OH)	Klenau (OH)	Plunkau (OH)
Bellin (PLÖ)	Klötzin (OH)	Pönitz (OH)
Berkenthin (LAU)	+Korlin (OH)	Presen (OH)
+Wendisch-Berkenthin (LAU)	Körnick (OH)	+Prönau (OH)
Beutinerhof (OH)	Krüzen (LAU)	(Deutsch-)Rantzau (PLÖ)
Bresahn (LAU)	Kükelühn (OH)	(Wendisch-)Rantzau (PLÖ)
Brodten (HL)	Kühren (PLÖ)	Rellin (OH)
Bröthen (LAU)	Kleinkühren (PLÖ)	Rettin (OH)
+Cyppin (PLÖ)	Kulpin (LAU)	+Ruggelin (OH)
Dannau (OH)	+Kulpin (LAU)	Rüting (OH)
Dannau (PLÖ)	Labenz (LAU)	Sahms (LAU)
+Dargenow (LAU)	Langenlehsten (LAU)	Sandesneben (LAU)
Dermin (LAU)	Altlauerhof (HL)	Sarnekow (LAU)
Groß Disnack (LAU)	Lensahn (OH)	Großschlamin (OH)
Klein Disnack (LAU)	Lensahnerhof (OH)	Kleinschlamin (OH)
Körnick (PLÖ)	Lepahn (PLÖ)	Schlesen (PLÖ)
Eutin (OH)	Linau (LAU)	Schwonau (PLÖ)
Fahren (PLÖ)	Linow (PLÖ)	Segrahn (LAU)
Fitzen (LAU)	Löptin (PLÖ)	+Wendisch-Segrahn (LAU)
Genin (HL)	+Klein-Löptin (PLÖ)	Sellin (PLÖ)
+Deutsch-Gneningen (OH)	+Loyen (LAU)	Siblin (OH)
+Wendisch-Gneningen (OH)	+Manau (LAU)	Sibstin (OH)
Gnissau (OH)	Möhnsen (LAU)	Siggeneben (OH)
Göldenitz (LAU)	Mölln (LAU)	Söhren (OH)
Görnitz (PLÖ)	Alt Mölln (LAU)	Strecknitz (HL)
Göttin (PLÖ)	Mustin (LAU)	+Thömen (LAU)
Gowens (PLÖ)	Neuwühren (PLÖ)	+Vellin (OH)
Grebin (PLÖ)	Panten (LAU)	Warnau (PLÖ)
Grinau (LAU)	Großparin (OH)	Wielen (PLÖ)
Grömitz (OH)	Kleinparin (OH)	Zarnekau (OH)
Hobstin (OH)	Pehmen (PLÖ)	Ziethen (LAU)
Jasen (OH)	Pinnau (LAU)	+Wendisch-Ziethen (LAU)

Anhang   XIX

aplb. /l/ > mnd. /l/ <l> (Anlaut)		
Labenz (LAU)	Neulauerhof (HL)	+Liutcha (PLÖ)
Laboe (PLÖ)	Lebatz (OH)	Löja (PLÖ)
+Lalkau (LAU)	Lebrade (PLÖ)	Löptin (PLÖ)
Langenlehsten (LAU)	Lensahn (OH)	Klein-Löptin (PLÖ)
Lankau (LAU)	Lensahnerhof (OH)	+Loyen (LAU)
+Lanke (PLÖ)	Lenste (OH)	Lübeck (HL)
Lanken (LAU)	Lepahn (PLÖ)	+Alt-Lübeck (HL)
+Lanken (OH)	+Letzeke (OH)	Lüchow (LAU)
Lanze (LAU)	Linau (LAU)	Lütau (LAU)
Altlauerhof (HL)	+Linow (PLÖ)	+Lütau (LAU)

aplb. /l/ > mnd. /l/ <l> (In-/Auslaut)		
Bälau (LAU)	Koselau (OH)	Kleinrolübbe (PLÖ)
Behl (PLÖ)	Kücknitz (HL)	Römnitz (LAU)
Belau (PLÖ)	Kükelühn (OH)	+Ruggelin (OH)
Bellin (PLÖ)	Kulpin (LAU)	Rülau (LAU)
Beutinerhof (OH)	+Kulpin (LAU)	Salem (LAU)
Bichel (OH)	+Lalkau (LAU)	+Klein-Salem (LAU)
+Bölkau (LAU)	Malente (OH)	+Deutsch-Salzau (PLÖ)
Damlos (OH)	Malkwitz (OH)	Salzau (PLÖ)
+Dolgen (OH)	+Maselow (OH)	Großschlamin (OH)
Fargemiel (OH)	+Mazleviz (LAU)	Kleinschlamin (OH)
Gamal (OH)	Moisling (HL)	Schlesen (PLÖ)
+Glambek (OH)	Mölln (LAU)	Schmilau (LAU)
Göhl (OH)	Alt Mölln (LAU)	Schmoel (PLÖ)
Gold (OH)	Mucheln (PLÖ)	Schwochel (OH)
Göldenitz (LAU)	Nüchel (OH)	+Neu-Schwochel (OH)
Griebel (OH)	Kirchnüchel (PLÖ)	Selent (PLÖ)
+Gülze (LAU)	Padelügge (HL)	+Deutsch-Selkau (PLÖ)
Gülzow (LAU)	Perdöl (PLÖ)	Selkau (PLÖ)
Kaköhl (PLÖ)	+Plessewitz (PLÖ)	Sellin (PLÖ)
Kalübbe (PLÖ)	Plön (PLÖ)	Sterley (LAU)
Kankelau (LAU)	Plügge (OH)	Stolpe (OH)
Kittlitz (LAU)	Plunkau (OH)	Süsel (OH)
Klempau (LAU)	+Pölitz (OH)	Sütel (OH)
Klenau (OH)	Priwall (HL)	Talkau (LAU)
Klenzau (OH)	Pülsen (PLÖ)	Tralau (PLÖ)
Niederkleveez (PLÖ)	Putlos (OH)	+Vellin (OH)
Klötzin (OH)	Quaal (OH)	Walksfelde (LAU)
Kogel (PLÖ)	Quals (OH)	Wandelwitz (OH)
+Kolatza (LAU)	Rathlau (PLÖ)	Wangelau (OH)
Kollow (LAU)	Rellin (OH)	Wangels (OH)
+Korlin (OH)	Großrolübbe (PLÖ)	Wielen (PLÖ)

aplb. /r/ > mnd. /r/ <r> (Anlaut)		
(Deutsch-)Rantzau (PLÖ)	Rettin (OH)	Römnitz (LAU)
(Wendisch-)Rantzau (PLÖ)	Ritzerau (LAU)	+ Rossow (OH)
Ratekau (OH)	Röbel (OH)	+ Ruggelin (OH)
Rathlau (PLÖ)	Roge (OH)	Rülau (LAU)
Reecke (HL)	Großrolübbe (PLÖ)	Rüting (OH)
Rellin (OH)	Kleinrolübbe (OH)	

aplb. /r/ > mnd. /r/ <r> (In-/Auslaut)		
Altenkrempe (OH)	Görtz (OH)	Presen (OH)
Anker (LAU)	Grabau (LAU)	+Prisow (OH)
Klein-Anker (LAU)	Grambek (LAU)	Priwall (HL)
+Barac (PLÖ)	Grebin (PLÖ)	+Priwitz (OH)
Bardin (OH)	Gremsmühlen (OH)	+Prönau (OH)
Barkau (OH)	Griebel (OH)	Puttgarden (OH)
Großbarkau (PLÖ)	Grinau (LAU)	Ritzerau (LAU)
Kirchbarkau (PLÖ)	Grömitz (OH)	Groß Sarau (LAU)
Kleinbarkau (PLÖ)	Grove (LAU)	Klein Sarau (LAU)
Berkenthin (LAU)	Grube (OH)	Sarkwitz (LAU)
+Wendisch-Berkenthin (LAU)	Güster (LAU)	Sarnekow (LAU)
+Börse (LAU)	Jarkau (OH)	Scharbeutz (OH)
+Bramnes (OH)	Kalübbe (PLÖ)	Schwartau (OH)
Bresahn (LAU)	Karpe (PLÖ)	Schwartbuck (PLÖ)
Großenbrode (OH)	Kassau (OH)	Segrahn (LAU)
Lütjenbrode (OH)	Kehrsen (LAU)	+Wendisch-Segrahn (LAU)
Brodten (HL)	+Korlin (OH)	Sereetz (OH)
Bröthen (LAU)	Körnick (OH)	Sierhagen (OH)
Bürau (OH)	Krokau (PLÖ)	Söhren (OH)
Cismar (OH)	Kröß (OH)	+Starigard (OH)
+Crampesze (PLÖ)	Krukow (LAU)	Sterley (LAU)
+Crampove (PLÖ)	Krüzen (LAU)	Strecknitz (HL)
Curau (OH)	Kühren (PLÖ)	+Stresow (PLÖ)
+Dargenow (LAU)	Kühren (PLÖ)	+Tangmer (LAU)
Dargow (LAU)	Kleinkühren (PLÖ)	Thürk (OH)
Dersau (PLÖ)	Lebrade (PLÖ)	Tralau (PLÖ)
Dörnick (PLÖ)	+Markwitz (OH)	Tramm (LAU)
Dransau (PLÖ)	+Marus (OH)	Tramm (PLÖ)
Drüsen (PLÖ)	Morest (OH)	Trems (HL)
Fahren (PLÖ)	Neuwühren (PLÖ)	Trent (PLÖ)
Farchau (PLÖ)	Panker (PLÖ)	+Treschau (OH)
Fargau (PLÖ)	Großparin (OH)	+Wanderoh (OH)
Fargemiel (OH)	Kleinparin (OH)	Wandrerruh (OH)
Farve (OH)	Rastorferpassau (PLÖ)	Warnau (PLÖ)
+Farwitz (OH)	Wittenbergerpassau (PLÖ)	Wotersen (LAU)
Gaarz (OH)	Perdöl (PLÖ)	Zarnekau (OH)
Garkau (OH)	Pötrau (LAU)	Groß Zecher (LAU)
+Gerwitz (PLÖ)	Pratjau (PLÖ)	Klein Zecher (LAU)
Görnitz (PLÖ)	Preetz (PLÖ)	

Anhang

aplb. /j/ > mnd. /j/ <j>, <gh> (Anlaut)		
+Gerwitz (PLÖ)	Jasen (OH)	
Jarkau (OH)	Neuwühren (PLÖ)	

aplb. /j/ > mnd. /j/ <y>, <g> (Inlaut)		
Löja (OH)	Loyen (LAU)	Siggeneben (OH)

aplb. /v/ > mnd. /u̯/, /v/ <w> (Anlaut)		
Walksfelde (LAU)	Warnau (PLÖ)	Wittmoldt (PLÖ)
Wandelwitz (OH)	Wasbuck (OH)	Witzeeze (LAU)
+Wanderoh (OH)	Großwessek (OH)	+Wizok (LAU)
Wandrerruh (OH)	Kleinwessek (OH)	Wöbs (OH)
Wangelau (LAU)	Wielen (PLÖ)	Wotersen (LAU)
Wangels (OH)	+Widöle (OH)	

aplb. /v/ > mnd. /v/, /f/ <v>, nhd. <f> (Anlaut)		
Fahren (PLÖ)	Fargemiel (OH)	Fissau (OH)
Farchau (LAU)	Farve (OH)	Fitzen (LAU)
Fargau (PLÖ)	+Farwitz (OH)	+Vellin (OH)

statistische Auswertung

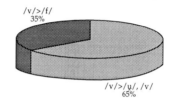

/v/>/f/ 35%

/v/>/u̯/, /v/ 65%

aplb. /v/ > mnd. /v/ <u>, <v>, <w> (Inlaut)[2]		
Benz (OH)	+Markwitz (OH)	Schwartau (OH)
+Deventze (PLÖ)	Matzwitz (PLÖ)	Schwartbuck (PLÖ)
+Gerwitz (PLÖ)	Neu-Matzewitze (PLÖ)	Schwochel (OH)
Gowens (PLÖ)	+Mazleviz (LAU)	+Neu-Schwochel (OH)
+Kakediz (OH)	Neuwühren (PLÖ)	Schwonau (OH)
Niederkleveez (PLÖ)	+Plessewitz (PLÖ)	Sierhagen (OH)
Kogel (LAU)	Priwall (HL)	Siggeneben (OH)
Labenz (LAU)	Sandesneben (LAU)	Stöfs (PLÖ)
Altlauerhof (HL)	Sarkwitz (OH)	Wandelwitz (OH)
Malkwitz (OH)	Satjewitz (OH)	

---

2 Die Auswertung der Phonemsubstitution von aplb. /v/ erfolgt ohne Berücksichtigung des altpolabischen Topoformanten {ov}.

aplb. /c/ > mnd. /ts/ <c>, <s>, <tz> (Anlaut)		
Cismar (OH)	Sarkwitz (OH)	Sereetz (OH)
+Cyppin (PLÖ)	Sellin (PLÖ)	Siblin (OH)

aplb. /c/ > mnd. /ts/ <c>, <z>, <tz>, <cz>, <csz>, <sc>, <ss>, <sz>, <ts>, <zt> (Inlaut)		
Böbs (OH)	Kembs (OH)	Pülsen (PLÖ)
Cismar (OH)	Kembs (PLÖ)	(Deutsch-)Rantzau (PLÖ)
+Crampesze (PLÖ)	Niederkleveez (PLÖ)	(Wendisch-)Rantzau (PLÖ)
+Deventze (PLÖ)	Kücknitz (HL)	Ritzerau (LAU)
+Farwitz (OH)	Lanze (LAU)	Sahms (LAU)
Gaarz (OH)	*Lübeck (HL)*	Sarkwitz (OH)
+Gerwitz (PLÖ)	+Alt-Lübeck (HL)	Scharbeutz (OH)
Göldenitz (LAU)	Malkwitz (OH)	Siems (HL)
Gömnitz (PLÖ)	+Markwitz (OH)	Stöfs (PLÖ)
Görnitz (PLÖ)	Matzwitz (PLÖ)	Strecknitz (HL)
Gowens (PLÖ)	+Neu-Matzevitze (PLÖ)	Trems (HL)
Gremsmühlen (OH)	+Mazleviz (LAU)	Wandelwitz (OH)
Grömitz (OH)	+Plessewitz (PLÖ)	Wangels (OH)
+Gülze (LAU)	Pönitz (OH)	Wöbs (OH)
Gülzow (LAU)	Presen (OH)	
+Kakediz (OH)	+Priwitz (OH)	

aplb. /c/ > mnd. /s/
aplb. /c/ > mnd. /k/

statistische Auswertung

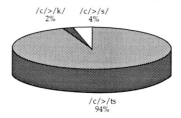

aplb. /č/ > mnd. /ts/ <sc>, <ts> (Anlaut)		
Sarnekow (LAU)	Groß Zecher (LAU)	
Zarnekau (OH)	Klein Zecher (LAU)	

aplb. /č/ > mnd. /ts/ <ts>, <tz>, <c>, <cz>, <s>, <z> (In-/Auslaut)		
+Barac (PLÖ)	+Kolatza (LAU)	Preetz (PLÖ)
Kassau (OH)	Kühsen (LAU)	+Smütze (OH)
+Kietz (OH)	Lanze (LAU)	Witzeeze (LAU)
Klenzau (OH)	Matzwitz (PLÖ)	Wotersen (LAU)
Klötzin (OH)	Neu-Matzevitze (PLÖ)	

Anhang

aplb. /s/ > mnd. /ts/ <c>, <s>, <sz>, <tz>, <z> {vor Vokal} (Anlaut)		
+Cyppin (PLÖ)	Siblin (OH)	+Wendisch-Ziethen (LAU)
Sellin (PLÖ)	Siems (HL)	+Zuppute (PLÖ)
Sereetz (OH)	Ziethen (LAU)	

aplb. /s/ > mnd. /s/ <s>, <z> {vor Vokal} (Anlaut)		
Sandesneben (LAU)	Siggeneben (OH)	Sütel (OH)
Satjewitz (OH)	Süssau (OH)	

aplb. /s/ > mnd. /ś/ > /ʃ/ <s>, <z> {vor /l/, /m/, /t/, /w/} (Anlaut)		
Scharbeutz (OH)	+Smütze (OH)	Strecknitz (HL)
Großschlamin (OH)	+Starigard (OH)	+Stresow (PLÖ)
Kleinschlamin (OH)	Sterley (LAU)	Schwartau (OH)
Schlesen (PLÖ)	Stöfs (PLÖ)	Schwartbuck (PLÖ)
Schmilau (LAU)	Stolpe (OH)	Schwochel (OH)
Schmoel (PLÖ)	+Stove (OH)	+Neu-Schwochel (OH)

aplb. /s/ > mnd. /s/ <s>, <z>, <ss>, <sc>, <zs> (Inlaut)		
Güster (LAU)	+Mazleviz (LAU)	Presen (OH)
Hobstin (OH)	Moisling (HL)	+Prisow (OH)
Jasen (OH)	Mustin (LAU)	Römnitz (OH)
Kehrsen (LAU)	Nüssau (LAU)	+Rossow (OH)
Kossau (PLÖ)	Nusse (LAU)	Sibstin (OH)
+Maselow (OH)	Passade (PLÖ)	+Treschau (OH)

aplb. /s/ > mnd. /ts/ <c>, <tz>, <sc>, <ts>, <z> (Inlaut)		
Görtz (OH)	Labenz (LAU)	+Pölitz (OH)
Kassau (OH)	+Letzeke (OH)	Witzeeze (LAU)
Kühsen (LAU)	+Pezeke (LAU)	

statistische Auswertung

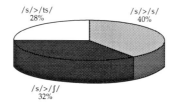

aplb. /š/ > mnd. /ś/ > /ʃ/ <s>, <z>, <ss>, <sch>, <sh>, <sz>, <zz> (Inlaut)		
Benz (OH)	Kröß (OH)	+Rossow (OH)
Niederbüssau (HL)	+Marus (OH)	Salzau (PLÖ)
Oberbüssau (HL)	Möhnsen (LAU)	+Deutsch-Salzau (PLÖ)
Groß Disnack (LAU)	Morest (OH)	+Stresow (PLÖ)
Klein Disnack (LAU)	Rastorferpassau (PLÖ)	Süssau (OH)
Dissau (OH)	+Plessewitz (PLÖ)	Wasbuck (OH)
Fissau (OH)	+Prisow (OH)	
Gnissau (OH)	Quals (OH)	

aplb. /š/ > mnd. /ts/ <ts>, <tz>, <c>, <z> (Inlaut)		
Fitzen (LAU)	Kühsen (LAU)	(Wendisch-)Rantzau (PLÖ)
Gülzow (LAU)	Wittenbergerpassau (PLÖ)	
Krüzen (LAU)	(Deutsch-)Rantzau (PLÖ)	

statistische Auswertung

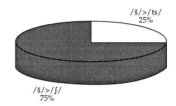

aplb. /šč/ > mnd. /st/ <st> (Inlaut)		
+Börse (LAU)	Langenlehsten (LAU)	*Walksfelde (LAU)*
Kittlitz (LAU)	Lenste (OH)	

Verschreibung

aplb. /z/ > mnd. /z/ <s>, <z> (Anlaut)		
Sagau (OH)	Segrahn (LAU)	Sepel (PLÖ)
Schwonau (OH)	+Wendisch-Segrahn (LAU)	

aplb. /z/ > mnd. /ts/

aplb. /z/ > mnd. /z/ <s>, <z> (Inlaut)		
Basedow (LAU)	Koselau (OH)	Lensahnerhof (OH)
Damlos (OH)	Lensahn (OH)	*Schlesen (PLÖ)*

sekundäre semantische Motivierung

aplb. /ž/ > mnd. /z/ <s>, <z> (Anlaut)		
Sagau (OH)	Groß Sarau (LAU)	Sierhagen (OH)
Sahms (LAU)	Klein Sarau (LAU)	Siggen (OH)
Salem (LAU)	Sebent (OH)	Söhren (OH)
+Klein-Salem (LAU)	Selent (OH)	Süsel (OH)
+Deutsch-Salzau (PLÖ)	Selkau (PLÖ)	
Salzau (PLÖ)	+Deutsch-Selkau (PLÖ)	

aplb. /ž/ > mnd. /z/ <s>, <z> (Inlaut)		
Bresahn (LAU)	Dransau (PLÖ)	+Stresow (PLÖ)
Bosau (OH)	Drüsen (PLÖ)	Süsel (OH)
Dersau (PLÖ)	Putlos (OH)	

12.2 Morphemische Integration

Methodische Vorbemerkung

In der folgenden Auswertung der morphemischen Integration der altpolabischen Toponyme ins mittelniederdeutsche onymische System geht es vornehmlich darum zu zeigen, durch welche Prozesse die Substrattoponyme an die Morphologie – und zwar im besonderen an die Wortbildung – der genuin deutschen Toponyme adaptiert werden und inwiefern aus diesem Integrationsprozeß sowohl Interferenzen für das mittelniederdeutsche als auch für das altpolabische topomorphemische System resultieren.

In Bezug auf die morphemische Adaptation sind die folgenden Subklassen zu differenzieren:

1. Simplizia
2. Komposita
2.1 Adaptation an genuin deutsche Ortsnamengrundwörter im Zweitglied
2.2 Adaptation an genuin deutsche appellativische Grundwörter im Zweitglied
3. Derivate
3.1 Adaptation an genuin deutsche toponymische Derivationsglieder
3.2 Adaptation an genuin deutsche Flexionsmorpheme
3.3 Adaptation an genuin deutsche appellativische Derivationsmorpheme
3.4 Generierung von Lehnsuffixen
3.5 Unikale Morpheme

Die altpolabischen Toponyme, die für den jeweiligen Integrationstypus konstitutiv sind, werden unter dem entsprechenden Gliederungspunkt in ihrer neuhochdeutschen Namenform tabellarisch erfaßt. Dabei sind Mehrfachnennungen möglich, da einige Toponyme integrativ bzw. postintegrativ einen Grundwort- bzw. Topoformantenwechsel vollziehen, z.B. *Beutinerhof* (OH). Der Zusatz in Klammern belegt, aus welchem Landkreis das Oikonym stammt.

Die in der Subklasse 3.4 kursivierten Toponyme repräsentieren Ortsnamen, die an diese Lehnsuffixe attrahiert sind, d.h. genuin nicht in diese Klasse gehören. Das prozentuale Verhältnis der attrahierten Toponyme zu den für diese Subklasse genuin konstitutiven Oikonymen wird jeweils angegeben.

Abschließend werden die prozentualen Verhältnisse der folgenden Integrationsmodelle statistisch ermittelt: 1. Simplizia – Komposita – Derivate, 2. Subklassen der kompositiven Integration, 3. Subklassen der derivativen Integration. Dabei ist anzumerken, daß als Simplizia ausschließlich diejenigen postintegrativen Ortsnamen gewertet werden, für die diachron keine binäre Struktur dokumentiert ist, z.B. *Göhl* (OH) < 1652 *Goell* < aplb. **Gol'a*; hingegen werden Toponyme wie *Böbs* (OH) < 1351 *Bobitze* < aplb. **Bobici*, die nur neuhochdeutsch eine kontrahierte Namenform dokumentieren, in der entsprechenden Kategorie der binär strukturierten Oikonyme subsumiert.

Für die Auswertung der morphemischen Integration der altpolabischen Substrattoponyme wird die jeweils neuhochdeutsche Namenform zugrundegelegt, wenngleich ebenfalls der diachronen, integrativen und postintegrativen Entwicklung der altpolabischen Toponyme Rechnung getragen wird.

Eine statistische Auswertung der integrativen sowie postintegrativen Entwicklung der produktiven altpolabischen Topomorpheme {(ov)ici}/{ica/ice}, {in}/{ina/iny} und {ov} rundet die Analyse der morphemischen Integration ab. Die in dieser Auflistung kursivierten bzw. fett gedruckten Toponyme dokumentieren eine von der integrativen Haupttendenz abweichende Adaptation.

Anhang   XXIX

12.2.1   Simplizia

Behl (PLÖ)	Plön (PLÖ)	Tramm (LAU)
Göhl (OH)	Preetz (PLÖ)	Tramm (PLÖ)
Gold (OH)	Quaal (OH)	Trent (PLÖ)
+Kietz (OH)	Schmoel (PLÖ)	
Kröß (OH)	Thürk (OH)	

12.2.2   Kompositia

1. Genuin deutsches Ortsnamengrundwort als Zweitglied

{au}		
Bälau (LAU)	Grinau (LAU)	(Deutsch-)Rantzau (PLÖ)
+Bannau (LAU)	Guttau (OH)	(Wendisch-)Rantzau (PLÖ)
Barkau (OH)	Jarkau (OH)	Ratekau (OH)
Großbarkau (PLÖ)	Kankelau (LAU)	Rathlau (OH)
Kirchbarkau (PLÖ)	Kassau (PLÖ)	Ritzerau (LAU)
Kleinbarkau (PLÖ)	Klempau (LAU)	Rülau (LAU)
Belau (PLÖ)	Klenau (OH)	Sagau (OH)
+Bölkau (LAU)	Klenzau (OH)	+Deutsch-Salzau (PLÖ)
Bosau (OH)	Koselau (OH)	Salzau (PLÖ)
Bürau (OH)	Kossau (PLÖ)	Groß Sarau (LAU)
Niederbüssau (HL)	Krokau (PLÖ)	Klein Sarau (LAU)
Oberbüssau (HL)	+Lalkau (LAU)	Schmilau (LAU)
Curau (OH)	Lankau (LAU)	Schwartau (OH)
Dannau (OH)	Linau (LAU)	Schwanau (OH)
Dannau (PLÖ)	Lütau (LAU)	+Deutsch-Selkau (PLÖ)
Dersau (PLÖ)	+Manau (LAU)	Selkau (PLÖ)
Dissau (OH)	Nüssau (LAU)	Süssau (OH)
Dodau (OH)	Groß Pampau (LAU)	Alttechau (OH)
Dransau (PLÖ)	Klein Pampau (LAU)	Neutechau (OH)
Farchau (LAU)	Rastorferpassau (PLÖ)	Tralau (PLÖ)
Fissau (OH)	Wittenbergerpassau (PLÖ)	+Treschau (OH)
Garkau (OH)	+Pinnau (LAU)	Wangelau (LAU)
Giekau (PLÖ)	Plunkau (OH)	Warnau (PLÖ)
Gnissau (OH)	Pötrau (LAU)	Zarnekau (OH)
Godau (PLÖ)	Pratjau (PLÖ)	
Grabau (LAU)	+Prönau (OH)	

/ove/ und /ow/ als Allomorphe zu {au}		
Basedow (LAU)	Kollow (LAU)	+Prisow (OH)
+Crampove (PLÖ)	Krukow (LAU)	+Rossow (OH)
+Dargenow (LAU)	+Linow (PLÖ)	Sarnekow (LAU)
Dargow (LAU)	Lüchow (LAU)	+Stresow (PLÖ)
Gudow (LAU)	+Maselow (OH)	
Gülzow (LAU)	Mechow (LAU)	

/u/ als Allomorph zu {au}	/a/ als Allomorph zu {au}
+Bucu (HL)	Löja (OH)

{bach}	{dorf}	{feld}
+Glambek (OH)	Kittlitz (LAU) (15. Jh.)	Walksfelde (LAU)
Grambek (LAU)		
Lübeck (HL)		
+Alt-Lübeck (HL)		

{hagen}	{hof}	{mühle}
Sierhagen (OH)	Beutinerhof (OH)	Fargemiel (OH)
	Altlauerhof (HL)	Gremsmühlen (OH)
	Neulauerhof (HL)	+Lütau (LAU) (14. Jh.)
	Lensahnerhof (OH)	

{rode}	{see}	{wurt/wort}
Güster (LAU) (13. Jh.)	Gowens (15. Jh.)	Neuwühren (PLÖ)
Lebrade (OH)		
+Wanderoh (OH)		
Wandrerruh (OH)		

Lehnschöpfungen		
Beutinerhof (OH)	Kittlitz (LAU)	Lensahnerhof (OH)
Gremsmühlen (OH)	Altlauerhof (HL)	+Lütau (LAU)
Gowens (PLÖ)	Neulauerhof (HL)	Walksfelde (LAU)

2. Genuin deutsches appellativisches Grundwort als Zweitglied

{meer}	{garten}	{wall}
Cismar (OH)	Puttgarden (OH)	Priwall (HL)
+Tangmer (LAU)		

Komposition

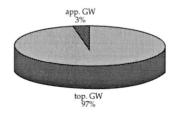

app. GW 3%

top. GW 97%

Anhang   XXXI

12.2.3 Derivation

1. Genuin deutsches toponymisches Derivationsmorphem im Zweitglied

{ing(en)} (5%)[3]		
+Deutsch-Gneningen (OH)	Moisling (HL)	
+Wendisch-Gneningen (OH)	Rüting (OH)	

2. Genuin deutsches Flexionsmorphem im Zweitglied

{e} (29%)		
Altenkrempe (OH)	Lanze (LAU)	Kleinrolübbe (OH)
Großenbrode (OH)	Malente (OH)	+Smütze (OH)
Lütjenbrode (OH)	Nusse (LAU)	Stolpe (OH)
Farve (OH)	Padelügge (HL)	+Stove (OH)
Grove (LAU)	Passade (PLÖ)	+Widöle (OH)
Grube (OH)	Plügge (OH)	+Zuppute (PLÖ)
Kalübbe (PLÖ)	Reecke (HL)	
Karpe (PLÖ)	Roge (OH)	
+Lanke (PLÖ)	Großrolübbe (PLÖ)	

{(e)n} (40%)		
Brodten (HL)	Kühsen (LAU)	Presen (OH)
Bröthen (LAU)	Langenlehsten (LAU)	Pülsen (PLÖ)
+Dolgen (OH)	Lanken (LAU)	Sandesneben (LAU)
Drüsen (PLÖ)	+Lanken (OH)	Schlesen (PLÖ)
Fahren (PLÖ)	+Loyen (LAU)	Siggen (OH)
Jasen (OH)	Möhnsen (LAU)	Siggeneben (OH)
Kehrsen (LAU)	Mölln (LAU)	Söhren (OH)
Köhn (PLÖ)	Alt Mölln (LAU)	+Thömen (LAU)
Krüzen (LAU)	Mucheln (PLÖ)	Wielen (PLÖ)
Kükelühn (OH)	Nehmten (PLÖ)	Wotersen (LAU)
Kühren (PLÖ)	Neuwühren (PLÖ)	Ziethen (LAU)
Kühren (PLÖ)	Panten (LAU)	+Wendisch-Ziethen (LAU)
Kleinkühren (PLÖ)	Pehmen (PLÖ)	

3. Genuin deutsches appellativisches Derivationsmorphem im Zweitglied

{el} (14%)		
Bichel (OH)	Nüchel (OH)	+Neu-Schwochel (OH)
Griebel (OH)	Kirchnüchel (OH)	Sepel (PLÖ)
Kogel (LAU)	Röbel (OH)	Süsel (OH)
Köthel (LAU)	Schwochel (OH)	Sütel (OH)

---

[3] Diese Prozentangaben haben als Basis: ‚an genuin deutsche Derivationsglieder attrahierte Toponyme' (= 100 %).

{er} (10%)		
Anker (LAU)	Güster (LAU)	Klein Zecher (LAU)
+Klein-Anker (LAU)	Panker (PLÖ)	
Dahmker (LAU)	Groß Zecher (LAU)	

{los} (2%)
Damlos (OH)
Putlos (OH)

4. Lehnsuffixe

{in}		
Bardin (PLÖ)	Grebin (PLÖ)	Kleinparin (OH)
Bellin (PLÖ)	*Hobstin (OH)*	Rellin (OH)
Berkenthin (LAU)	Klötzin (OH)	Rettin (OH)
+Wendisch-Berkenthin (LAU)	+Korlin (OH)	+Ruggelin (OH)
Beutinerhof (OH)	Kulpin (LAU)	*Großschlamin (OH)*
+Cyppin (PLÖ)	+Kulpin (LAU)	*Kleinschlamin (OH)*
Dermin (LAU)	Löptin (PLÖ)	Sellin (PLÖ)
Eutin (OH)	Klein-Löptin (PLÖ)	Siblin (OH)
Genin (HL)	Mustin (LAU)	*Sibstin (OH)*
Göttin (LAU)	Großparin (OH)	+Vellin (OH)

13% attrahiert

{itz}		
+Farwitz (OH)	Kücknitz (HL)	+Priwitz (OH)
Fitzen (LAU)	Malkwitz (OH)	*Römnitz (LAU)*
+Gerwitz (PLÖ)	+Markwitz (OH)	Sarkwitz (OH)
Göldenitz (LAU)	Matzwitz (PLÖ)	Satjewitz (OH)
Gömnitz (OH)	+Neu-Matzewitz (PLÖ)	Strecknitz (HL)
Görnitz (PLÖ)	+Plessewitz (PLÖ)	Wandelwitz (OH)
Grömitz (OH)	*+Pölitz (OH)*	
Kittlitz (LAU)	*Pönitz (OH)*	

Allomorphe zu {itz}			
/s/	/(i,e)z/	/tz/	/sz/
Böbs (OH)	Benz (OH)	+Deventze (PLÖ)	+Crampesze (PLÖ)
Gowens (PLÖ)	+Brammerviz (PLÖ)	*Görtz (OH)*	
Kembs (OH)	*Gaarz (OH)*		
Kembs (PLÖ)	+Gülze (LAU)		
Quals (OH)	+Kakediz (OH)		
Sahms (LAU)	+Mazleviz (LAU)		
Siems (HL)			
Stöfs (PLÖ)			
Trems (PLÖ)			
Wangels (OH)			
Wöbs (OH)			

20% attrahiert

Anhang

{ahn}	{eez}	{(t)z/seke}
Bresahn (LAU)	Niederkleveez (PLÖ)	Labenz (LAU)
Lensahn (OH)	Oberkleveez (PLÖ)	+Letzeke (OH)
Lensahnerhof (OH)	*Pogeez (LAU)*	+Pezeke (LAU)
Lepahn (PLÖ)	*Sereetz (OH)*	
Segrahn (LAU)	*+Wendisch-Pogeez (LAU)*	
+Wendisch-Segrahn (LAU)	*Witzeeze (LAU)*	

{buck}	{ent(e)}	{nick} /nack/
Schwartbuck (PLÖ)	Malente (OH)	Groß Disnack (LAU)
Wasbuck (OH)	Sebent (PLÖ)	Klein Disnack (LAU)
	Selent (OH)	Dörnick (PLÖ)
		Körnick (OH)

{(i)st(e)}
+Börse (LAU)
Lenste (OH)

5. Unikale Morpheme

{ac}	+Barac (PLÖ)
{batz}	Lebatz (OH)
{beutz}	Scharbeutz (OH)
{gard}	+Starigard (OH)
{köhl}	Kaköhl (PLÖ)
{mal}	Gamal (OH)
{moldt}	Wittmoldt (PLÖ)
{oe}	Laboe (PLÖ)
{us}	Marus (OH)
{tza}	+Kolatza (LAU)
{zok}	+Wizok (LAU)

Derivation

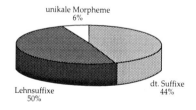

Prozentuales Verhältnis der Wortbildungstypen

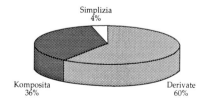

12.2.4 Postintegrative Topomorpheme von aplb. {(ov)ici}/{ica/ice}, {in}/{ina/iny} und {ov}

aplb. {(ov)ici}, {ica/ice}		
Benz (OH)	+Kakediz (OH)	*Presen (OH)*
Böbs (OH)	Kembs (OH)	+Priwitz (OH)
Brammerviz (PLÖ)	Kembs (PLÖ)	*Pülsen (PLÖ)*
+Crampesze (PLÖ)	*Lanze (LAU)*	Sahms (LAU)
+Deventze (PLÖ)	Kittlitz (LAU)	Sarkwitz (OH)
+Farwitz (OH)	Kücknitz (HL)	Satjewitz (OH)
+Gerwitz (PLÖ)	Malkwitz (OH)	Siems (HL)
+Deutsch-Gneningen (OH)	+Markwitz (OH)	Stöfs (PLÖ)
+Wendisch-Gneningen (OH)	Matzwitz (PLÖ)	Strecknitz (HL)
Göldenitz (LAU)	+Neu-Matzewitz (PLÖ)	Trems (PLÖ)
Görnitz (PLÖ)	+*Mazleviz (LAU)*	Wandelwitz (OH)
Grömitz (OH)	*Moisling (HL)*	Wangels (OH)
+*Gülze (LAU)*	+*Plessewitz (PLÖ)*	

an {ing(en)} attrahiert
an {e}, {en} attrahiert

aplb. {(ov)ici}, {ica/ice}

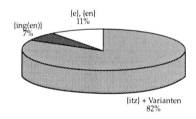

{ing(en)} 7%
{e}, {en} 11%
{itz} + Varianten 82%

aplb. {in}, {ina/iny}		
Altenkrempe (OH)	Göttin (LAU)	Klein-Löptin (PLÖ)
Bardin (OH)	Grebin (PLÖ)	Mustin (LAU)
Bellin (PLÖ)	*Kehrsen (LAU)*	*Panten (PLÖ)*
Berkenthin (LAU)	Klötzin (OH)	Groß Parin (OH)
+Wendisch-Berkenthin (LAU)	+Korlin (OH)	Klein Parin (OH)
Beutinerhof (OH)	*Krüzen (LAU)*	Rellin (OH)
+Cyppin (PLÖ)	*Kühsen (LAU)*	Rettin (OH)
Dermin (LAU)	*Kükelühn (OH)*	+Ruggelin (OH)
Eutin (OH)	Kulpin (LAU)	Sellin (PLÖ)
Fitzen (LAU)	+Kulpin (LAU)	Siblin (OH)
Genin (HL)	Löptin (PLÖ)	+Vellin (OH)

an {(e)n} attrahiert

aplb. {in}

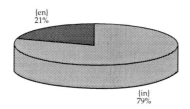

{en} 21%
{in} 79%

aplb. {ov}		
Bälau (LAU)	*Gudow (LAU)*	Pötrau (LAU)
+Bannau (LAU)	*Gülzow (LAU)*	Pratjau (PLÖ)
Barkau (OH)	Guttau (OH)	*+Prisow (OH)*
Großbarkau (PLÖ)	Jarkau (OH)	+Prönau (OH)
Kirchbarkau (PLÖ)	Kankelau (LAU)	(Deutsch-)Rantzau (PLÖ)
Kleinbarkau (PLÖ)	Kassau (OH)	(Wendisch-)Rantzau (PLÖ)
Basedow (LAU)	Klempau (LAU)	Ratekau (OH)
Belau (PLÖ)	Klenau (OH)	Rathlau (OH)
Bosau (OH)	Klenzau (OH)	Ritzerau (LAU)
+Bucu (HL)	*Kollow (LAU)*	*+Rossow (OH)*
Bürau (OH)	Koselau (OH)	Rülau (LAU)
Niederbüssau (HL)	Kossau (PLÖ)	Sagau (OH)
Oberbüssau (HL)	Krokau (PLÖ)	+Deutsch-Salzau (PLÖ)
+Crampove (PLÖ)	*Krukow (LAU)*	Salzau (PLÖ)
Curau (OH)	+Lalkau (LAU)	Groß Sarau (LAU)
Dannau (OH)	Lankau (LAU)	Klein Sarau (LAU)
Dannau (PLÖ)	Linau (LAU)	*Sarnekow (LAU)*
Dargenow (LAU)	*+Linow (PLÖ)*	Schmilau (LAU)
Dargow (LAU)	Löja (OH)	Schwartau (OH)
Dersau (PLÖ)	*Lüchow (LAU)*	Schwonau (OH)
Dissau (OH)	Lütau (LAU)	+Deutsch-Selkau (PLÖ)
Dodau (OH)	+Lütau (LAU)	Selkau (PLÖ)
Dodau (PLÖ)	+Manau (LAU)	*+Stresow (PLÖ)*
Dransau (PLÖ)	*+Maselow (OH)*	Süssau (OH)
Farchau (LAU)	*Mechow (LAU)*	Talkau (LAU)
Fargau (PLÖ)	Nüssau (LAU)	Alttechau (OH)
Fissau (OH)	Groß Pampau (LAU)	+Treschau (OH)
Garkau (OH)	Klein Pampau (LAU)	Wangelau (LAU)
Giekau (PLÖ)	Rastorferpassau (PLÖ)	Warnau (PLÖ)
Gnissau (OH)	Wittenbergerpassau (PLÖ)	Zarnekau (OH)
Godau (PLÖ)	+Pinnau (LAU)	
Grabau (LAU)	Plunkau (OH)	

Allomorph /ow/
Sonstige

aplb. {(ov)ici}, {ica/ice}

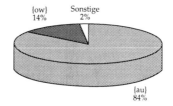

{ow} 14% Sonstige 2%
{au} 84%

Anhang

12.3 Lexikalisch-semantische Integration

Methodische Vorbemerkung

In der folgenden Auswertung der lexikalisch-semantischen Integration der altpolabischen Toponyme ins mittelniederdeutsche Idiom geht es vornehmlich darum zu zeigen, durch welche Prozesse die Substrattoponyme an die Semantik des deutschen toponymischen Systems adaptiert werden.

In Bezug auf diese Resemantisierung sind die folgenden Subklassen zu differenzieren:

1. Semantisch nicht motivierte Toponyme
2. Semantisch motivierte Toponyme
2.1 Vollständig motivierte Toponyme
2.2 Partiell motivierte Toponyme
2.2.1 Partielle Motivation des Erstgliedes
2.2.2 Partielle Motivation des Zweitgliedes
    a) Semantische Adaptation an ein genuin deutsches Ortsnamengrundwort
    b) Adaptation an ein deutsches Appellativum, das der Semantik von deutschen Ortsnamengrundwörtern angemessen ist
    c) Adaptation an ein deutsches Appellativum, das der Semantik von deutschen Ortsnamengrundwörtern nicht angemessen ist

Die altpolabischen Ortsnamen, die für die jeweilige Subklasse konstitutiv sind, werden unter dem entsprechenden Gliederungspunkt in ihrer neuhochdeutschen Namenform tabellarisch erfaßt. Der Zusatz in Klammern belegt, aus welchem Landkreis die Ortsnamen stammen. Dabei sind die differenzierenden Zusätze wie „Groß/Klein", „Deutsch/Wendisch" sowie „Ober/Unter" als keine zusätzliche semantische Motivierung gewertet.

Abschließend wird das prozentuale Verhältnis sowohl von semantisch nicht motivierten/semantisch motivierten Adaptaten als auch von vollständig motivierten/partiell motivierten Integraten sowie von im Erstglied motivierten/im Zweitglied motivierten Ortsnamen statistisch ausgewertet.

Die Bestimmung der sekundären semantischen Motivierung erfolgt durch Segmentierung der neuhochdeutschen Namenform in einzelne Morpheme und nimmt daher auf die Morphemanalyse Bezug. Dabei wird sich vorbehalten, bei synchron nicht motivierten Toponymen auf eine eventuell diachron existierende semantische Motivierung zurückzugreifen; diese diachron motivierten altpolabischen Integrate werden dann ebenfalls als resemantisiert bewertet.

Als problematisch sind die neuhochdeutschen Volksetymologien wie *Wandel-witz* (OH) und *Bo-sau* (OH) zu erachten, bei denen die Resemantisierung auf einer Verschiebung der Morphemgrenzen beruht, die in diachroner Hinsicht nicht gerechtfertigt ist. Daher werden diese Toponyme zwar als Volksetymologien in der Subklasse 2.2.2 c genannt, in der statistischen Auswertung jedoch als Elemente der Subkategorien 1 und 2.2.2 a berücksichtigt.

Abschließend werden die resemantisierten altpolabischen Integrate in Bezug auf die Chronologie der erfolgten semantischen Motivierung in den Kategorien ‚Kasuale Motivierung' und ‚Voluntative Motivierung' systematisiert.

12.3.1 Semantisch nicht motivierte Toponyme

Altenkrempe (OH)	Kücknitz (HL)	Putlos (OH)
+Barac (PLÖ)	Kükelühn (OH)	Quals (OH)
Bardin (OH)	Kühren (PLÖ)	Reecke (HL)
Behl (PLÖ)	Kühren (PLÖ)	Rellin (OH)
Bellin (PLÖ)	Kleinkühren (PLÖ)	Rettin (OH)
Benz (OH)	Kühsen (LAU)	Röbel (OH)
Bichel (OH)	Kulpin (LAU)	Roge (OH)
Böbs (OH)	+Kulpin (LAU)	Großrolübbe (PLÖ)
Bresahn (LAU)	Labenz (LAU)	Kleinrolübbe (OH)
+Crampesze (PLÖ)	Laboe (PLÖ)	Römnitz (LAU)
+Cyppin (PLÖ)	+Lanke (PLÖ)	Rüting (OH)
Dahme (OH)	Lanken (LAU)	Sahms (LAU)
Dahmker (LAU)	+Lanken (OH)	Salem (LAU)
Damlos (OH)	Lebatz (OH)	Sarkwitz (OH)
Dermin (LAU)	Lensahn (OH)	Satjewitz (OH)
+Deventze (PLÖ)	Lenste (OH)	Schmoel (PLÖ)
Groß Disnack (LAU)	Lepahn (PLÖ)	Schwochel (OH)
Klein Disnack (LAU)	+Letzeke (OH)	+Neu-Schwochel (OH)
+Dolgen (OH)	+Liutcha (PLÖ)	Segrahn (LAU)
Dörnick (PLÖ)	Löja (OH)	+Wendisch-Segrahn (LAU)
Drüsen (PLÖ)	Löptin (PLÖ)	Selent (PLÖ)
+Farwitz (OH)	Klein-Löptin (PLÖ)	Sellin (PLÖ)
Fitzen (OH)	+Loyen (LAU)	Sepel (PLÖ)
Gaarz (OH)	Malente (OH)	Sereetz (OH)
Gamal (OH)	Malkwitz (OH)	Siblin (OH)
Genin (HL)	+Markwitz (OH)	Sibstin (OH)
+Gerwitz (PLÖ)	+Marus (OH)	Siems (HL)
+Deutsch-Gneningen (OH)	Matzwitz (PLÖ)	Siggen (OH)
+Wendisch-Gneningen (OH)	+Neu-Matzewitz (PLÖ)	Siggeneben (OH)
Göhl (OH)	+Mazleviz (LAU)	+Smütze (OH)
Gömnitz (OH)	Möhnsen (LAU)	+Starigard (OH)
Görnitz (PLÖ)	Mucheln (PLÖ)	Sterley (LAU)
Görtz (OH)	Mustin (LAU)	Stöfs (PLÖ)
Gowens (PLÖ)	Moisling (HL)	Strecknitz (HL)
Grebin (LAU)	Nehmten (PLÖ)	Süsel (OH)
Griebel (OH)	Nüchel (OH)	Sütel (OH)
Grömitz (OH)	Kirchnüchel (PLÖ)	+Thömen (LAU)
+Gülze (LAU)	Nusse (LAU)	Thürk (OH)
Jasen (OH)	Padelügge (HL)	Tramm (LAU)
+Kakediz (OH)	Panker (PLÖ)	Tramm (PLÖ)
Kaköhl (PLÖ)	Panten (PLÖ)	Trent (PLÖ)
Kalübbe (PLÖ)	Großparin (OH)	+Vellin (OH)
Karpe (PLÖ)	Kleinparin (OH)	Wangels (OH)
Kehrsen (LAU)	Passade (PLÖ)	Wasbuck (OH)

Anhang

Kembs (OH)	Pehmen (PLÖ)	Großwessek (OH)
Kembs (PLÖ)	Perdöl (PLÖ)	Kleinwessek (OH)
Niederkleveez (PLÖ)	+Pezeke (LAU)	Wielen (PLÖ)
Oberkleveez (PLÖ)	+Plessewitz (PLÖ)	+Widöle (OH)
Klötzin (OH)	Plön (PLÖ)	Witzeeze (LAU)
Kogel (LAU)	Plügge (OH)	+Wizok (LAU)
Köhn (PLÖ)	Pogeez (LAU)	Wöbs (OH)
+Kolatza (LAU)	+Wendisch-Pogeez (LAU)	Wotersen (LAU)
+Korlin (OH)	+Pölitz (OH)	Groß Zecher (LAU)
Körnick (OH)	Pönitz (OH)	Klein Zecher (LAU)
Köthel (LAU)	Preetz (PLÖ)	Ziethen (LAU)
Kröß (OH)	Presen (OH)	+Wendisch-Ziethen (LAU)
Krüzen (LAU)	Pülsen (PLÖ)	+Zuppute (PLÖ)

Verhältnis von semantisch nicht motivierten und semantisch motivierten Toponymen

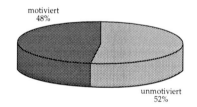

12.3.2 Vollständig semantisch motivierte Toponyme

1. Simplizia

Name	Motivierung	Name	Motivierung
Anker (LAU)		Göttin (LAU)	mnd. *got* 'Gott'
Klein-Anker (LAU)		Grove (LAU)	mnd. *grōve, gruobe*
Großenbrode (OH)	mnd. *brôt* 'Brot'	Grube (OH)	mnd. *grōve, gruobe*
Lütjenbrode (OH)	mnd. *brôt* 'Brot'	+Kietz (OH)	mnd. *kītz* 'kl. Siedlung'
Brodten (HL)	mnd. *brôt* 'Brot'	Lanze (LAU)	
Bröthen (LAU)	mnd. *brôt* 'Brot'	Mölln (LAU)	mnd. *möl(l)e* 'Mühle'
+Bucu (HL)	Bute (PN)	Alt-Mölln (LAU)	mnd. *möl(l)e* 'Mühle'
Fahren (PLÖ)		Quaal (OH)	
Farve (OH)	mnd. *varve* 'Farbe'	Schlesen (PLÖ)	Schlesien
Gold (OH)		Trems (HL)	mnd. *trem(e)se* 'Blume'

2. Binär strukturierte Toponyme

Name	Motivierung	Name	Motivierung
Altlauerhof (HL)	mnd. *lewe* 'Löwe' mnd. *hof* 'Hof'	Schwonau (OH)	mnd. *swan* 'Schwan' mnd. *ō, ōwe, ouwe, ā, āwe* 'von Wasser umflossenes Land, Strom, Insel'
Neulauerhof (HL)	mnd. *lewe* 'Löwe' mnd. *hof* 'Hof'	+Wanderoh (OH)	mnd. *wandern* mnd. *rod* 'Rodung'
Schwartau (OH)	mnd. *swart* 'schwarz' mnd. *ō, ōwe, ouwe, ā, āwe* 'von Wasser umflossenes Land, Strom, Insel'	Wandrerruh (OH)	mnd. *wandern* mnd. *rod* 'Rodung'

Verhältnis von vollständig und partiell motivierten Toponymen

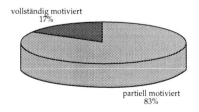

vollständig motiviert 17%

partiell motiviert 83%

12.3.3 Partiell semantisch motivierte Toponyme

1. Partielle Motivation des Erstgliedes

Name	Motivierung	Name	Motivierung
Berkenthin (LAU)	mnd. *berke* 'Birke'	Sandesneben (LAU)	nhd. *Sand*
+Wendisch-Berkenthin (LAU)	mnd. *berke* 'Birke'	Scharbeutz (OH)	mnd. *schar* 'Küste'
+Brammerviz (PLÖ)	mnd. *brammer* 'Brombeer-/Dornstrauch'	Großschlamin (OH)	mnd. *slam* 'Schlamm'
+Bramnes (OH)	mnd. *brant, brand*	Kleinschlamin (OH)	mnd. *slam* 'Schlamm'
Göldenitz (LAU)	mnd. *gold, golden*	Schwartbuck (PLÖ)	mnd. *swart* 'schwarz'
Hobstin (OH)	mnd. *hō* 'hochgebaut'	Sibstin (OH)	mnd. *sīt* 'niedrig, tief'
Rettin (OH)	mnd. *rügge* 'Rücken'	Söhren (OH)	mnd. *sōr* 'trocken, dürr'
Kleinrolübbe (OH)	mnd. *rode* 'Rodung'	+Stove (OH)	mnd. *stowe, stouwe* 'Stauwerk, Wehr'
Römnitz (LAU)	mnd. *rode* 'Rodung'	Wittmoldt (PLÖ)	mnd. *welde* 'Wald' ahd. *witu*
+Ruggelin (OH)	mnd. *rügge* 'Rücken'		

2. Partielle Motivation des Zweitgliedes

2.1 Genuin deutsches Grundwort

mnd. ō, ōwe, ouwe, ā, āwe 'von Wasser umflossenes Land, Strom, Insel'		
Bälau (LAU)	Gülzow (LAU)	+Prisow (OH)
+Bannau (LAU)	Guttau (OH)	+Prönau (OH)
Barkau (OH)	Jarkau (OH)	(Deutsch-)Rantzau (PLÖ)
Großbarkau (PLÖ)	Kankelau (LAU)	(Wendisch-)Rantzau (PLÖ)
Kirchbarkau (PLÖ)	Kassau (PLÖ)	Ratekau (OH)
Kleinbarkau (PLÖ)	Klempau (LAU)	Rathlau (OH)
Basedow (LAU)	Klenau (OH)	Ritzerau (LAU)
Belau (PLÖ)	Klenzau (OH)	+Rossow (OH)
+Bölkau (LAU)	Kollow (LAU)	Rülau (LAU)
Bosau (OH)	Koselau (OH)	Sagau (OH)
Bürau (OH)	Kossau (PLÖ)	+Deutsch-Salzau (PLÖ)
Niederbüssau (HL)	Krokau (PLÖ)	Salzau (PLÖ)
Oberbüssau (HL)	Krukow (LAU)	Groß Sarau (LAU)
+Crampove (PLÖ)	+Lalkau (LAU)	Klein Sarau (LAU)
Curau (OH)	Lankau (LAU)	Sarnekow (LAU)
Dannau (OH)	Linau (LAU)	Schmilau (LAU)
Dannau (PLÖ)	+Linow (PLÖ)	+Deutsch-Selkau (PLÖ)
Dargenow (LAU)	Lütau (LAU)	Selkau (PLÖ)
Dersau (PLÖ)	Lüchow (LAU)	Süssau (OH)
Dissau (OH)	+Manau (LAU)	+Stresow (PLÖ)
Dodau (OH)	+Maselow (OH)	Alttechau (OH)
Dransau (PLÖ)	Mechow (LAU)	Neutechau (OH)
Farchau (LAU)	Nüssau (LAU)	Tralau (PLÖ)
Fissau (OH)	Groß Pampau (LAU)	+Treschau (OH)
Garkau (OH)	Klein Pampau (LAU)	Wangelau (LAU)
Giekau (PLÖ)	Rastorferpassau (PLÖ)	Warnau (PLÖ)
Gnissau (OH)	Wittenbergerpassau (PLÖ)	Zarnekau (OH)
Godau (PLÖ)	+Pinnau (LAU)	
Grabau (LAU)	Plunkau (OH)	
Grinau (LAU)	Pötrau (LAU)	
Gudow (LAU)	Pratjau (PLÖ)	

mnd. bēke 'Bach'	mnd. torp, dorp 'Dorf'	mnd. velt 'Feld'
+Glambek (OH)	Kittlitz (LAU) (15. Jh.)	Walksfelde (LAU)
Grambek (LAU)		
Lübeck (HL)		
+Alt-Lübeck (HL)		

mnd. hagen 'Hecke'	mnd. hof 'Hof'	mnd. möl(l)e 'Mühle'
Sierhagen (OH)	Beutinerhof (OH)	Fargemiel (OH)
	Lensahnerhof (OH)	Gremsmühlen (OH)

mnd. rod, rot, rode	mnd. sē 'See'	mnd. wurt, wort 'Erhebung'
Güster (LAU) (13. Jh.)	Gowens (15. Jh.)	Neuwühren (PLÖ)
Lebrade (OH)		

2.2 Genuin deutschen Grundwörtern semantisch angemessenes Zweitglied

mnd. *mer* 'Meer'	mnd. *garte* 'Garten'	mnd. *wal* 'Ringmauer'
Cismar (OH)	Puttgarden (OH)	Priwall (HL)
+Tangmer (LAU)		

Nhd. volksetymologische Umdeutung

nhd. Gau
Sagau (OH)

2.3 Genuin deutschen Grundwörtern semantisch unangemessenes Zweitglied

Name	Motivierung
Langenlehsten (LAU)	mnd. *leest* 'Leiste'
Morest (OH)	mnd. *reste, rest* 'Ruhe, Rast, Sicherheit'

Nhd. volksetymologische Umdeutungen

nhd. Bau	nhd. Sau	nhd. Tau
Grabau (LAU)	Bosau (OH)	Guttau (OH)
	Niederbüssau (HL)	Lütau (LAU)
	Oberbüssau (HL)	+Lütau (LAU)
	Dersau (PLÖ)	Schwartau (OH)
	Dissau (OH)	
	Dransau (PLÖ)	
	Fissau (OH)	
	Gnissau (OH)	
	Kassau (OH)	
	Kossau (PLÖ)	
	Nüssau (LAU)	
	Rastorferpassau (PLÖ)	
	Wittenbergerpasau (PLÖ)	
	Süssau (OH)	

nhd. Witz		
+Farwitz (OH)	Matzwitz (PLÖ)	Sarkwitz (OH)
+Gerwitz (PLÖ)	+Neu-Matzewitz (PLÖ)	Satjewitz (OH)
Malkwitz (OH)	+Plessewitz (PLÖ)	
+Markwitz (OH)	+Priwitz (OH)	

Partiell motivierte Toponyme

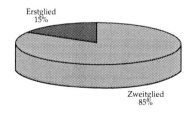

Erstglied 15%

Zweitglied 85%

12.3.4 Chronologie der semantischen Motivierung

Kasuale sekundäre semantische Motivierung		
Anker (LAU)	Grabau (LAU)	Pratjau (PLÖ)
Klein-Anker (PLÖ)	Grambek (LAU)	+Prönau (OH)
Bälau (LAU)	Grove (LAU)	Rantzau (PLÖ)
+Bannau (LAU)	Grube (OH)	Rantzau (PLÖ)
Barkau (OH)	Güster (LAU)	Ratekau (OH)
Großbarkau (PLÖ)	Guttau (OH)	Rathlau (PLÖ)
Kirchbarkau (PLÖ)	Jarkau (OH)	Ritzerau (OH)
Kleinbarkau (PLÖ)	Kankelau (LAU)	Kleinrolübbe (OH)
Belau (PLÖ)	Kassau (OH)	Römnitz (LAU)
+Bölkau (LAU)	Klempau (LAU)	+Ruggelin (OH)
Bosau (OH)	Klenau (OH)	Rülau (LAU)
Bürau (OH)	Klenzau (OH)	Sagau (OH)
Niederbüssau (HL)	Koselau (OH)	+Deutsch-Salzau (PLÖ)
Oberbüssau (HL)	Kossau (PLÖ)	Salzau (PLÖ)
Cismar (OH)	Krokau (PLÖ)	Groß Sarau (LAU)
Curau (OH)	Lalkau (LAU)	Klein Sarau (LAU)
Dannau (OH)	Lankau (LAU)	Schmilau (LAU)
Dannau (PLÖ)	Altlauerhof (HL)	Schwartau (OH)
Dersau (PLÖ)	Lebrade (PLÖ)	Schwartbuck (PLÖ)
Dissau (OH)	Linau (LAU)	Schwonau (OH)
Dodau (OH)	Lübeck (HL)	+Deutsch-Selkau (PLÖ)
Dodau (PLÖ)	+Alt-Lübeck (HL)	Selkau (PLÖ)
Dransau (PLÖ)	Lütau (LAU)	Süssau (OH)
Farchau (LAU)	+Lütau (LAU)	Talkau (LAU)
Fargau (PLÖ)	+Manau (LAU)	Alttechau (OH)
Fissau (OH)	Nüssau (LAU)	Neutechau (OH)
Garkau (OH)	Groß Pampau (LAU)	+Tangmer (LAU)
Giekau (PLÖ)	Klein Pampau (LAU)	Tralau (PLÖ)
+Glambek (OH)	Rastorferpassau (PLÖ)	+Treschau (OH)
Gnissau (OH)	Wittenbergerpassau (PLÖ)	Wangelau (LAU)
Godau (PLÖ)	+Pinnau (LAU)	Warnau (PLÖ)
Göldenitz (LAU)	Plunkau (OH)	Zarnekau (OH)
Göttin (LAU)	Pötrau (LAU)	

Voluntative sekundäre semantische Motivierung (ab dem 16. Jh., postintegrativ)		
Berkenthin (LAU)	Hobstin (OH)	Scharbeutz (OH)
+Wendisch-Berkenthin (LAU)	+Kietz (OH)	Großschlamin (OH)
Beutinerhof (OH)	Kittlitz (OH)	Kleinschlamin (OH)
+Brammerviz (PLÖ)	Langenlehsten (LAU)	Schlesen (PLÖ)
+Bramnes (OH)	Lanze (LAU)	Schwartbuck (PLÖ)
Großenbrode (OH)	Altlauerhof (HL)	Sibstin (OH)
Lütjenbrode (OH)	+Neulauerhof (HL)	Sierhagen (OH)
Brodten (HL)	Lensahnerhof (OH)	Söhren (OH)
Bröthen (LAU)	+Lütau (LAU)	+Stove (OH)
+Bucu (HL)	Mölln (LAU)	Trems (HL)
Fahren (PLÖ)	Alt Mölln (LAU)	Walksfelde (LAU)
Fargemiel (OH)	Morest (OH)	+Wanderoh (OH)
Farve (OH)	Priwall (HL)	Wandrerruh (OH)
Gold (OH)	Puttgarden (OH)	Wittmoldt (PLÖ)
Gowens (PLÖ)	Quaal (OH)	
Gremsmühlen (OH)	Sandesneben (LAU)	

13 Material

13.1 Slawische Ortsnamen

Das folgende Verzeichnis umfaßt in alphabetischer Reihenfolge die gesamte slawische Toponymie Ost- und Südholsteins und stellt die Materialbasis für die linguistische Analyse des Sprachkontakts dar.

Sowohl die slawischen Ortsnamen als auch die Namenbelege und -deutungen sind aus den Monographien von Schmitz (1981, 1986, 1990) exzerpiert und für die kontaktlinguistische Untersuchung tabellarisch aufbereitet.

In den Ortsnamenbelegen folgt auf die zeitliche Datierung die in der jeweiligen Quelle dokumentierte Namenform. In Klammern befindet sich der entsprechende Quellenverweis. Dabei bezieht sich die erste Ziffer auf die laufende Nummer im Quellenverzeichnis; die weiteren Ziffern verweisen auf die Seitenzahl der jeweiligen Quelle, auf die Urkunden- bzw. Regestennummer usw.

In der Rubrik 'aplb. Grundform' werden die von Schmitz rekonstruierten altpolabischen Ortsnamengrundformen genannt. Wenn mehrere Grundformen möglich sind, dann werden diese mit 1., 2., 3., usw. aufgezählt. Es wird die jeweilige altpolabische Bedeutung angegeben, falls es sich bei dem betreffenden Toponym um ein Deappellativum handelt; fehlt hingegen ein Deutungshinweis, dann repräsentiert das altpolabische Oikonym ein Deanthroponym.

In der Spalte 'ON-Typus' wird das toponymische Suffix des jeweiligen altpolabischen Ortsnamens genannt; je nach Anzahl möglicher Grundformen sind dementsprechend mehrere Ortsnamentypen in Betracht zu ziehen.

– A –

Nr.	Ortsname	Belege	aplb. Grundform	ON-Typ
1	Altenkrempe (OH)	1197 *Crempene* (125: 18) 1222 *de Crempa* (114: 1, 386) 1263 *in Krempa* (125: 161) 1293 *Crempae* (114: 2, 826) 1318 *van der Krempen* (28: 428) 1651/52 *Altkrempe* (18: 205) 1855 *Altenkrempe* (116: 1, 163)	aplb. *Krąpina	-in-
2	Anker (LAU)	1230 *ad maius Mancre, ad minus Mankere* (138: 154) 1292 *Ankere* (60: 48) 1323 *yn ... Groten Manker ... Mankere molen* (130: 2, 1, 445) 1387 *de molen de by deme groten Ankere beleghen is ... in deme dorpe to den groten Ankere* (127: 9, 162) 1432 *up deme Groten Anckere velde* (130: 7, 514) 1458 *in unsem hove, dorpe unde molen tome Anker belegen* (130: 9, 658) 1482 *hoff unde dorp thom Anckere* (84.2: 49; 166) 1509 *thom Mangker* (71: 230) 1855 *Anker* (116: 1, 175)	aplb. *Mąkar'e aplb. *Mąkar'e 'Mehlhändler, Griesler'	-j-
3	+ Klein-Anker (LAU)	1194 *in parrochia sancti Georgii ... Belendorpe, Minus Mankre, Minus Belendorp* (114: 1, 188) 1230 *ad maius Mancre, ad Minus Mankere* (138: 154) 1292 *Lutken Ankere* (60: 51) 1323 *twe hove tho Lutteken Mankere* (130: 2, 1, 445) 1387 *den hof de gheheten is Lutken Anker* (127: 9, 162) 1392 *den hof tho Lutteken Manker* (130: 4, 553) 1444 *den hoff to deme Lutken Mankere* (130: 7, 263)	aplb. *Mąkar'e aplb. *Mąkar'e 'Mehlhändler, Griesler'	-j-

– B –

Nr.	Ortsname	Belege	aplb. Grundform	ON-Typ
4	Bälau (LAU)	1194 *Belowe* (114: 1, 188) 1217 *Nicolao de Below* (49: 1, 233) 1230 *Belowe* (138: 150) 1243 *villam quandam, que dicitur Beluwe ... usque in rivum Belowe* (130: 4, 1) 1292 *Below* (60: 48) 1413 *dat gud to der Belouwe* (130: 5, 473) 1434 *villarum ... Petzeke et Belowe* (130: 7, 578) 1855 *Bälau* (116: 1, 185)	aplb. *Bělov- 'weiß, hell, glänzend'	-ov-
5	+ Bannau (LAU)	1194 *in parrochia Gogowe: Zageran ... Lesten ... Bandowe* (49: 1, 154) 1278 *Bandov* (127: 7, 63) 1494 *van den hoven wyschen holten unde weyden in der veltmarke to Bandouwe* (82: 272) 1702 *das Bannower Feld* (108: 47)	aplb. *Bądov-	-ov-
6	Barkau (OH)	1229 *de Berkowe* (114: 1, 474) 1304 *villas ... Berchowe* (114: 3, 80) 1372 *Barkowe* (114: 4) 1390 *to Berkowe* (114: 6, 919) 1404 *tho Bercow* (129: 3, 46) 1418 *an dem dorpe Berchowe* (130: 6, 38) 1433 *Berkouwe* (45: 340) 1498 *Berckowe* (129: 3, 107) 1650 *Barkow* (18: 32) 1855 *Barkau* (116: 1, 191)	aplb. *B(e)rkov-	-ov-
7	Großbarkau (PLÖ)	1264-1289 *Ludico de Slavico Brocov / Thetlevo de Brochov / Thelevo de Brocowe* (37: 25 / 49 / 84) 1400 *in Wendeschen Berkowe* (114: 6, 1661) 1420 *in deme Dorpe Wendeschen-Berkouwe / in dem kerspele Dudesschen Berkouwe* (129: 1, 99; 288) 1855 *Groß-Barkau* (116: 1, 191)	aplb. *Brochov-	-ov-

Nr.	Ortsname	Belege	aplb. Grundform	ON-Typ
8	Kirchbarkau (PLÖ)	1286 *Brocowe* (129: 1, 385) 1294 *dictus B(ro)kowe* (114: 2, 849) 1316 *dat kerspel thu borcowe* (114: 3, 329) 1345 *ecclesia sancte Catherine virginis in villa Bruckowe sita* (114: 4, 235) 1460 *in deme kerspel to Berkouwe dat dorp Berkouwe* (129: 4, 25; 43) 1490 *im karspel to Barkouwe* (91: 92) 1513 *dat Dorpp Berkow* (129: 1, 148; 346) 1542 *Karcberkaw* (129: 1, 159; 359) 1542 *de Hof Wulffstorp, welker nu Kerkenbarkow genomet, tho Barkow* (129: 1, 158; 356) 1855 *Kirch-Barkau* (116: 1, 191)	aplb. **Brochov-*	-ov-
9	Kleinbarkau (PLÖ)	1328 *villas Brochowe theutonicum* (114: 3, 637) 1390 *in Brokowe* (114: 6, 2; 920) 1400 *an der molen tho Dudeschen Berkowe* (114: 6, 2, 1661) 1420 *in deme dorpe Wendesschen Berkouwe, in deme kerspele Dudesschen Berkouwe* (129: 1, 99; 288) 1855 *Klein-Barkau* (116: 1, 192)	aplb. **Brochov-*	-ov-
10	Basedow (LAU)	1230 *Basdowe* (138: 190) 1339 *in villa Basedowe* (114: 3, 1012) 1554 *Bassedow* (107: 721) 1856 *Basedow* (116: 1, 198)	aplb. **Bazdov-* 'Holunder, Flieder'	-ov-
11	Behl (PLÖ)	1507 *de hoff to Bele* (96: 13) 1649 *Beel* (18: 31) 1855 *Behl* (116: 1, 200)	1. aplb. **Běl, *Běly* 'weiß, hell, glänzend' 2. aplb. **Běl', *Běla* 'Morast, Tiefland, Sumpf; nasse, sumpfige Wiese'	Simplex
12	Belau (PLÖ)	1264-1289 *Vos de Belowe* (37: 97) 1390 *Detlef Walstorp van Below* (129: 2, 281; 359) 1433 *Belouw, Prodole* (45: 41) 1433 *in deme dorpe to Below* (129: 1, 111; 298) 1650 *Below* (18: 32) 1855 *Belau* (116: 1, 204)	1. aplb. **Bělov-* 'weiß, hell, glänzend' 2. aplb. **Běl, *Běly*	-ov-
13	Bellin (PLÖ)	1433 *Bellin* (45: 45) 1491 *des halven dorpes Belyne* (124: 26; 184-186) 1649 *Bellyn* (18: 31) 1652 *Bellien* (18: 208) 1855 *Bellin* (116: 1, 205)	1. aplb. **Bělin, *Bělina, *Běliny* 'weiß, hell, glänzend' 2. aplb. **Bělin-*	-ina/-iny -in-

Nr.	Ortsname	Belege	aplb. Grundform	ON-Typ
14	Benz (OH)	1215 *Banzeuiz* (125: 30) 1216 *Bansceuic* (125: 31) 1251 *Benszsche* (125: 109) 1262 *Benze* (125: 155) 1380 *Bense* (125: 288) 1440 *den dyk in Bentzee* (125: 303) 1652 *Bentz* (18: 230) 1855 *Benz* (116: 207)	aplb. *Bąš-vici*	-ovici
15	Berkenthin (LAU)	1230 *in parrochia Parketin / (P)Arketin Ecclesia* (138: 152) 1240 *in Parkentin, que Huthe wlgo dicitur* (130: 1, 89) 1292 *in deme kerspele to Perkentin* (60: 51) 1323 *hern Hinrik van Parkentyn yn deme gude ... Belendorpe, Parkentyn, Groten Manker, Gutzer* (130: 2, 445) 1652 *Barkenthyn* (69) 1855 *Groß-Berkenthin* (116: 1, 210)	aplb. *Parchotin-	-in-
16	+ Wendisch-Berkenthin (LAU)	1230 *ad sclavicum Parketin sclavi sunt* (138: 152) 1409 *de Kalekamp by deme Lutken-Perkentyner velde* (130: 5, 235) 1441 *up dem velde unde der gantzen veltmarke to Luttiken Parkentin* (130: 8, 15) 1636 *Kl. Berkenthin* (107: 981) 1855 *Klein-Berkenthin* (116: 1, 210)	aplb. *Parchotin-	-in-
17	Beutinerhof (OH)	1314 *in villis ... Byltun* (114: 3, 296) 1315 *in villis ... Boltin* (114: 3, 313) 1321 *ville Bůltyn* (125: 492) 1388 *Boltyn* (114: 6, 754) 1410/15 *Boltyne / Boltyn* (45: 320) 1855 *Beutinerhof* (116: 1, 213)	aplb. Balotin-	-in-
18	Bichel (OH)	1318 *Hartwici de Bichele* (125: 467) 1433 *Bichele* (45: 169) 1440 *Bighel* (125: 295) 1448 *to Bechel* (130: 8, 547) 1650/52 *Büchel / Bychell* (18: 231) 1855 *Bichel* (116: 1, 214)	1. aplb. *Bych-ly 2. aplb. *Bych-l'	Simplex -l-
19	Böbs (OH)	1304 *villas ... Bobyce* (114: 3, 80) 1327/31 *Timmo de Bobeze / Mako de Boběze* (16: 52, 62) 1348 *Bobitze / Bobytze* (130: 2, 901) 1351 *Bobitze / Bøbitze* (130: 3, 131) 1433 *Buptze* (45: 448) 1459 *to Bobitze* (130: 9, 733) 1855 *Böbs* (116: 1, 230)	1. aplb. *Bob- ica, -ice 2. aplb. *Bobici	-ica/-ice -ici
20	+ Bölkau (LAU)	1744 *Bölcko / Bölckow* (87: A 5, 67) 1792 *Bölkau* (87: A 5, 68)	aplb. *Bol-kov-	-ov-

Nr.	Ortsname	Belege	aplb. Grundform	ON-Typ
21	+ Börse (LAU)	1171 *uilla ... Borist in Sadelbandingen* (49: 1, 100 A) 1308 *Horneman de Borste* (46: 81) 1440 *Borst* (84.1: 49; 83) 1542 *Boriste, Koldaw und Krutzenn* (107: 689) 1884 *Boerse* (47: 105)	aplb. **Borišče* 'Wald, Nadelwald, Fichtenwald, Föhrenwald, Kiefernwald'	-išče
22	Bosau (OH)	um 1190 *Buzu / Buzoe / Bozoe / Bozove* (30: 76/248/252/332) 1215 *Bosowe* (125: 30) 1433 *Busow* (45: 166) 1464 *in deme karspele to Bosouwe* (130: 10, 539) 1471/87 *Busoe* (129: 1, 398) 1652 *Bossow / Bussow* (31: 231) 1855 *Bosau* (116: 1, 244)	aplb. **Božov-*	-ov-
23	+ Brammerviz (PLÖ)	1433 *Brammervitze ... vacat* (45: 46)		-ica/icy (Pl.) -ici
24	+ Bramnes (OH)	12. Jh. *apud Bramnensem* (93) um 1190 *Aldenburg, quae Danice dicitur Brandenhuse* (30: 378) 13. Jh. *til Bramnes* (60)	slaw. **Brana* 'Schanze, Burgtor'	
25	Bresahn (LAU)	1194 *in parrochia Setorpe: ...Brisan ... Scachere* (49: 1, 154) 1292 *Brisane* (60: 47) 1446 *vth myneme haluen dorpe to Brysan* (130: 8, 391) 1855 *Bresahn* (116: 1, 262)	aplb. **Brežane* 'Uferbewohner'	-jane
26	Großenbrode (OH)	1249 *Brode* (125: 103) 1299 *villarum Maioris Brodhe et Minoris Brodhe* (125: 357) 1314 *in villis Brode* (114: 3, 296) 1329 *in Brode magno* (65) 1372 *inter villas ... Groten Brode* (130: 4, 173) 1390 *dat karkspel tho deme Grotenbrode* (114: 6, 909) 1533 *dath Grote Bröth* (19: 272) 1652 *Grotenbrod / Grotenbrode* (18: 213) 1855 *Goßenbrode* (116: 1, 438)	aplb. **Brod, -y*	Simplex
27	Lütjenbrode (OH)	1280 *Brode* (125: 288) 1299 *villarum Maioris Brodhe et Minoris Brodhe* (125: 357) 1372 *Lutteken Brode* (130: 4, 173) 1389 *de villis Lütckenbrode* (114: 6, 824) 1433 *in ... Lutkenbrode* (45: 507) 1652 *Lutkenbrodt* (18: 30) 1856 *Lütjenbrode* (116: 2, 115)	aplb. **Brod, -y*	Simplex

Nr.	Ortsname	Belege	aplb. Grundform	ON-Typ
28	Brodten (HL)	1188 *Brotne* (114: 1, 156) 1315 *in villis ... Boltin Brode Dodowe Brodne* (114: 3, 313) 1323 *in villa Brotne* (130: 2, 441) 1652 *Brodten* (45)	aplb. *Brod'n* 'Furt'	-n-
29	Bröthen (LAU)	1230 *Brotne* (138: 156) 1292 *Brotem* (60: 51) 1470 *dat dorp Brothem* (112: 496) 1525 *Brutten* (61) 1855 *Bröthen* (116: 1, 264)	aplb. *Brod'n* 'Furt'	-n-
30	Niederbüssau (HL)	1163 *Bussowe* (131: 89) 1197 *Bossowe* (125: 18) 1351 *in villis Ghennyn et Bussowe inferiori, in villa quae superior Bussowe dicitur* (65) 1396 *in ... dorpen ... Ghennyn, Nederbutzowe, Ouerbutzowe* (114: 6, 2, 1257) 1397 *in inferiori villa Bussow* (114: 6, 2, 1380) 1652 *Bossaw* (31) 1855 *Nieder-Büssau* (116: 1, 273)	1. aplb. *Byšov-* 2. aplb. *Bušov-* 3. aplb. *Buzov-*	-ov-
31	Oberbüssau (HL)	1351 *in villa quae superior Bussowe dicitur* (65) 1369 *in ... dorpen ... Ghennyn, Nederbutzowe, Ouerbutzowe* (114: 6, 2, 1257) 1652 *Bossaw* (31) 1855 *Ober-Büssau* (116: 1, 274)	1. aplb. *Byšov-* 2. aplb. *Bušov-* 3. aplb. *Buzov-*	-ov-

– C –

Nr.	Ortsname	Belege	aplb. Grundform	ON-Typ
32	Cismar (OH)	1231 *in locum qui ante Sicimeresthorp nunc autem Sconeuelde dicitur* (130: 2, 11) 1237 *Sycima* (130: 1, 79) 1238 *Sicima* (130: 2, 17) 1245 *in locum qui dicitur Cicimer* (125: 91) 1245 *ad locum qui Cicemer nuncupatur* (130: 1, 104) 1246 *ad locum qui Sicimer dicitur* (130: 1, 115) 1246 *in Cicimaria* (130: 1, 118) 1249 *Cycimer* (130: 1, 140) 1253 *in Cicimere* (129: 1, 65) 1265 *in Scycimaria / datum Cysmar* (125: 171) 1303 *in Scismaria* (114: 3, 48) 1305 *Scizimer / in Cysmere* (107: 2, 538) 1345 *in Cysmaria* (114: 4, 220) 1381 *tu der Cysmer* (114: 6, 1361) 1396 *to deme Cismere* (114: 6, 1277) 1426 *in Czismer / Tzismer* (130: 6, 763) 1479 *tome Cismare* (129: 3, 92) 1649/52 *Cißmar Hoff* (18: 214) 1855 *Cismar* (116: 1, 291)	aplb. **Cecemer'*, **Cecemir'*	-j-
33	+ Crampesze (PLÖ)	1226 *Stagno honechse et palude crampesze* (114: 1, 446) 1232 *Crampesse* (129: 1, 9; 201)	1. aplb. **Krąp(e)c* 'Wasser, Brunnen, Quelle' 2. aplb. **Krąpica*	-(e)c -ica
34	+ Crampove (PLÖ)	1286 *Crampowe* (129: 1, 388) 1434 *de Krampow* (74: 343) 1437 *Krampow* (74: 343)	1. aplb. **Krąpov-* 2. aplb. **Krąpov-*	-ov-
35	Curau (OH)	1220 *Corrowe* (114: 1, 369) 1259 *Corowe* (125: 142) 1280 *Kurowe* (125: 288) 1307 *Corow* (114: 3, 164) 1316 *tho Korowe / Corowe* (114: 3, 164) 1433 *in ... Korouwe / Korowe* (45: 433, 451) 1447 *to Kurauwe* (130: 8, 399) 1650 *Kurow* (18: 32) 1855 *Curau* (116: 1, 312)	aplb. **Chorov-*, **Korov-*	-ov-

Nr.	Ortsname	Belege	aplb. Grundform	ON-Typ
36	+ Cyppin (PLÖ)	1433 Cyppin (45: 47)	1. aplb. *Sypin- 'Schüttung, Schutt, Damm, Wall' 'Schüttkorn ... ursprünglich nur von den Slaven geleistete Abgabe'	-in-
			2. aplb. *Sypin-	-in-
			3. aplb. *Cipin- 'Zipplerche, Henne, Küchlein'	-in-
			4. aplb. *Cipin-	-in-

– D –

Nr.	Ortsname	Belege	aplb. Grundform	ON-Typ
37	Dahme (OH)	1298 Johannes de Dame (114: 2, 905) 1304 Henrico dicto de Daam (114: 3, 72) 1306 Henricus de Dame (114: 3, 115) 1341 in villa Dame (125: 649) 1855 Dahme (116: 1, 316)	1. aplb. *Dǫb-/-y 2. aplb. Dǫb'e	Simplex -'e
38	Dahmker (LAU)	1728 Damcker (78: 3466) 1745 vor dem Dambcke / vor dem Damcke (81: 436) 1787 die Dahmker Scheide (81: 54) 1799 Dahmke (78: 2098) 1855 Damker (116: 1, 318)	aplb. *Dǫb-k- 'Eiche, Eichengehölz, Eichenhain'	-k-
39	Damlos (OH)	1353 ville Dameloze (114: 4, 596) 1373 in villa Damlose (114: 6, 710) 1373 in deme dorpe to Damloze (114: 6, 1493) 1381 villa Domlose (114: 6, 366) 1433 in Damelose (45: 569) 1649/52 Damlose / Damlase (18: 214) 1855 Damlos (116: 1, 518)	aplb. *Dǫbolaz, *Dǫbolazy 'Eichenrodung'	Kompositum
40	Dannau (OH)	1263 villam Danowe (125: 152) 1286 villam Donowe (125: 303) 1335 Dannowe (125: 606) 1433 in Dannouwe (45: 465) 1464 Dannow / Donnow (130: 10, 456) 1855 Dannau (116: 1, 321)	aplb. *Danov-	-ov-
41	Dannau (PLÖ)	1286 villam Donowe ... que sita est ... in parrochia Nienkerken (125: 303) 1433 Dannouwe (45: 47) 1590 Danow (88: 5674) 1649 Dannow (18: 31) 1855 Dannau (116: 1, 321)	aplb. *Danov-	-ov-

Nr.	Ortsname	Belege	aplb. Grundform	ON-Typ
42	+ Dargenow (LAU)	1230 *Dargenowe* (138: 148) 1252 *Sifridus de Darghenov* (49: 2, 704) 1292 *Darganov* (60: 51) 1503 *de wusten dorpstede veltmarke vnde to Dargenow* (107: 544) 1586 *die die Darnauuer Beke* (107: 882)	aplb. *Darg-nov-	-ov-
43	Dargow (LAU)	1230 *Dargowe* (138: 146) 1292 *Dargow* (60: 47) 1388 *in dem dorpe tho Dargowe* (130: 4, 498) 1438 *der guder Nyendorpe, Dargouwe vnde Ekhorst* (130: 7, 768) 1456 *twisschen den beiden dorpen ... Salem vnde Dorgouwe* (130: 9, 344) 1855 *Dargow* (116: 1, 322)	aplb. *Dargov-	-ov-
44	Dermin (LAU)	1230 *Dormin* (138: 154) 1376 *locum seu fundum olim ville nostre Dormyn* (49: 19, 10869) 1582 *(Ackerfeld) der Dermyn* (107: 862) 1856 *Dermin* (116: 2, 326)	aplb. *Durmin-	-in-
45	Dersau (PLÖ)	1364 *molendinum in Dersow vel Vinkesmølen* (114: 4, 1083) 1412 *vth minem gantzen dorpe unde gude Deersowe* (130: 5, 426) 1433 *Dersouwe* (45: 43) 1471 *in den Guderen tho ... Dersow* (129: 1, 132; 328) 1501 *to Dersow* (73: 1837) 1650 *Diersow* (18: 32) 1855 *Dersau* (116: 1, 329)	aplb. *D(e)ržov-	-ov-
46	+ Deventze (PLÖ)	1361 *in villa mea Deventze sita in parrochia Ghykowe* (114: 4, 926) 1376 *in villa Deuentze in parrochia Ghicow* (114: 6, 1, 68) 1433 *Dauentze* (45: 46) 1652 *Daventz* (18: 207) 1719 *Devens* (99: 6)	1. aplb. *Dev'ǫt(e)c, *Dev'ǫtica 'neun' 2. aplb. *Dev'ǫtici	-(e)c -ica -ici
47	Groß Disnack (LAU)	1229 *villam Dosinc* (114: 1, 474) 1230 *Dvsnik* (138: 154) 1250 *duas uillas, sclauicum Pogaz et Dusnik* (127: 10, 10; 60) 1262 *der dorpen Pogetz et Dusenick* (114: 2, 249) 1482 *unse veer dorpere alse benamptlicken Pogetze, Holstendorp, Dudessche Dysnack vnde Wendessche Dysnack* (50: 26) 1855 *Groß-Disnack* (116: 1, 331)	aplb. *Dušnik- 'stickiger, schwüler Ort'	-k-

Nr.	Ortsname	Belege	aplb. Grundform	ON-Typ
48	Klein Disnack (LAU)	1230 *Dvsnik* (138: 154) 1250 *duas uillas, sclauicum Pogaz et Dusnik* (127: 10, 10; 60) 1252 *quatuor uillarum in diocesi Raceburgensi quorum nomina sunt due Pogaz et due Dusniz* (114: 2, 21) 1482 *unse veer dorpere alse benamptlicken Pogetze, Holstendorp, Dudessche Dysnack vnde Wendessche Dysnack* (50: 26) 1855 *Klein-Disnack* (116: 1, 331)	aplb. *Dušnik- 'stickiger, schwüler Ort'	-k-
49	Dissau (OH)	1321 *Her Ywan van Dissowe* (114: 3, 449) 1323 *Man van Dyzzouwe* (114: 3, 526) 1392 *dorp to Dyssowe* (130: 4, 556) 1433 *Dissouwe* (45: 454) 1650 *Dissow* (18: 32) 1855 *Dissau* (116: 1, 331)	aplb. *Dyšov-, *Zdišov-	-ov-
50	Dodau (OH)	1314 *in villis Dodow* (114: 3, 296) 1315 *in villis ... dodowe* (114: 3, 313) 1433 *Dodouwe* (45: 319) 1856 *Dodauer-Forsthof* (116: 2, 180)	aplb. *Dadov-	-ov-
51	Dörnick (PLÖ)	1460 *mit deme hove Dorneke* (129: 4, 93) 1650 *Dörnick* (18: 32) 1855 *Dörnik und Dörnikerfeld* (116: 1, 333)	aplb. *Dvornik 'Vorwerk, Meierei, Hof, Herrenhof'	Simplex
52	Dransau (PLÖ)	1264-1289 *Hartwici de Dransov* (37: 63) 1272 *Datum Dransowe* (114: 2, 456) 1331 *Iwanus de Dranzowe* (125: 558) 1433 *Dransowe* (45: 45) 1545 *Drantzow* (72: 633) 1649/52 *Drandsow* (18: 207) 1855 *Dransau* (116: 1, 337)	1. aplb. *Drąžev- 'Stange, Stock, Brecheisen, Hebebaum; dicker, Stamm' 2. aplb. *Drąžev-	-ov- -ov-
53	Drüsen (LAU)	1230 *Drvsen* (138: 148) 1292 *Drusene* (60: 51) 1385 *den ganzen Druzener zee ... an der Druzener dorpstede vnde in deme Druzener velde* (130: 4, 448) 1444 *vnse wuste dorp vnde gantze gud to Druesen* (130: 8, 265) 1855 *Drüsen* (116: 1, 338)	aplb. *Družn- 'Freund'	-n-

– E –

Nr.	Ortsname	Belege	aplb. Grundform	ON-Typ
54	Eutin (OH)	um 1190 *Utinensem Hollandri incoluerunt, Utinensis civitas, forum Uthine* (30: 212/224/294) 1200 *in ... Utine* (14) 1215 *Vtin* (114: 1, 311) 1222 *in villa Vthin* (125: 43) 1262 *in opido Vthyn* (125: 153) 1300/20 *in Oytin* (130: 2, 401) 1304 *in Vthyn* (125: 402) 1319 *in Vtyn* (125: 476) 1319 *Hinricus de Oytin* (16: 21) 1389 *in deme kerspel tho Oithin* (114: 6, 841) 1396 *Oythyn* (114: 6, 1272) 1413 *in castro nostros Vthin* (130: 5, 467) 1449 *to Oytin* (130: 7, 598) 1465 *Vthin* (130: 10, 681) seit 1492 *Oytin, vthin* (24) 1498 *vthyin vthin, vthine, oytin* (24) 1510 *Oeythin, oenthin, Vthinn, Vthin, Oytin, Othin, vtin* (24) 1514 *tho Uthyn* (129: 3, 113) 1525 *eutin, Vthin, Oeythin, Oytin* (24) 1535 *das bischofthumb Ewthin* (29: 4, 168) 1535 *Oytin* (29: 4, 169) 1550 *Eutin, vtin, thyn, Otyn* (24) 1557 *Eutin* (24) 1558 *Eutin, Eytyn* (24) 1564 *Euthin* (24) 1592 *Uhtin* (43) 1600/03 *Oytin* (43) 1612/18 *Eutin* (43: 395) 1649/52 *Die Stadt Eutin / Eutyn* (18: 229) 1855 *Eutin* (116: 370)	ide. *ud- 'Wasser, Gewässer'	

Material   LIX

– F –

Nr.	Ortsname	Belege	aplb. Grundform	ON-Typ
55	Fahren (PLÖ)	1240 *domini Tymmonis uilla que Warnov uocatur* (114: 1, 609) nach 1286 *Varn* (129: 1, 388) 1388 *villam mean Varne que sita in parrochia Kertzenhagen* (114: 6, 1, 731) 1513 *Wentorppe, Varnne* (129: 1, 148; 346) 1649/52 *Vahren* (18: 207) 1855 *Fahren* (116: 1, 374)	1. aplb. *Varna, *Varny 'Krähe' 2. aplb. *Varny (Pl.)	Simplex
56	Farchau (LAU)	1158 *curiae in Raceburg Verchowe ... cum villis quatuor: Rodemoyzle, Ziethene, Verchowe, Kolatza* (131: 41; 59) 1236 *curias episcopales: ... Verchowe* (49: 1, 448) 1445 *Verchouwe in deme kerspele to Smylouwe* (130: 8, 283) 1540 *der hoff Verchaw mit der freigen Schepfferie* (107: 674) 1855 *Farchau* (116: 1, 376)	aplb. *Virchov-, *Verchov- 'Gipfel, Hügel, oberer Teil, Spitze, Scheitel'	-ov-
57	Fargau (PLÖ)	1433 *Verchouwe* (45: 45) 1649/52 *Parchow* (18: 208) 1855 *Fargau* (116: 1, 376)	1. aplb. *V(e)rchov- 'Gipfel, Hügel, oberer Teil, Spitze, Scheitel' 2. aplb. *V(e)rchov-	-ov- -ov-
58	Fargemiel (OH)	1258 *in villa Verchemile* (125: 135) 1263 *in Verkemile / Vergemile* (125: 161) 1263 *in villa Verchemile* (125: 157) 1271 *in ... Verghemile* (125: 218) 1433 *in Verchemile* (45: 532) 1649/52 *Fargmol / Fargmühl* (18: 213) 1855 *Fargemiel* (116: 1, 376)	aplb. *V(e)rchomil'-, *V(e)rchomily	-j-
59	Farve (OH)	1333 *Hinricus de Verwe* (16: 76) 1498 *tho Varwen* (129: 3, 107) 1518 *tor Farue* (19: 149) 1533 *zu Ferwe* (129: 3, 54) 1649/52 *Farve* (18: 205) 1855 *Farve* (116: 1, 378)	1. aplb. *V(e)rba, *V(e)rby 'Weide' 2. aplb. *V(e)rb'e	Simplex -e
60	+ Farwitz (OH)	1649 *Farwitz* (18: 31)	1. aplb. *V(e)rbica 'Weide' 2. aplb. *V(e)rbici	-ica/-ice -ici

Nr.	Ortsname	Belege	aplb. Grundform	ON-Typ
61	Fissau (OH)	1200 *de Viszowe* (14) 1216 *Viscowe* (125: 31) 1222 *de Vizowe* (104: 41) 1226 *Emeko de Vizzov* (114: 1, 446) 1317 *de Visczowe* (114: 3, 345) 1325 *villam Viszowe* (114: 3, 568) 1340 *villas Vissowe* (125: 644) 1433 *villarum ... Vyssouwe* (45: 3) 1440 *versus Vissow* (125: 303) 1649/50/52 *Fißow, Fissow, Fissaw* (18: 230) 1855 *Fissau* (116: 1, 383)	1. aplb. *Vyšov- 2. aplb. *Višov-	-ov-
62	Fitzen (LAU)	1230 *Vitsin* (138: 156) 1292 *Vitzen / Vitze* (60: 48) 1374 *to der Vithze / to der Vidsen / vor der Vitzen / in Vitze / Hartwicus tho der Vytze* (36: 194f./199/202) 1407 *Johan Bernevur de oldere, wonaftich thu der Vytzen* (130: 5, 164) 1855 *Fitzen* (116: 1, 384)	aplb. *Vit-šin-	-in-

– G –

Nr.	Ortsname	Belege	aplb. Grundform	ON-Typ
63	Gaarz (OH)	1433 *in Gartze* (45: 484) 1609 *Detlev ... von Garz* (129: 413) 1651/52 *die Edelhofe Gartz* (18: 205, 213) 1855 *Gaarz* (116: 1, 399)	aplb. *Gardec, *Gard'c 'Umzäunung, Garten, Burg, Stadt, Festung, Schloß'	-ec -'c
64	Gamal (OH)	um 1190 *in ... Gamale* (30: 292) 1164 *Gumalie* (125: 5) 1215 *Gumalye* (125: 30) 1256 *Gummale / Gommale* (125: 123) 1288 *de villis ... Gumale* (125: 310) 1329/35 *de Gomale* (65) 1356 *villa Gumal* (114: 4, 1310) 1375 *in villa Ghumale* (114: 6, 1673) 1400 *to Gammal* (114: 6, 1673) 1433 *Gamale* (45: 15) 1568 *Gammall* (61: 284) 1933 *Gamal* (32: 1968, 20)	aplb. *Gomol'a, *Gomol'e 'Klumpen, Ballen, Kugel, Erhöhung, Hügel'	Simplex
65	Garkau (OH)	1277 *in uilla Gorcowe* (130: 1, 381) 1361 *villam Ghørkowe* (130: 3, 388) 1433 *Gorkowe* (45: 421) 1462 *dorpe ... Gorckow* (129: 3, 83) 1650/52 *Garkow* (18: 238) 1855 *Garkau* (116: 1, 402)	1. aplb. *Gorkov-, *Chorkov- 2. aplb. *Gorkov- 'kleiner Berg, Hügel'	-ov-

Nr.	Ortsname	Belege	aplb. Grundform	ON-Typ
66	Genin (HL)	1163 *Ginin* (131: 89) 1249 *in uilla Genin* (125: 107) 1396 *in ... dorpen ... Ghennyn, Nederbutzowe* (114: 6, 2, 1257) 1419 *an dem dorpe Ghynnyn, beleghen vor Lubeke* (130: 6, 76) 1419 *in ... dorpen ... Ghinnyn* (130: 6, 107) 1428 *versus ghenyn* (130: 7, 283) 1652 *Gnyn* (31) 1855 *Genin* (116: 1, 404)	aplb. *Chynin-	-in-
67	+ Gerwitz (PLÖ)	1320 *in villa Ghervitze sita in parrochia luttekenburg* (125: 490) 1433 *Ghervitze* (45: 47)	1. aplb. *Jarovici 2. aplb. *Jarovica 'Schlucht, Talschlucht, Engpaß, steiles abschüssiges Ufer, steile Bergwand, zerklüftetes Ufer'	-ovici -ov-ica
68	Giekau (PLÖ)	1259 *Gikowe* (125: 142) 1276 *Gyghowe* (125: 253) 1306 *Nicolaus de Gykowe / ecclesia in Gykowe* (125: 413) 1399 *in parrochia Ghykow* (114: 6, 2, 1520) 1433 *in Ghikowe* (45: 45) 1515 *karspell to Gikow* (129: 1, 150; 348) 1649/52 *Gykow* (18: 207) 1855 *Gikau* (116: 1, 407)	aplb. *Kykov-	-ov-
69	+ Glambek (OH)	1318 *Glambecke* (49: 6, 366) 1320/21 *ante castrum* (114: 3, 433) 1340 *to dem Glambeke* (22: 3, 41) 1444 *in dem slote Ghlambeke* (130: 8, 270) 1514 *zu Glambeke* (129: 3, 41) 1648/52 *Glambeck hauen* (18: 158) 1746 *der wüste ... Platz Glambeck* (33: 1 (1957) 58)	aplb. *Gląbok- 'tief'	Simplex
70	+ Deutsch-Gneningen (OH)	1322 *Johannes de Ghneninghe* (16: 32) 1433 *in Dudesche Gnenynghe* (45: 556) 1504 *to Gneninghen* (62: 2, 1059) 1649/51 *Gnenyn* (18: 30, 31)	aplb. *Gněvnici	-ici
71	+ Wendisch-Gneningen (OH)	1433 *Wendeschen Gnenynghe* (45: 556) 1459 *to Gneninge* (130: 9, 784) 1479 *tho Gnenynghe* (129: 3, 89) 1528 *tho Gneninge* (33: 6 (1962) 24)	aplb. *Gněvnici	-ici
72	Gnissau (OH)	1198 *ecclesia in Gnessow* (125: 19) 1278 *ad villam Gneshowe* (125: 269) 1316 *dhat kerspel tho Gnessowe* (114: 3, 329) 1433 *in Gnessouwe* (45: 40) 1652 *Gnißnow / Gnissow* (18: 231) 1855 *Gnissau* (116: 1, 417)	aplb. *Gněšov-	-ov-

Nr.	Ortsname	Belege	aplb. Grundform	ON-Typ
73	Godau (PLÖ)	1244 *Henricum de Godowe ... uillarum Godowe ... Nemete* (125: 90) 1259 *Hasso de Godowe* (114: 2, 191) 1337 *in uilla godowe* (114: 3, 961) 1433 *Gudouwe* (45: 42) 1460 *mit deme dorpe Gudow* (125: 4, 93; 147) 1649 *Godow* (18: 31) 1855 *Godau* (116: 1, 418)	aplb. **Godov-*	-ov-
74	Göhl (OH)	1337 *Thidemannus Ghoele* (16: 79) 1433 *in Ghole* (45: 488) 1652 *Göel, Göell, Goell* (18: 213) 1855 *Goel* (116: 1, 419)	aplb. **Gol'a* **Gol'e* 'Heide, Waldung, Forst, freier, offener Ort; kahler Erdfleck ohne Gras'	Simplex
75	Gold (OH)	1231 *uille Sclauorum ... Gol* (40: 1, 52) 1854 *Ladeplatz Gold* (115: 11) 1908 *Boothafen Gold* (57: 7, 14)	aplb. **Gol'a* **Gol'e* 'Heide, Waldung, Forst, freier, offener Ort; kahler Erdfleck ohne Gras'	Simplex
76	Göldenitz (LAU)	1217 *Nothelmo de Goldenez* (49: 1, 233) 1230 *Gvldenize* (138: 152) 1313 *in villis Goldeniz et Cyresrode* (125: 445) 1401 *hoff, dorp, mole vnde veste tor Golnitze* (130: 5, 19) 1433 *vppe dat gut to Goldenitze ... des dorpes Goldenitze mit der molen* (130: 7, 556) 1855 *Göldenitz* (116: 1, 419)	aplb. **Gol-nici,* **Golanici,* **Golenici*	-ici
77	Gömnitz (OH)	1280 *de ... Gummesse / Gumesce* (125: 288) 1283 *Gummesce* (125: 289) 1316 *desse dhorp ... Gomice* (114: 3, 329) 1376 *Gometze* (114: 4, 22) 1652 *Gŏmbs, Goembs* (18: 214, 233) 1855 *Gömnitz* (116: 1, 419)	aplb. **Gum'n-c-* 'Tenne, Hütte, Wirtschaftshof'	-ica/-ice
78	Görnitz (PLÖ)	1338-1340 *Volradus Vole in Gorense* (130: 4, 26) 1433 *Gorgense* (45: 47) 1561 *Gornitz* (70: 891) 1649 *Gorns* (18: 31) 1855 *Görnitz* (116: 1, 420)	aplb. **Gor'nec,* **Gor'nica* 'Berg'	-n(e)c -nica
79	Görtz (OH)	1263 *in uilla Gorceke* (125: 161) 1267 *in villa Gortseke* (125: 191) 1271 *in villa Gorcicke* (125: 216) 1318 *Hinricus de Ghortze* (16: 16) 1373 *Görtze* (114: 4, 1502) 1433 *in Gortze* (45: 513) 1652 *Gortze / Gortz / Görtze* (18: 312) 1855 *Görtz* (116: 1, 420)	aplb. **Gor'-sk-* 'Ort, Siedlung an oder auf einem Berg'	-sk-

Nr.	Ortsname	Belege	aplb. Grundform	ON-Typ
80	Gothmund (HL)	1634 *zum Vischer boden aussen Burgthor* (8) um 1690 *zum Gothmunde* (10: IIa, 18) 1705 *zu Gottmund* (7) 1829 *Gothmund* (120: 38)	aplb. *Votmąt* (Sg.) *Votmąty* (Pl.) 'tiefes Wasser, Tiefe im Fluß, tiefes und schnell strömendes Wasser, trübes Wasser, Strudel'	Simplex
81	Göttin (LAU)	1194 *Guthin* (114: 1, 188) 1292 *Gottin* (60: 51)	aplb. *Chotin-	-in-
82	Gowens (PLÖ)	1353 *in deme Gowense* (114: 6, 1, 601) 1433 *Gouensee* (45: 48) 1470 *Govense ime kerspele tor Nigenkercken* (129: 4, 352; 448) 1545 *Gouenstze* (72: 633) 1649 *Gofens* (18: 31) 1855 *Gowens* (116: 1, 425)	aplb. *Govn(e)c* 'Mist, Dreck, Kot'	-(e)c
83	Grabau (LAU)	1215 *Henricus de Grabowe* (114: 1, 310) 1434 *vnse dorpere ... Kerseborch vnde Grabow* (130: 7, 602) 1855 *Grabau* (116: 1, 425)	aplb. *Grabov-* 'Hainbuche, Weißbuche'	-ov-
84	Grambek (LAU)	1194 *in parrochia Godowe: Zageran, Lesten, Bandowe, Grambeke* (114: 1, 188) 1855 *Grambek* (116: 1, 425)	aplb. *Grąb-ky*	Simplex
85	Grebin (PLÖ)	1433 *Grebbin* (45: 47) 1649 *Grebyn* (18: 31) 1855 *Grebin* (116: 1, 428)	1. aplb. *Grabin-, *Grabina, *Grabiny* 'Hagebuche, Hainbuchengehölz' 2. aplb. *Greben* 'Kamm, Flachshechel, Bergkamm'	-in- -ina/-iny Simplex
86	(Malente-)Gremsmühlen (OH)	1215 *Gremenze* (125: 30) 1216 *Gremenesce* (125: 31) 128 *molendinum Gremece / in Gremesce* (125: 288) 1367 *molendinum Gremetze* (114: 4, 1215) 1649/50/51/52 *Gremersmöhl / Gremersmoll / Groemsmöll / Gremsmohl* (18: 231) 1855 *Gremsmühlen* (116: 1, 428)	aplb. *Gr(e)męca* 'donnern, klappern, klirren, poltern, dröhnen, lärmen, toben, krachen'	Verbalstamm
87	Griebel (OH)	1330 *Stephanus de Griuele* (16: 58) 1497 *mit deme dorppe Gryvel* (129: 4, 383) 1652 *Grywel / Grywill / Grywell* (18: 230) 1855 *Griebel* (116: 1, 430)	1. aplb. *Griv-l-* 2. aplb. *Griv-l-* 'Bergrücken, Hügel'	-l-
88	Grinau (LAU)	1263 *de molendino in Grinowe* (125: 160) 1380 *dat halue dorp, dat ghenomet is vnde gheheten de Grynowe* (130: 4, 368) 1399 *ville eorum in Grinow* (130: 4, 684) 1457 *in der Grynnouwe* (130: 9, 493) 1855 *Grinau (Grienau)* (116: 1, 431)	1. aplb. *Grinava* 2. aplb. *Grinova*	-ava -ov-

Nr.	Ortsname	Belege	aplb. Grundform	ON-Typ
89	Grömitz (OH)	1198/99 Grobnize (114: 1, 211) 1237 Grobenezze (130: 1, 79) 1238 Grobcnize (130· ?, 17) 1280 Grobenisse (125: 288) 1316 tho der Grobenice (114: 3, 329) 1322 villam Grobenitze (114: 3, 470) 1433 in Grobenytze (45: 347) 1652 Groembsee / Groembs / Gröems (18: 214) 1855 Grömitz (116: 1, 432)	aplb. *Grob'nica 'Grabhügel, Graben, Kanal'	-n-ica
90	Grove (LAU)	1230 in sclauicis uillis ... Grove (138: 190) 1526 Groue (61) 1855 Grove (116: 1, 441)	aplb. *Grob (Sg.), *Groby (Pl.) 'Graben, Mauer; eine durch Wall und Gräben gesicherte, geschützte Siedlung'	Simplex
91	Grube (OH)	1222/23 de Grobe (114: 1, 393) 1321 in Gruoben / in Gruobe (125: 495) 1323 in oppido Grobe (114: 3, 514) 1481/88 in Grovene (33: 16 (1972) 45) 1652 Grube, das Kirchdorff (18: 205) 1855 Grube (116: 1, 444)	aplb. *Grob (Sg.), *Groby (Pl.) 'Graben, Mauer; eine durch Wall und Gräben gesicherte, geschützte Siedlung'	Simplex
92	Gudow (LAU)	1194 in parrochia Godowe (114: 1, 188) 1292 Guddow / in deme kerspele to Gudow (60: 49/51) 1334 in villa Gudowe (114: 3, 848) 1337 in uilla Godowe (114: 3, 961) 1400 Heyneke van Tzule, wonaftich tho Gudow, Knapen (49: 24, 13592) 1452 Hartich Parkentin to Gudouwe (130: 9, 107) 1855 Gudow (116: 1, 444)	1. aplb. *Godov- 2. aplb. *Chodov-	-ov-
93	+ Gülze (LAU)	1230 Gvletse (138: 156) 1262 villam Gulz (114: 2, 240) 1292 Gultze (60: 48) 1387 vnum integrum mansum ... situm prope et ante opidum Molne in campo wulgariter nuncupatum vppe deme Gûltzervelde (130: 4, 484) 1546 Gultzower Felde (109: 275)	1. aplb. *Golica 'Heide, Wald, kahler Platz' 2. aplb. *Golica	-ica -ica
94	Gülzow (LAU)	1230 Gvltsowe (138: 188) 1328 ad ecclesiam parochialem Gulzowe ... de Parochia Gulzowe (129: 2, 63) 1343 illi de Gultzowe (114: 4, 61) 1465 Ludeloff Schacke tho Gultzouw ... Knapen (130: 10, 580) 1855 Gültzow (116: 1, 446)	1. aplb. *Gol-šov- 2. aplb. *Gol-č' 3. aplb. *Gol'cov-	-ov-

Nr.	Ortsname	Belege	aplb. Grundform	ON-Typ
95	Güster (LAU)	1230 *Guztrade* (138: 190) 1323 *yn deme gude ... Belendorpe, Parkentyn, Grotem Manker, Guzter* (130: 2, 445) 1345 *in villa Ghusterte* (114: 4, 201) 1408 *yn myneme ghude ... tu Ghusterde* (130: 5, 195) 1457 *by Gusterde* (130: 9, 570) 1855 *Güster* (116: 1, 447)	aplb. **Gostirady* (Pl.)	Simplex
96	Guttau (OH)	1238 *contra Gutowe* (130: 2, 17) 1390 *villam dictam Gutow* (114: 6, 860) 1433 *in Gutouwe* (45: 536) 1649/51/52 *Gottow / Guthow / Gůthow* (18: 213) 1855 *Guttau* (116: 1, 447)	aplb. **Chotov- *Gutov-*	-ov-

– H –

Nr.	Ortsname	Belege	aplb. Grundform	ON-Typ
97	Hobstin (OH)	1280 *Pustin slauicum* (125: 288) 1304 *villam quandam que dicitur Postyn slauicalis* (125: 399) 1425 *to Postyn* (130: 6, 677) 1433 *Wendeschen Postin* (45: 360) 1652 *Hubstin / Hubstyn / Hubsteyn* (18: 214) 1855 *Hobstin* (116: 1, 521)	aplb. **Postěn, *Postěn'e* 'schattiger Ort'	Simplex

– J –

Nr.	Ortsname	Belege	aplb. Grundform	ON-Typ
98	Jarkau (OH)	1280 *Yericho* (125: 288) 1316 *desse dhorp Yarchowe* (114: 3, 329) 1433 *Jarchow* (45: 356) 1649/50/52 *Jarkow / Iarjow* (18: 214) 1856 *Jarkau* (116: 2, 459)	aplb. **Jarochov-, *Jarkov-*	-ov-
99	Jasen (OH)	1856 *Jasen, Erbpachtstelle* (116: 2, 2) 1908 *Jasen, Gehöft mit Ziegelei* (57: 7, 98) 1922 *Jasen, Hof* (135: 72)	aplb. **Jasen'* 'Esche'	Simplex

– K –

Nr.	Ortsname	Belege	aplb. Grundform	ON-Typ
100	+ Kakediz (OH)	1215 *Cakeuic* (125: 30) 1222/23 *allodii quod Kakediz dicitur* (125: 46) 1272 *aque in Cakediz* (125: 229) 1280 *Kadedis cum uilla slauica adiacente* (125: 288) 1330 *de Kakedice* (65) 1345 *curiam Kakeditze* (114: 4, 217) 1440 *pro restagnatione Kakedis* (125: 297) 1763 *an der sogenannten Kakelitz* (= Grenzgraben zwischen Lübbersdorf und Ehlerstorf) (94: 534, 57)	aplb. **Kakovici*	-ovici-
101	Kaköhl (PLÖ)	1287 *villam Kukole, sitam ... in parrochia Blekendorpe* (130: 1, 513) 1314 *in villa Kukôle* (125: 488) 1353 *in villa Kůckole* (130: 3, 166) 1419 *in villa Kokole* (130: 6, 149) 1433 *Kukole* (45: 47) 1646 *dorff Kockoll* (72: 630) 1649 *Kokeell* (18: 31) 1856 *Kaköl* (116: 2, 17)	1. aplb. **Chocholy* (Pl.) 'Schopf, Haarbüschel, Kegel, Busch, kuppenartige Erhöhung, Federbusch, Haube, Gipfel eines Berges' 2. aplb. **Chocholy* (Pl.) 3. aplb. **Kukoly* (Pl.)	Simplex
102	Kalübbe (PLÖ)	1341 *Karlybbe* (51: 10/11, 1892/93, 701) 1433 *Karlubbe* (45: 41) 1588 *zu Karlibbe* (126: 43, 141) 1650 *Karlippe* (18: 31) 1855 *Calübbe* (116: 1, 282)	aplb. **Charluby* (Pl.) 'hohler Fichtenstamm, ausgemeißeltes Holzgefäß, Lauf, Mühllauf, Mantel, Gußform, Korb aus Baumrinde zum Beerensammeln'	Simplex
103	Kankelau (LAU)	1230 *Cankelowe* (138: 190) 1278 *Kankelowe* (127: 7, 60, 2) 1437 *vte myneme gantzen dorp vnde gude Canckelouwe* (130: 7, 757) 1450 *de villa ... Kankelauw* (84.2: 49; 267) 1856 *Kankelow (Kankelau)* (116: 2, 19) 1908 *Kankelau* (57: 1, 4, 59)	1. aplb. **Kąkolov-* 'Kornrade' 2. aplb. **Kąkolov-*	-ov- -ov-
104	Karpe (PLÖ)	1264-1289 *predium suum Karbe* (37: 91) 1460 *mit dem dorpe Karbe* (129: 4, 93; 147) 1649 *Carpe* (18: 31) 1855 *Carpe und Carperfeld* (116: 1, 286)	aplb. **Charb, *Charby* (Pl.) 'Hügel, Berg, Buckel Anhöhe, Höcker'	Simplex

Nr.	Ortsname	Belege	aplb. Grundform	ON-Typ
105	Kassau (OH)	1214 *Wilt de Cartzowe* (125: 28) 1229 *ad terminis de ville Carzowe* (130: 2, 10) 1290 *dominus Nicolaus de Karzowe* (125: 313) 1406 *in villis Kartzow* (268) 1649/52 *Caßau / Kassov* (18: 214) 1855 *Cassau* (116: 1, 287)	1. aplb. *Karčov-* 'Wurzelstock, ausgegrabener Baumstumpf, Rodeland' 2. aplb. *Karsov-* 'ausgerodete Landstriche' 3. aplb. *Karsov-*	-ov-
106	Kehrsen (LAU)	1194 *in parrochia Stralige: ... Kerseme* (114: 1, 188) 1292 *Kersem* (60: 48) 1376 *Heyno de Kerzem* (114: 6, 85) 1391-1392 *myd Maken Tzulow to Kersim* (49: 22, 12369; 104) 1442 *dat gantse dorp Kersem* (25: Urk. 4; Kreisarchiv Ratzeburg) 1855 *Kehrsen* (116: 2, 21)	1. aplb. *Karsin-* 'Strauch, Zwergbaum, ausgerodete Landstriche' 2. aplb. *Karsin-* 3. aplb. *Karšin-*	-in- -in- -in-
107	Kembs (OH)	1267 *in villa Kempiz* (130: 1, 198) 1304 *villam Kempeze* (130: 2, 184) 1331 *in villa Kempze* (130: 2, 525) 1433 *in Kemptze* (45: 500) 1650 *Kemps* (18: 32) 1856 *Kembs* (116: 2, 25)	aplb. *Kąpica* 'aus dem Wasser hervorragender Hügel, Horst, Hügel auf einer Wiese und im Sumpf'	-ica/-ice
108	Kembs (PLÖ)	1433 *Kempze* (45: 42) 1454 *tota villa Kempse* (124: 22, 13-16a) 1494 *Kemtze* (68: 2) 1649/52 *Kemps* (18: 31/209) 1856 *Kembs* (116: 2, 25)	aplb. *Kąpica* 'aus dem Wasser hervorragender Hügel, Horst, Hügel auf einer Wiese und im Sumpf'	-ica/-ice
109	+ Kietz (OH)	1329/35 *ligna nostra, que Kis dicuntur* (125: 609) 1440 *prope Tziretze dat Kytz* (125: 309) 1451 *deme Kisz* (130: 9, 29) 1463 *de Kijs* (130: 10, 415) 1761 *hinter dem Kiess / auf den Kiess / die Kies-Wiese* (89)	aplb. *Chyč, *Chyča, *Chyče* 'Hütte'	-č-
110	Kittlitz (LAU)	1230 *Kitlist* (138: 146) 1425 *vth deme gantzen dorpe to Kijtliste vnde in dem zee* (130: 6, 651) 1442 *vth myneme gansen dorpe vnde gude Kettelstorpe* (130: 8, 109) 1444 *in deme gantzen dorpe Kyttelste* (130: 8, 201) 1450 *to Kitleste* (130: 8, 725) 1459 *Bertolt Daldorp de junge to Kitlist* (130: 9, 785) 1473 *to Kitlisse* (123: 75) 1855 *Kittlitz* (116: 2, 36)	1. aplb. *Kyt-lici* 2. aplb. *Chyt-lici* 3. aplb. *Kytlišče* 'Stengel, Blätter, Heubündel, Blumenstrauß'	-ici -išče

Nr.	Ortsname	Belege	aplb. Grundform	ON-Typ
111	Klempau (LAU)	1194 *Climpowe* (114: 1, 188) 1292 *Clempow / Lutken Clempow* (60: 48/51) 1321 *in villis ... Klempowe Koselstorpe et Sarowe* (114: 3, 448) 1434 *to Clempouwe* (130: 7, 608) 1458 *vth vnsen gantzen guderen, houe vnde dorpe to Klempouwe* (130: 9, 657) 1855 *Clempau* (116: 1, 297)	1. aplb. *Kl'ǫpov- 2. aplb. *Kl'ǫpov- 'Knebel, Holzklötzchen'	-ov- -ov-
112	Klenau (OH)	1150 *Kenoulle* (114: 1, 89) 1271 *in villa nostra Clenowe* (125: 221) 1314 *in Klennow* (114: 3, 296) 1399 *et Clenowe* (114: 6, 1513) 1433 *in Clenouwe* (45: 530) 1462 *in deme dorppe Klenouwe* (130: 10, 257) 1649/52 *Klenow, Kleinaw* (18: 213) 1856 *Klenau* (116: 2, 37)	1. aplb. *Klenov- 'Ahorn' 2. aplb. *Klen-ov-	-ov-
113	Klenzau (OH)	1288 *inter Klenzowe* (125: 310) 1318 *Johan Clensowe* (16: 19) 1333 *Marquardus de Clenzowe* (16: 66) 1433 *Clentzouwe* (45: 9) 1440 *in Clentzow* (125: 303) 1649/50/52 *Klentzou / Klentzow dorff* (18: 230) 1856 *Klenzau* (116: 2, 37)	aplb. *Klęcov-	-ov-
114	Niederkleveez (PLÖ)	1385 *to Cleuetze* (114: 6, 1, 606, 1542) 1460 *ime dorpe Klevetze* (129: 4, 24; 42) 1632 *zu Clevetz* (91: 306) 1649 *Clewitz* (18: 31) 1855 *Nieder-Cleveez* (116: 1, 298)	aplb. *Chlěv(e)c 'Viehstall, Stall'	-(e)c
115	Oberkleveez (PLÖ)	1855 *Ober-Cleveez* (116: 1, 298)	aplb. *Chlěv(e)c 'Viehstall, Stall'	-(e)c
116	Klötzin (OH)	1271 *in villa Clutsin* (130: 1, 326) 1301 *in territorio ville Klutzin* (130: 2, 138) 1302 *ville Clutsin* (130: 2, 157) 1433 *in Clotzin* (45: 483) 1649/51/52 *Klotzyn / Klotzijn / Dorffe r... Klotzin* (18: 213) 1855 *Clotzin* (116: 1, 298) 1908 *Klötzin* (57: 7, 82)	aplb. *Kl'učina, *Kl'učiny 'lautsprudelnde Quelle, das Hervorquellen von Wasser'	-in-
117	+ Kolatza (LAU)	1158 *cum uillis quatuor: Rvdemoyzle, Ziethene, Verchowe, Kolatza* (49: 1, 65; 58)	1. aplb. *Kolač, *Kolače (Pl.) 'Art rundlicher Kringel, rundlicher Kuchen, rundes Brot, Stollen, Striezel' 2. aplb. *Kolače (Pl.)	-č-

Nr.	Ortsname	Belege	aplb. Grundform	ON-Typ
118	+ Korlin (OH)	1365 *curiam meam Korlyn* (114: 4, 1139) 1376 *curiam Corlyn* (114: 6, 32)	1. aplb. *Chorelin- 2. aplb. *Korelin-	-in-
119	Körnick (OH)	1280 *Kornig* (125: 288) 1322 *villam Corneke* (114: 3, 470) 1325 *villam Korneke* (114: 3, 568) 1649/52 *Körnicke / Kornick* (18: 214) 1781 *Cörnick* (85: A 3, 197a) 1856 *Körnik* (116: 2, 44) 1908 *Körniek* (57: 7, 59)	aplb. *Kor'nik- 'Rinde, Kruste'	-k-
120	Köthel (LAU)	1238 *dimidietatem ville Reinebec que Cotle quondam vocabatur* (114: 1, 567) 1248 *uillarum Honuelde et Kotle* (114: 1, 711) 1345 *Volquen vnde Dethlef brodere gheheten van Kôtele* (130: 2, 2, 844) 1856 *Köthel* (116: 2, 45)	aplb. *Kotly (Pl.) 'Kessel, Talkessel, kesselartige Vertiefung im Gelände'	Simplex
121	Krokau (PLÖ)	1264-1289 *Hinricus de Crochowe* (37: 6) 1286 *Crocowe* (129: 1, 388) um 1400 *Krukouwe* (114: 6, 2, 1717) 1442 *Crocowe* (74: 344) 1649/52 *Crokow / Krokaw* (18: 31/207) 1856 *Krokau* (116: 2, 51)	aplb. *Krokov-	-ov-
122	Kröß (OH)	1433 *in Corosse* (45: 470) 1531 *eyne halve hove by Krosszer velde belegen* (105: A 6) 1652 *Croste* (18: 213) 1855 *Cröß* (116: 1, 308) 1908 *Kröß* (57: 7, 88)	1. aplb. *Choroše 2. aplb. *Koroš(a)	-š-
123	Krukow (LAU)	1230 *Crukowe* (138: 188) 1423 *to Thomen vnde to Krukowe* (130: 6, 536) 1443 *to Krukauwe* (84.2: 49; 271) 1556 *in dem dorffe ... Thömen Krukow* (107: 728d) 1856 *Krukow* (116: 2, 54)	1. aplb. *Krukov- 'Rabe' 2. aplb. *Krukov-	-ov- -ov-
124	Krüzen (LAU)	1230 *Crutsem* (138: 188) 1441 *Krutzem* (107: 322) 1454 *by Kruttzen* (107: 358) 1525 *Crutzem* (61) 1542 *Kollow und Krutzenn* (107: 689) 1856 *Krüzen* (116: 2, 53)	1. aplb. *Krušn- 2. aplb. *Krušin- 'Splitter, Scherbe, Stück, Scholle, Scheibe, Kies' 3. aplb. *Krušn-, *Krušin- 'Birne, Birnbaum' 4. aplb. *Krušin-	-n- -in- -in- -in-

Nr.	Ortsname	Belege	aplb. Grundform	ON-Typ
125	Kücknitz (HL)	1334 *in villa Kykelze / de villa Kykylicze* (130: 2, 2, 592) 1334 *villa meum Kvkeltzc / de villa Kykelyze* (130: 2, 2, 591) 1339 *villam suam Kykelitze cum molendino* (130: 2, 2, 691) 1433 *Kukulze* (45: 52) 1455 *Hanse Ramelouwe, wandages wonafftich to Kukelse* (130: 9, 232) 1464 *de gantzen molen to Kukeltze* (130: 10, 456) 1829 *Kukenitz* (120: 50) 1856 *Kükenitz* (116: 2, 62)	1. aplb. **Kuk-lici* 2. aplb. **Kuklica, *Kuklice* 'Anhöhe, Bergspitze'	-ici -ica/-ice
126	Kühren (PLÖ) [Lütjendorf]	1433 *Kuren* (45: 46) 1649/52 *Kühren / Kuren* (18: 31/209) 1856 *Kühren* (116: 2, 60)	aplb. **Kur'n-* 'Staub'	-n-
127	Kühren (PLÖ) [Preetz]	1216 *Godescalcus de Curen* (114: 1, 327) 1224 *Kuren* (114: 1, 422) 1396 *Volrad van Kůrne* (114: 6, 2, 1257) 1435 *to des Hoves to Kurne* (129: 1, 112; 300) 1555 *van dem Have tho Khuren* (129: 1, 163; 362) 1649/52 *Küren / Kůhren* (18: 31/206) 1856 *Kühren* (116: 2, 59)	aplb. **Kur'n-* 'Staub'	-n-
128	Kleinkühren (PLÖ)	1232 *in angulo Kuren* (114: 1, 501) 1649/52 *Küren / Kuhren dorff* (18: 31/206) 1855 *Klein-Kühren* (116: 2, 61)	aplb. **Kur'n-* 'Staub'	-n-
129	Kühsen (LAU)	1230 *Kvcen* (138: 150) 1292 *Kusen* (60: 48) 1299 *villam Kusie* (27: 1255) 1344 *to Kutzen* (114: 4, 140) 1431 *Cutzen* (14: 3; Abt.: Kloster Loccum, 833) 1446 *vmme dat dorp Kutze* (107: 345) 1464 *van der Kutzer, Nutzer ... schede* (130: 10, 481) 1468 *an myner veltmarken Kutzen* (130: 11, 395) 1470 *zin gantze dorp Kutze ... im kerspel to Nutze belegen* (130: 11, 602) 1564 *Kuetze* (14: 3; Abt.: Kloster Loccum, 828, fol. 484) 1856 *Kühsen* (116: 2, 61)	1. aplb. **Kus'n-* 'Flüßchen mit schneller Strömung' 2. aplb. **Kus'n-* 'kurz, abgestutzt' 3. aplb. **Kuče* 'Bude, Hütte, Kate, Heuschober' 4. aplb. **Kušin-* 5. aplb. **Kusin-* 6. aplb. **Kučin-* 7. aplb. **Kucin-*	-n- -n- -če -in- -in- -in- -in-

Material LXXI

Nr.	Ortsname	Belege	aplb. Grundform	ON-Typ
130	Kükelühn (OH)	1210 *villam, que Cuculune dicitur* (130: 2, 4) 1213 *uillam, que Cuculine dicitur* (130: 1, 14) 1229 *villas Kukulune* (130: 2, 10) 1287 *villis ... Kokelune* (125: 308) 1325 *villam Kokelvne cum molendino* (129: 3, 568) 1475 *in den dorpen ... Kukelune* (129: 4, 366) 1519 *Kakelune* (9: 85/86) 1649/52 *Kukelyn / Kŭckelien und Mŭhl* (18: 210) 1855 *Kükelühn* (116: 2, 61)	1. aplb. **Chocholina, *Chocholiny* 'Schopf, Haarbüschel, kuppenartige Erhebung, Bergkuppe, Hügel' 2. aplb. **Chocholin-* 3. aplb. **Kukulina, *Kukuliny* 'Kuckuck'	-ina/-iny -in- -ina/-iny
131	Kulpin (LAU)	1228 *Eghardus de Culpin ... milites* (114: 1, 463) 1230 *Cvlpin* (138: 154) 1262 *Johannes de Colpin* (114: 2, 240) 1376 *in et ex curia nostra Colpyn* (49: 19, 10869) 1379 *to minen houe to Culpijn* 130: 4, 361) 1433 *to Culpin* (130: 7, 531) 1476 *vse gantze dorp vnde gudt to Kolpyn midt dem haue* (107: 419) 1855 *Culpin* (116: 1, 312) 1908 *Kulpin* (57: 1, 4, 72)	1. aplb. **Kolpin-* 'Schwan' 2. aplb. **Kolpin-*	-in- -in-
132	+ Kulpin (LAU)	1434 *auer de Calpien* (132: 2, 1860; 403)	1. aplb. **Kolpin-* 'Schwan' 2. aplb. **Kolpin-*	-in- -in-

– L –

Nr.	Ortsname	Belege	aplb. Grundform	ON-Typ
133	Labenz (LAU)	1390 *villam Labbentzeke* (130: 4, 518) 1390 *in villa Labentzke* (130: 4, 525) 1394 *dat ganse gut to der Labenseke* (127: 9, 44; 62) 1399 *in Labentzeke* (130: 4, 688) 1471 *dat Dorp to Lawentzke* (50: 43b) 1649 *Lofens* (31) 1774 *Labentz* (85: A 5, 8) 1856 *Labenz* (116: 2, 66)	aplb. **Lov'n'sk-*	-sk-

Nr.	Ortsname	Belege	aplb. Grundform	ON-Typ
134	Laboe (PLÖ)	1240 *Lubodne* (114: 1, 609, 1286) 1264-1289 *Thacmarus de Lebodene* (37: 58) 1286 *in Lyboden / Lybode* (129: 1, 384/38) 1346 *domino Johanni Lybbode* (114: 4, 238) 1448 *tor Laboden* (129: 1, 122; 315) 1464 *Labbode* (74: 345) 1513 *Labboede* (129: 1, 148; 346) 1649/52 *Labboyen* (18: 207) 1856 *Laboe* (116: 2, 67)	aplb. *L'ubotin-	-in-
135	+ Lalkau (LAU)	1230 *in sclauicis uillis ... Lelecowe* (138: 190) 1306 *villam nostram Lelekowe* (49: 5, 3106) 1460 *van der wusten veltmarke to Lellkouwe* (130: 9, 861) 1558 *myth der oberen vnd nederen velthmarke to Lellekouw* (107: 735) 1572 *mit einem guethe das Lalkouwer feldt genandt* (107: 824) 1608 *auf der Franzhagener alias Lolkower Feldmark* (107: 914/915)	aplb. *Lel-kov	-ov-
136	Langenlehsten (LAU)	1194 *in parrochia Godowe: Zageran, Lesten, Bandowe, Grambeke* (114: 1, 188) 1230 *Lesten* (138: 148) 1856 *Leesten (Lehsten / Langenlehsten ...)* (116: 2, 80) 1908 *Langenlehsten* (57: 1, 4, 74)	aplb. *Lěščn- 'Haselnußstrauch, Haselstaude'	-n-
137	Lankau (LAU)	1208 *in Sclavia villam, que Lanchua dicitur* (28: 1, 371) 1211 *in uilla, que Lankowe dicitur* (49: 1, 203) 1292 *Lanckow* (60: 49) 1317 *in villa Lancowe* (49: 6, 3880) 1445 *vp der veltmarke vnde vp dem velde to Lanckauwe ... bouen deme Lanckauwer see* (130: 8, 282) 1458 *in deme houe vnde gantzen dorpe Lanckouwe* (130: 9, 658) 1856 *Lankau* (116: 2, 73)	aplb. *Ląkov-, *Ląkova 'Wiese, sumpfige Talwiese, Aue'	-ov-
138	+ Lanke (PLÖ)	1220 *Ludolfus de Lanken* (114: 1, 362) 1232 *Torente, Lanke* (129: 1, 11; 204) 1450 *to Lanke im kerspele to Ghikow* (130: 9, 784) 1464 *to Lanken im kerspele to Ghikouwe* (130: 10, 538) 1503 *to Lanke* (95: 68)	aplb. *Ląk-, *Ląka *Ląky 'Biegung, Krümmung, Wiesen- oder Waldrand einer Flußkrümme, Hohlweg, Tal'	Simplex

Nr.	Ortsname	Belege	aplb. Grundform	ON-Typ
139	Lanken (LAU)	1278 *Lanken* (127: 7, 60; 62) 1426 *Albert Wulff, wonafftich to der Lancke ... knapen* (130: 6, 771) 1470 *mit dem dorpe to Sabeltze tor Lancken* (129: 4, 125; 193) 1533 *Langken* (107: 648) 1856 *Lanken* (116: 2, 73)	aplb. *Ląka, *Ląky 'Wiese, sumpfige Talwiese, Aue'	Simplex
140	+ Lanken (OH)	1215 *in Aldenburch ... Lanke* (114: 1, 311) 1256 *pro tribus mansis qui Lanken dicuntur* (125: 122) 1483 *tho Lancken* (129: 3, 94)	aplb. *Ląk-, *Ląka *Ląky 'Biegung, Krümmung, Wiesen- oder Waldrand einer Flußkrümme, Hohlweg, Tal'	Simplex
141	Lanze (LAU)	1230 *Lantsaze* (138: 190) 1526 *Landsatze* (61) 1648 *zu Lantze* (78: 3578) 1660 *bei Lantzen* (78: 901) 1723 *in Lanze* (78: 690)	aplb. *Lącica, *Lącice 'Wiese, sumpfige Talwiese an einer Flußkrümmung, Aue'	-ica/-ice
142	Altlauerhof (HL)	1224 *de Lewen et Israelsdorpe* (125: 51) 14. Jh. 1157-1163 *ane Ysrahelstorpe unde Leuwen / ane an ... Louwenhove / ane ... Lowe* (21: 19) 1401 *totam curiam suam ... dictam to dem Lowen* (130: 5, 31) 1856 *Alt-Lauerhof* (116: 2, 79)	1. aplb. *Lov'n- 'Fang, Beute, Jagd' 2. aplb. *Lovin- 'Fang, Beute, Jagd'	-n- -in-
143	+ Neulauerhof (HL)	1829 *Lauerhof, Neu (am Berge)* (120: 53) 1856 *Neu-Lauerhof*	1. aplb. *Lov'n- 'Fang, Beute, Jagd' 2. aplb. *Lovin- 'Fang, Beute, Jagd'	-n- -in-
144	Lebatz (OH)	1262/66 *iuxta Bubasce / de Lubace* (125: 163) 1263 *in uilla que dicitur Lubbasce* (125: 160) 1265 *in uilla que Lubatze uocatur* (125: 165) 1399 *tho Lyppatze* (129: 3, 31) 1433 *Lubatze* (45: 64) 1460 *ime dorppe to Lubbatze* (129: 4, 24) 1652 *Lebatze* (18: 233) 1856 *Lebaz* (116: 2, 79)	aplb. *L'ubać-	-j-
145	Lensahnerhof (OH)	1433 *Wendesche Lensan* (45: 337) 1457 *uppe deme hove tho Lenzaen* (129: 3, 80) 1649/52 *auff Lensaen Edelhoff / der Hoff Lensan* (18: 202, 214) 1856 *Lensahn / Lensahnerhof* (116: 2, 83)	aplb. *Lę(d)z'ane 'Lehdebewohner, Bewohner unbebauten Landes, des Ödlandes, Brachlandes, Neulandes'	-jane

Nr.	Ortsname	Belege	aplb. Grundform	ON-Typ
146	Lenste (OH)	1249 *duas villas ... et Londist* (130: 1, 140) 1253 *uillam nostram Lendist* (114: 2, 43) 1322 *ad villam Lendest ... Lendinis paludibus* (114: 3, 492) 1340 *de Lendest* (114: 6, 390) 1381 *Hermen van Lendeste* (114: 6, 390) 1649/52 *Lenst* (18: 214) 1856 *Lenste* (116: 2, 85)	aplb. *Lędišče 'Brache, Lede, Neuland'	-išče
147	Lepahn (PLÖ)	1264-1289 *Johannem dictum blot de Leppan* (37: 6) 1433 *Lyppane* (45: 44) 1480 *mit dem dorppe Lippan ime kerspel to Lubrade* (129: 4, 386; 469) 1499 *uthe minen ... Dorpe unde Gude Lypane* (126: 22, 116-118) 1649 *Lebaen* (18: 31) 1856 *Lepahn* (116: 2, 86)	aplb. *Lip'ane 'Bewohner vom Lindenwald / des Lindenortes'	-jane
148	Linau (LAU)	1230 *Linowe* (138: 152) 1330 *in castro nostro Linowe* (28: 2, 811) 1448 *den hof tor Linouw, dat dorp dar sulues* (107: 406) 1652 *Linow* (18) 1856 *Linau* (116: 2, 89)	aplb. *Linov- 'Schleie'	-ov-
149	+ Linow (PLÖ)	1348 *Lynow* (130: 3, 106) 1421 *de Lynower* (129: 1, 104; 290) 1414 *Lynouwe* (74: 342) 1418 *villa Lynow* (74: 342) 1458 *Linouwe* (129: 1, 126; 320) 1513 *Lynnauwe* (129: 1, 148; 346)	aplb. *Linov- 'Schleie'	-ov-
150	+ Liutcha (PLÖ)	12. Jh. *Liutcham* (67)	aplb. *L'ut-ka 'grausam, grimmig, streng, hastig, heftig, scharf, böse'	-k-
151	Löja (OH)	1324 *Iohanne de Loyowe* (114: 3, 529) 1373 *et Loyow* (124) 1433 *Loyouwe* (45: 168) 1649/50/52 *Louw / Löaw / Lôaw* (18: 231) 1856 *Löja* (116: 2, 93)	1. aplb. *Lojov- 'Talg, überschwemmte Stelle, Untiefe, der Überschwemmung ausgesetzter Ort' 2. aplb. *Lojov-	-ov-

Nr.	Ortsname	Belege	aplb. Grundform	ON-Typ
152	Lübeck (HL)	1143 *Post haec venit comes Adolfus ad locum qui dicitur Bucu invenitque ibi vallum urbis desolatae, quam edificaverat Cruto Die tirannus, et insulam amplissimam gemino flumine cinctam ... Videns igitur industrius vir competentiam loci portumque nobilem cepit illic edificare civitatem vocavitque eam Lubeke, eo quod non longe abesset a veteri portu et civitate, quam Heinricus princeps olim constituerat* (30: 212f.) Ende 12. Jh. *civitas ... Lubike / prope Lubeke* (30: 264/314) 1159 *Liubech* (3: 1014) 1164 *Lubeke* (5: 192) 1164 *Lubesce* (4: 463) 1164 *Liubike* (59: 399) 1177 *in civitate Lubeka* (130: 1, 5) Ende 12. Jh. *in Liubicensem episcopatum, inter Liubeke* (23: 183) 1209 *in Lubeka / Civitatem ... Lubeke / Lyubekam / Lyubeke / Liubekam / de civitate Lubeca* (11: 41/63/150/235) 1213 *in Lyubeka* (130: 1, 14) 1263 *in Liubec* (130: 1, 272) 1281 *in Lubeke* (130: 1, 413) 12./13. Jh. *Julius ... quae nunc Labusz; quae nunc Lubusz in Saxonia* (35: 623) 13. Jh. *Buccovez, quod nunc Lubik dicitur, castrum Buccuvez, ubi nunc monasterium fratrum Praedicatorum in Lubek constructum cernitur, Slavi vero inibi morantes, Lubucensem civitatem non Lubek, sed Buccovescz appellant* (12: 470/480f.) 1302 *Lubeka* (130: 2, 150) 1354 *Lůbeke* (130: 3, 256) 14. Jh. *ene stad, die wart gheheten Lubeke ... dar noch die stede hetet Olden Lubeke. Itlike hebben bescreven, dat de stad hete na eneme Wende, de hete Lubemar, unde hete in Wendesschen Buggevitze* (64: 8) 14. Jh. *wente Lubeke in Wendesscher tuncghen hete ene vroude veler lude / wente Lubech an Wendescher tuncghen het en vrolicheit aller lude* (21: 124/195) 1404 *der stad Lůbic* (130: 5, 117) 1412 *der stad Lůbike* (130: 5, 416) Anfang 15. Jh. *de eddele stad Lubeke ... dat de worden is en crone unde en hovet aller Hensestede* (42: 535)	1. aplb. *L'ubky, *L'ubiky 2. aplb. *L'ubici 3. aplb. *L'ubica, *L'ubice 'lieb, angenehm, lieblich' 4. aplb. *L'ubka 'lieb, angenehm, lieblich'	-k- -ici -ica/-ice -k-

Nr.	Ortsname	Belege	aplb. Grundform	ON-Typ
		Anfang 15. Jh. *vocavitque eam nomine antiquo Lubek, quod Slavonicum idioma est in vulgari Theutonico amoenum sonat, eo quod locus amoenus esset et delectabilis* (41: 683) 15. Jh. *Lubecum dictum, quai angulus laudis / Lobek … Lobicum* (31: CCXVI, 397/400) 1511 *Lubicum … quem Lucconiam dixere* (17: 7, fol. 71) 1521 *Henricus … Arcem fere habitavit urbis Butes, quam Coloniam Luconiorum magnum dici Maluit / Heinrich, des Königs Gottschalks … Sohn … Seine Hofhaltung führete er meistens in der Stadt Bute, welcher er den Namen Lübeck zu geben belieben getragen / Der Heinrich aber, des Butis Bruder und des König Gottschalkens Sohn, hat sie genennet Colonia Magna der Lucanier, insgeheim heisset sie Lübeck, welches so viel in der Wenden Mutter-Sprach bedeutet als ein Liebchen. Es haben auch der Lubemarus und Criro, des Rügianers Gryni Sohn, die Stadt etlicher massen verbessert / Coloniam Luconiorum magnam dixit, vulgus Lubecum, lingua Vandalorum gentili, quod amiculam significat.* (54: 229/231f./239f.) 1522 *in Luconium / Luconiorum urbs … Colonia dicta magna* (55: 1465f./1472) 1543 *Lubeck … wie die Chronick sagen, hat sie Gottschalck der Christliche Kônig der Obodriten vmb das jahr Christi 1040 erstlich daselbst angerichtet vnd die Burg darin gebawet. … Heinrich aber Butes Bruder hat sie Magnam Coloniam: das ist Groß Besatzung oder Großburg lassen nennen … die Statt Lûbeck* (53: 3, 1192) 1589 *Buccovecca, quae a Germanis Lubeca vocatur, tametsi Lubecae quoque nomen Slavicam etymologiam redolet* (48: 2, 23) 1631 *Est apud eundem Ptolemaeum locus Treva dictus, quem ego a Travā, flumine … nomen habuisse puto, essequae nunc urbem Lubeck* (58: 3, 27; 605) 1652 *… Also auch Lühbeck oder Lübeck, von dem Flusse, dasran sie gelegen … oder Lübeck, weil sie in dem Eck am Wasser, so die Alten unter anderen Law oer Lüw nenneten, belegen war* (18: 216)		

Nr.	Ortsname	Belege	aplb. Grundform	ON-Typ
		1677 *Lob-Eck, das ist ein Ort des Lobes ... oder auch Lübeck, so eine Krone in Wendischer Sprache heißet, von ihren primat und Vorzuch, den sie für andern Wendischen Städten gehabt* (117: 1; 1) 1677 *die Stadt Lübeck ...* (38: 2) 1822 *Daher ist auch der Ortsname Lirimiris der tyrischen Charte bestimmt Altlübeck zuzuschreiben ... Auf dem rechten Traveufer wohnten ... Teutonen, nach dem schwach veränderten Namen des Flusses und dem Stadtnamen Treva der tyrischen Charte auf dem inselreichen Platz des jetzigen Lübecks Trever* (13: 135) 1856 *Lübeck* (116: 2, 99)		
153	+ Alt-Lübeck (HL)	um 1090 *civitas Liubice / Leubice* (2: 2, 18 / 3, 20) 1139 *ecclesiam in castro Lubece in Slauonia* (114: 1, 74) 1141 *ad locum capitalem Slaviae, Lubike* (114: 1, 79) 12. Jh. *Lubecam* (93) um 1190 *in urbe ... quae nunc Vetus Lubika dicitur, eo quod Heinricus cum familia sua sepius illic moraretur / coram castro Lubeke / in urbe Lubeke* (30: 146/150/168) um 1190 *Lubike ... Lubeke* (23: 176) 1215 *curia Aldenlubike iuxta ciuitatem Lubicensem de nouo edificata* (125: 30) 1216 *Curiam Oldenlubyke* (114: 1, 326) 1234 *nostram ecclesiam ... in loco, qui dicitur Aldenlubeke* (130: 1, 59) 1298 *super Oldenlubeke* (130: 1, 678) 1308 *locus vicinus episcopi, que Noua curia siuve Koldehof dicitur* (130: 1, 645) 1308 *Nouam curiam episcopi ... curiam suam in Nienhoue* (125: 429) 14. Jh. *de stad Lŭbeke, ... dat noch Olde Lubeke heet* (21: 206) Anfang 15. Jh. *propter Antiquum Lubeke, apud Swartowe villam alias Locatum* (42: 32)	1. aplb. *L'ubky, *L'ubiky 2. aplb. *L'ubici 3. aplb. *L'ubica, *L'ubice 'lieb, angenehm, lieblich' 4. aplb. *L'ubka 'lieb, angenehm, lieblich'	-k- -ici -ica/-ice -k-
154	Lüchow (LAU)	1230 *Lvchowe* (138: 152) 1292 *Luchow* (60: 48) 1374 *villam Luchchowe* (130: 4, 240) 1383 *villam Luchow* (130: 7, 250) 1408 *bona terrestria, proprie lantgut dicta Luchowe, Labentzeke vnde Helle* (130: 5, 248) 1476 *Luchouw* (107: 420) 1652 *Luchow* (31) 1856 *Lüchau* (116: 2, 114)	aplb. *L'uchov-	-ov-

Nr.	Ortsname	Belege	aplb. Grundform	ON-Typ
155	Lütau (LAU)	1230 *in Parr. Lvtowe / in villa Lytowe* (138: 190) 1415 *dat dorp Lutow* (107: 230) 1856 *Lütau* (116: 2, 114)	aplb. *L'utov-*	-ov-
156	+ Lütau (LAU)	1230 *Lvtowe* (138: 148) 1292 *de mole to Lutow* (60: 51) 1324 *versus molendinum Lutowe* (52: fol. 14, 11) 1382 *molendini Lutowermole* (114: 6, 423) 1385 *to der Lutower molen* (114: 6, 593) 1527 *benedder der Lutower Mollen* (52: 2, fol. 89b, 119)	aplb. *L'utov-*	-ov-

-M-

Nr.	Ortsname	Belege	aplb. Grundform	ON-Typ
157	Malente (OH)	1215 *Melente* (114: 1, 311) 1345 *in parrochia Malente* (114: 4, 190) 1649/50/52 *Lente* (18: 231) 1856 *Malent, in der Volkssprache Lent* (116: 2, 124) 1908 *Malente* (81, 16, 61)	aplb. *Miłęty* (Pl.)	Simplex
158	Malkwitz (OH)	1215 *Malkeuiz* (114: 1, 311) 1216 *Malkeuiz cum molendino et slauica uilla adiacentibus* (125: 31) 1262 *Malckeviz / Malkevize* (125: 155) 1433 *ville ... Malkevytze* (45: 312) 1649/52 *Malckewitz* (18: 230) 1856 *Malkwitz* (116: 2, 125)	aplb. *Malkovici*	-ovici
159	+ Manau (LAU)	1230 *Manowe* (138: 150) 1292 *Manow* (60: 48) 1403-1407 *to deme dorpe to Mannouwe ... de Manower wisch ... in dem Manower See* (130: 5, 160) 1409 *ere dykstowingw ... in der Manowe* (130: 5, 232) 1464 *dat ekene vppe dem Manouwer velde ... beth vppe den Maouwer vord* (130: 10, 481) 1465 *mit den wosten veltmarken Tzirkesuelde, Maouwe vnde Silitendorpe* (130: 11, 389)	aplb. *Manov-*, aplb. *Man'ov-*	-ov-

Nr.	Ortsname	Belege	aplb. Grundform	ON-Typ
160	+ Markwitz (OH)	1433 *in Merkevitze* (45: 492) 1649/51/52 *die ... Dörffer Marckewitz* (18: 213)	aplb. **M(e)rkovici*	-ovici
161	+ Marus (OH)	1249 *duas uillas ... Marus et Londist* (114: 1, 717)	aplb. *Maruš*	-j-
162	+ Maselow (OH)	1301 *ultra sive extra novale, quod Maselowe dicitur* (114: 3, 13) 1353 *usque ad acmpum vel novale, quod Mazelowe dicitur ... in campo Mazelowe* (114: 4, 596)	1. aplb. **Maslov-* 'Butterort' 2. aplb. **Maslo*	-ov-
163	Matzwitz (PLÖ)	1213 *uillam, que Matzeuiz dicitur* (130: 1, 14) 1214 *uillam ... Matzeuitz* (22: 1, 5, 46) 1433 *Massevitze* (45: 46) 1557 *tho Matzevitze* (70: 2625) 1649/52 *Matzewitz / Matzwitz* (18: 31/209) 1742 *Matzwitz* (100: 1)	aplb. **Mačovici, *Mačevici*	-ovici
164	+ Neu-Matzewitz (PLÖ)	1433 *Nyematzevisse* (45: 47)	aplb. **Mačovici, *Mačevici*	-ovici
165	+ Mazleviz (LAU)	1230 *Mazleviz* (138: 148) 1292 *Mazleuiz / Mazleuis* (60: 51)	1. aplb. **Maslovici* 2. aplb. **Maslovica, *Maslovice* 'Butter, Öl	-ovici -ovica/ -ovice
166	Mechow (LAU)	1194 *Mechowe* (49: 1, 154) 1230 *M(e)chowe* (138: 142) 1292 *in deme dorpe to Mechow* (60: 50) 1884 *Mechow* (47: 260)	1. aplb. **Mechov-* 'Moos' 2. aplb. **Mechov-* 3. aplb. **Měchov-*	-ov- -ov-
167	Mölln (LAU)	um 1200 *procedens Molne* (11: 6, 15) 1212 *Thiethardus de Mulne* (114: 1, 288) 1230 *Mvlne* (138: 156) 1325 *ecclesie et domus sancti Spiritus in Molne ... opidi Molne* (49: 7, 4587) 1335 *Mølne* (49: 8, 5613) 1359 *opidum nostrum Molne cum stagno* (130: 3, 323, 1473) 1652 *Mȯllen* (31) 1856 *Mölln* (116: 2, 143)	aplb. **Mul'n* 'Schlamm, trübes Wasser'	-n-
168	Alt Mölln (LAU)	1194 *ad Antiquum Mulne* (114: 1, 188) 1292 *Olde Molne* (60: 48) 1341 *in superiori molendino ville Oldenmolne* (114: 4, 24) 1369 *in villa Olenmolle* (130: 3, 706) 1375 *to Molne yn der molen to Øldemolne* (114: 4, 1575) 1432 *hus vnde hof beleghen to Oldenmolne* (130: 7, 493) 1855 *Alt-Mölln* (116: 1, 165)	aplb. **Mul'n* 'Schlamm, trübes Wasser'	-n-

Nr.	Ortsname	Belege	aplb. Grundform	ON-Typ
169	Morest (OH)	1301 *per Moresse* (114: 3, 13) 1856 *Morest* (116: 2, 322)	aplb. *Mor-š	-š-
170	Mucheln (PLÖ)	1322 *Mugghele* (28: 2, 534) 1501 *tor Muggelen* (73: 1837) 1649/52 *Muggeln* (18: 208) 1856 *Mucheln* (116: 2, 163)	1. aplb. *Much-ly (Pl.) 2. aplb. *Much-l'-	Simplex -j-
171	Mustin (LAU)	1194 *in parrochia Mustin* (114: 1, 188) 1326 *parrochialis Mustyn* (49: 7; 4794) 1442 *Hennyng van Stoue, knape, wonaftich to Moystin ... in dem kerspele to Mostyn / Bernd van Plesse, rytter, wonaftich to Mostyn* (130: 8, 109) 1479 *dat dorp Mustyn* (84.2: 3) 1856 *Mustin* (116: 2, 173)	1. aplb. *Mostin- 2. aplb. *Most-n- 'Brücke, Bohlenbrücke'	-in- -n-

– N –

Nr.	Ortsname	Belege	aplb. Grundform	ON-Typ
172	Nehmten (PLÖ)	1244 *uillarum Godowe ... Nemete* (125:90) 1532 *mynen wonhoff und ghudt Nempte* (91: 129) 1605 *zu Nembten* (91: 267) 1856 *Nehmten* (116: 2, 175)	aplb. *Němoty (Pl.) 'stumm, sprachlos, dumm'	Simplex
173	Neuwühren (PLÖ)	1264-1289 *Thimmonis de Nyower / Johannes de Yawern / Thacwardo de Jaworthen / Thebeka de Yaworthen / Thacwardus de Jaworn / Thacwardus de Jawer / consensum quod vulgo Yawort dicitur / Johanni de Jawern / Marquardus de Yawerne* (37: 12/16/22/28/29/34/47/65) 1286 *Gyworen* (129: 1, 388) 1286 *ynn unsem Meyerhave to Nygenworden* (129: 1, 392) 1432 *Nygewurden* (74: 343) 1460 *den hoff to Nyenwörden* (129: 4, 25; 43) um 1586 *zu Nywuren* (129: 1, 73; 411) 1652 *Wuren* (18: 206) 1856 *Neuwühren* (116: 2, 206)	aplb. *Javor'n- 'Platane, Bergahorn'	-n-

Nr.	Ortsname	Belege	aplb. Grundform	ON-Typ
174	Nüchel (OH)	1311 *villam que dicitur teutonicum Nuchele ... in parrochia Nuchele slauicalis* (125: 440) 1332 *villa ... dicta Dudesche Nuchele* (125: 568) 1335 *de villa Dŭdeschennŭchele* (125: 596) 1387 *villarum Dudeschenuchele* (114: 4, 1559) 1433 *Dudesche Nuchel* (45: 326) 1649/52 *Lutken Nüchell, Nŭchel* (18: 230) 1856 *Klein-Nüchel* (116: 2, 228)	1. aplb. *Noch-l- 2. aplb. *Noch(e)l	Simplex -j-
175	Kirchnüchel (PLÖ)	1259 *Nugkele* (125: 142) 1280 *Nukele / Nughele* (125: 294, 301) 1311 *in parrochia Nuchele slauicalis* (125: 440) 1346 *in parrochia Nugele* (114: 4, 257) 1348 *in villam Wendesschen Nuchele* (114: 4, 346) 1352 *villa dicta Wendeschenughele* (114: 4, 480) 1386 *uppe deme kerspele to Nŭchele* (114: 6, 665) 1433 *ipsa villa Nuchele* (45: 48) 1440 *Nugel* (125: 309) 1636 *Kirchnuggel* (88: 5945) 1652 *Grŏnehuß oder Nŭchelhoff* (18: 230) 1652 *Kirchnüchel* (72: 206) 1856 *Kirch-Nüchel* (116: 2, 226)	1. aplb. *Noch-l- 2. aplb. *Noch(e)l	Simplex -j-
176	Nüssau (LAU)	1230 *Nvssowe* (138: 190) 1525 *Nussow* (61) 1856 *Nüssau* (116: 2, 228)	1. aplb. *Nosov- 2. aplb. *Nosov- 'Landzunge, Nase'	-ov- -ov-
177	Nusse (LAU)	1158 *in Nvsce* (131: 60) 1194 *in parrochia Nutse* (114: 1, 188) 1230 *in Parrochia Nusce / (N)vsce Ecclesia* (138: 150) 1278 *cum parrochialis ecclesia in Notse* (129: 1, 97; 103) 1292 *Nosce* (60: 48) 1344 *in ecclesia parrochiali in Notze* (49: 9, 6444) 1394 *in deme kerspele to Nŭtzee* (130: 4, 605) 1418 *in deme kerspele to Notse* (130: 6, 67) 1493 *van Nutzee* (44: 1, 568) 1652 *Noße* (18) 1856 *Nusse* (116: 2, 229)	aplb. *Nosy (Pl.) 'Landzunge, Nase'	Simplex

– P –

Nr.	Ortsname	Belege	aplb. Grundform	ON-Typ
178	Padelügge (HL)	1212 *Joannem et Nicolaum fratres de Padeluche* (130: 2, 5) 1247 *villam Padeluche cum Slauica uilla* (114: 1, 679) 1251 *Otto miles dictus de Padeluzche* (125: 110) 1288 *de Drogenworewerg et Padeluke ... de Padeluche* (125: 288; 299/304) 1322 *ville Padeluche* (130: 2, 429) 1856 *Padelügge* (116: 2, 271)	aplb. **Podlugy* 'Sumpf, Weide, Wiese; Ort am Sumpf, an der Weide, Wiese'	präpositionale Bildung
179	Groß Pampau (LAU)	1230 *Pampowe / in sclauico Pampowe* (138: 190) 1299 *villas ... Pampowe theutonicum* (114: 2, 929) 1447 *dat dorp Groten Pampouw* (92: 100) 1448 *in vnsen gantzen dren dorpen Groten Pampouwe, Sabeltze vnde Elmenhorst* (130: 8, 526) 1470 *mit deme dorpe ... to Pampow* (114: 4, 125) 1856 *Groß-Pampau (vorm. ... Deutsch-Pampau)* (116: 2, 272)	1. aplb. **Pąpov-* 2. aplb. **Pąpov-* 'kleine Erhöhung'	-ov- -ov-
180	Klein Pampau (LAU)	1230 *in sclauico Pampowe* (138: 190) 1426 *Wendeschen Pampow* (107: 278) 1433 *vnse haue dorp Wendeschen Pampouw* (92: 91) 1444 *in vnde vth dem dorpe Wendesschen Pampouwe* (130: 8, 264) 1460 *in Lutken Pampow* (109: 1596) 1856 *Klein-Pampau* (116: 2, 273)	1. aplb. **Pąpov-* 2. aplb. **Pąpov-* 'kleine Erhöhung'	-ov- -ov-
181	Panker (PLÖ)	1433 *Pankuren* (45: 47) 1450 *to Panker* (130: 9, 784) 1476 *ut sinen hove to Pancker* (129: 4, 373; 461) 1649/52 *Pangker / Panckerhoff worbey eine Mühl* (18: 31/209) 1719 *auff Pancker* (99: 5) 1856 *Panker* (116: 2, 273)	1. aplb. **Pąchor'-* 2. aplb. **Pąchory*	-j- Simplex
182	Panten (LAU)	1158 *villam Pantin* (131: 41; 60) 1211 *in uilla, que Panthen dicitur* (49: 1, 203) 1230 *Panten* (138: 150) 1295 *duorum mansprum in villa Panten* (49: 3, 2307) 1321 *Actum in curia Panthen* (49: 6, 4251)	1. aplb. **Pąten'-* 2. aplb. **Pątin-*	-j- -in-

Nr.	Ortsname	Belege	aplb. Grundform	ON-Typ
183	Großparin (OH)	1337 *villam dictam Grothen Porin* (125: 623) 1341 *thů Poryn / in villa Poryn* (125: 646) 1361 *villa Porin* (114: 4, 945) 1433 *Poryn Maior* (45: 438) 1650/52 *Groten Preen* (18: 213) 1710 *Großen Priehn* (32: 1964, 25) 1856 *Groß-Parin* (116: 2, 275)	aplb. **Parin-,* **Parina,* **Pariny* 'Dampf, Dunst'	-in- -ina/-iny
184	Kleinparin (OH)	1317 *Marqwardus de Porin* (16: 14) 1341 *villam suam slavicam Poryn* (114: 4, 4) 1354 *villam dictam Wendeschen Poryn* (114: 4, 603) 1375 *in villa dicta Wendesche Porin* (114: 4, 1591) 1424 *in Lutken Porin* (130: 6, 636) 1433 *Poryn Minor* (45: 440) 1650/52 *Lůtken Preen* (18: 213) 1710 *Lütjen Priehn* (32: 1964, 25) 1856 *Klein-Parin* (116: 2, 276)	aplb. **Parin-,* **Parina,* **Pariny* 'Dampf, Dunst'	-in- -ina/-iny
185	Passade (PLÖ)	ab 1286 *Pussade* (129: 1, 388) 1373 *curiam nostram et villam ... dictam Potzade* (114: 4, 1478) 1390 *de villa Possade* (114: 6, 2, 920) 1433 *Pussade* (45: 44) 1513 *Pusßade* (129: 1, 148; 346) 1652 *Passade* (18: 207)	aplb. **Posad,* **Posada,* **Posady (Pl.)* 'Ansiedlungsort, Vorort, Flecken, kleine Handelsstadt'	Simplex
186	Rastorferpassau (Wendisch-Passau) (PLÖ)	1264-1289 *Thusze et Marquardus de Parshov* (37: 25) 1341 *de Parsowe* (114: 4, 14) 1388 *in unseme hove to Partzowe* (114: 6, 1, 754) 1433 *Wendesche Partzowe* (45: 45) 1652 *Passow* (18: 208) 1856 *Passau (Rastorfer-Passau, Fern-Passau), Dorf im Gute Rastorf* (116: 2, 277)	aplb. **Paršov-*	-ov-
187	Wittenbergerpassau (Deutsch-Passau) (PLÖ)	1433 *Dudesche Partzowe* (45: 45) 1649/52 *Paßow / Passow* (18: 31/207) 1856 *Passau (Wittenberger-Passau, Negern-Passau)* (116: 2, 277)	aplb. **Paršov-*	-ov-
188	Pehmen (PLÖ)	1351 *villam Pemen in parrochia Bosow sitam* (114: 6, 1, 444a) 1649 *Peem* (18: 31) 1856 *Pehmen* (116: 2, 278)	aplb. **Pomněny (Pl.)*	Simplex

Nr.	Ortsname	Belege	aplb. Grundform	ON-Typ
189	Perdöl (PLÖ)	1220 *Benedictus de Prodole* (114: 1, 369) 1221 *Benedictus et frater suus Scacko de Perdole* (129: 1, 3; 193) 1221 *Benedictus de Pridole et frater suus* (114: 1, 373) 1264-1289 *Johannes de Predole* (37: 48) 1316 *Prodole* (114: 3, 329) 1599 *Pardoll* (129: 3, 2, 101) 1650 *Perdöel* (18: 32) 1856 *Perdöl* (116: 2, 280)	1. aplb. *Predol'e 2. aplb. *Predoly 'Tal, untere Seite, Boden, Fußboden, Grube, Vertiefung'	-e' Simplex
190	+ Pezeke (LAU)	1230 *Pezeke* (138: 156) 1277 *totius Petseke* (49: 2, 1442) 1292 *Petzeke* (60: 48) 1414 *mynen hof to Peeske vnde dat gantze dorp to Peeske ...* (130: 5, 515) 1436 *quondam ville Petzke et ex nunc Marienwold vulgariter dicte / dat dorp Petzke, dat nu Marienwold ist* (130: 7, 679)	aplb. *Pěsky (Pl.) 'Sand'	Simplex
191	+ Pinnau (LAU)	1194 *Pinnowe* (114: 1, 188) 1292 *Pynnow* (60: 48) 1302 *villam Pinnowe* (114: 3, 25)	aplb. *Pin'ov- 'Baumstamm, Baumstumpf, Klotz, Stamm'	-ov-
192	+ Plessewitz (PLÖ)	1250 *Henricus de Plizzeviz* (129: 1, 51; 58) 1253 *Henricus de Plecceviz* (129: 1, 64; 69) 1259 *Henricus de Plizceviz* (114: 2, 175) 1259 *Arnoldus de Plizcevitz* (114: 2, 191) 1433 *Plessevitze* (45: 46)	1. aplb. *Plěšovica, *Plěšov(e)c 'kahle Stelle, Glatze' 2. aplb. *Plěšovici 3. aplb. *Plesovica, *Plesov(e)c 'Flußkrümmung zwischen zwei Windungen; Meeresteil in der Nähe einer Insel; tiefe Stelle in einem Sumpf, wo sich Wasser befindet; tiefe Stelle im Fluß'	-ica -(e)c -ovici -ica -(e)c

Nr.	Ortsname	Belege	aplb. Grundform	ON-Typ
193	Plön (PLÖ)	um 1090 *Zuentina fluvius currit a lacu, in quo Plunie civitas sita est* (2: 248) 1189 *in castro Plune* (139: 23, 1893, 36) um 1190 *ad castrum Plunense urbem, coram astro Plune / castrum Plunen / terram Plunensen / Lutilinburgensem / Aldenburgensem; Dargunensem pagum ... Utinensem ... Susle ... Plunensis / Forum ... Plunense* (30: 114/118/208/212/230) um 1200 *castrum Plune, castrum Racesburg, Sygeberch, Plone* (11: 57/61) 1221 *de terris siuve prouinciis plone, Luttikinborch, Aldenborch et crempe ... molendino in Plone* (114: 1, 372, 1286) 1313 *castri Plone et opidi* (129: 2, 176) 1375 *tu Pløne* (130: 4, 257) 1422 *up unsem slote to Plone* (130: 6, 400) 1533 *vppe Plon* (19: 272) 1649 *Plöen* (18: 31) 1856 *Plön* (116: 2, 285)	aplb. *Plon', *Plon'a* 'Baum; Ort im Wald, wo Bäume ausgeschlagen sind; Lichtung, Waldwiese; Stelle auf Wiesen / Flüssen, die im Winter nicht zufriert; reißende und tiefe Teile eines Flusses, die nicht zufrieren; eisfreie Fläche im See; betrügliches Loch auf einem gefrornen See'	Simplex
194	Plügge (OH)	1280 *in Padeluche* (125: 294) 1452 *in villis Paddeluche* (130: 9, 104) 1649/52 *Putluch / Puttliche* (18: 213) 1856 *Plügge* (116: 2, 291)	aplb. *Podlug(y)* 'am Sumpf, an der Sumpfniederung'	präpositionale Bildung
195	Plunkau (OH)	1214 *de Pluncowe* (125: 28) 1263 *in uilla que Plunchowe dicitur* (125: 156) 1280 *ville Plunghowe* (104: 306) 1316 *desse dhorp ... Plunkowe* (114: 3, 329) 1372 *villam dictam Pluncowe* (130: 4, 1454) 1433 *Plunkowe* (45: 376) 1649/52 *Plunckow* (18: 214) 1856 *Plunkau* (116: 2, 292)	aplb. *Plonkov-*	-ov-
196	Pogeez (LAU)	1228 *villam Pogots* (114: 1, 463) 1230 *Pogatse* (138: 154) 1252 *due Pogaz et due Dusniz* (114: 2, 21) 1318 *der dorper beider Poggaz* (84.1: 3) 1369 *in villa Pogetze* (130: 3, 706) 1466 *to Poghetze* (130: 9, 184) 1482 *unse veer dorpe alse benamptlicken Pogetze, Holstendorp, Dudessche Dysnack vnde Wendessche Dysnack* (50: 26) 1856 *Pogeez (vorm. Dudeschen-Pogatse)* (116: 2, 294)	aplb. *Pogat'e* 'Ort am Strauchwerk, am Faschinenweg'	präfixal-nominal-suffigierter ON (Präfix + Nomen + Suffix)

Nr.	Ortsname	Belege	aplb. Grundform	ON-Typ
197	+ Wendisch-Pogeez (LAU)	1230 *ad sclauicum Pogatse sclaui sunt* (138: 154) 1244 *Pogaz* (114: 1, 642) 1244 *de duabus uillis slauico Pogaz et Dusnek* (127: 10; 60) 1252 *due Pogaz* (114: 2, 21) 1318 *der dorper beider Poggaz* (84.1: 3)	aplb. **Pogat'e* 'Ort am Strauchwerk, am Faschinenweg'	präfixal-nominal-suffigierter ON (Präfix + Nomen + Suffix)
198	+ Pölitz (OH)	1280 *Polesce* (125: 288) 1333 *de quibusdam agris qui dicuntur Politszerveld* (125: 580)	aplb. **Polěs'e* 'am Wald'	präfixal-nominal-suffigierter ON (Präfix + Nomen + Suffix)
199	Pönitz (OH)	1221 *Walterus de Penezt* (114: 1, 372) 1222 *Walterus de Penze* (114: 1, 386) 1433 *Pentze* (45: 420) 1462 *myne ganssen beyden dorpe Pensse ... mit deme ... Pensser zee dem groten* (129: 3, 83) 1504 *in Penz* (116: 1, 321) 1650/52 *Penitz* (18: 238) 18556 *Pönitz* (116: 2, 292)	1. aplb. **Pěn-c-, *Pěnec*, 2. aplb. **Pěnica* 'Schaum, schäumendes Wasser, Welle, Woge'	-ec -ica
200	Pötrau (LAU)	1158 *Pvtrowe* (131: 41; 60) 1171 *Puterowe* (131: 141) 1230 *Pvtrowe* (138: 190) 1236 *curias episcopales ... in Sadelbandia Pvtrowe* (49: 1, 448) 1331 *in villa Poterowe* (49: 8, 5210) 1426 *usque in villam Poterawe* (130: 6, 736) 1489 *Potterouwe* (44: 1, 438) 1856 *Pötrau* (116: 2, 294)	aplb. **Potyrov-*	-ov-
201	Pratjau (PLÖ)	1433 *Pratekowe* (45: 45) 1616 *im dorffe Pratkow* (70: 988) 1649/52 *Pratchow* (18: 31/208) 1856 *Pratjau* (116: 2, 299)	aplb. **Pratekov-* 'Ort bei der Waschkuhle'	-ov-
202	+ Prisow (OH)	1294 *Radolpho de Prisowe* (125: 369) 1368 *Marquardi Haken de Prisow* (114: 4, 1242) 1433 *in Pryzouwe* (45: 531) 1465/66 *Prisowe* (122: 176) 1519 *to Prysow* (93: 338)	1. aplb. **Prišov-* 2. aplb. **Prisov-*	-ov-
203	Priwall (HL)	1226 *insulam ... quae Priwolc nominatur* (130: 1, 35) 1306 *in loco, qui Priwalc dicitur* (130: 2, 207) 1311 *insula Priwalk* (130: 2, 281) 1343 *oppe deme Prywalke* (114: 4, 122) 1447 *vp dem Priwalke* (130: 8, 412) 1856 *Priwall* (116: 2, 303)	aplb. **Prevlok, *Prevloky* (Pl.) 'niedrig gelegener Platz, über den man ein Boot ziehen kann'	präpositionelle Fügung

Nr.	Ortsname	Belege	aplb. Grundform	ON-Typ
204	+ Priwitz (OH)	1311 *Priwistze* (37: 309) 1329 *Hinricus de Priwitze* (16: 54) 1399 *in villis dictis Prywitze et Clenowe* (114: 6, 1513) 1413 *to Priwese* (130: 5, 460) 1433 *in Prywese* (45: 529) 1443 *Priwetze / Pribbetze* (134: 176)	aplb. *Pribici*	-ici
205	+ Prönau (OH)	1334 *Volradus Prodenowe* (114: 3, 838) 1433 *in Prodenowe* (45: 469) 1649 *Großen Prunow* (18: 31)	aplb. *Prodanov-	-ov-
206	Pülsen (PLÖ)	1362 *villam Poltze sitam in parrochia Ghycowe* (114: 4, 1012) 1433 *Politze* (45: 45) 1450 *to Poltze* (75: 104) 1649/52 *Pülsen* (18: 31/207)	aplb. *Polica, *Police* (Pl.) 'Feld, Wiese, Acker, Steppe, Ebene, Heide'	-ica/-ice
207	Putlos (OH)	1433 *in Putlose* (45: 468) 1555 *in Putlosen* (36: 7, 1920) 1649/51/52 *Puthlose / Pottlose / Putloß Hoff* (18: 213) 1856 *Putlos* (116: 2, 307)	aplb. *Podluže 'Ort am Sumpf, an der Sumpfniederung'	präpositionale Bildung
208	Puttgarden (OH)	1231 *Potgardæ* (40: 1, 51) 1320/21 *Hericus Potgarden* (114: 3, 433) 1401 *in villa Putgarden* (125: 5, 28) 1421 *in villa Potgarde* (130: 6, 324) 1459 *in Pudgarden* (130: 9, 693) 1576 *zu Putgarten* (129: 3, 91) 1648/52 *Puttgardten / Putgarden* (18: 158) 1854 *Puttgarden* (115: 413)	aplb. *Podgard'e '(Ort, Siedlung) bei/unterhalb der Burg'	präpositionale Bildung

– Q –

Nr.	Ortsname	Belege	aplb. Grundform	ON-Typ
209	Quaal (OH)	1226 *Theodericus de Quale* (114: 1, 446) 1856 *Quaal* (116: 2, 308)	aplb. *Chvaly, *Chval'	Simplex -j-
210	Quals (OH)	1303 *in villa Qualizke* (130: 2, 165) 1328 *Thidemannus de Qualizse* (16: 50) 1333 *Johannes de Qualitze* (16: 68) 1340 *villam Qualseke* (125: 643) 1433 *in Qualitze* (45: 485) 1462 *vth sineme dorppe to Gwoeltze ... Quatze* (129: 4, 339) 1479 *de dorpere ... Qualse* (129: 4, 380) 1649/51/52 *Quals* (18: 213)	aplb. *Chvališky	Simplex

– R –

Nr.	Ortsname	Belege	aplb. Grundform	ON-Typ
211	Rantzau (Deutsch-Rantzau) (PLÖ)	1226 *de Ranzov* (114: 1, 447) 1353 *Godscalco alias dicto Keygen de Rantzowe* (130: 3, 166) 1433 *Dudesche Rantzowe* (45: 47) 1649 *Rantzow* (18: 31) 1856 *Rantzau* (116: 2, 319)	1. aplb. **Ran'šov* 2. aplb. **Rancov-*	-ov-
212	Rantzau (Wendisch-Rantzau) (PLÖ)	1433 *Wendesche Rantzowe* (45: 47) 1470 *Hartich Rantzowe uth syneme hove unde molen to Rantzouwe* (129: 4, 352; 448) 1649 *Rantzow hoff* (18: 31) 1856 *Rantzau* (116: 2, 316)	1. aplb. **Ran'šov* 2. aplb. **Rancov-*	-ov-
213	Reecke (HL)	1265 *super tribus uillis ... Moscelinge, Regke, Niendorpe* (125: 173) 1375 *in den dorpen to Moyslinge, to dem Nyendorpe vnde to dem Reke* (130: 4, 256) 1377 *der dorpe Nyendorpe vnd Reeke* (130: 4, 328) 1413 *vnse gantzen guder vnde dorpe Moyslinghe, Nigendorpe vnde den Reke* (130: 5, 477) 1829 *Reeck, früher Regke, Rekenow* (120: 12) 1856 *Reeke (vorm. Rekenow, Regke)* (116: 2, 328)	aplb. **Rěka* (Sg.) **Rěky* (Pl.) 'Fluß, Bach'	Simplex
214	Rellin (OH)	1271 *in villa Relin* (130: 1, 326) 1433 *in Relyn* (45: 482) 1649/52 *Rollijn / Rollin* (18: 213) 1856 *Röllin* (116: 2, 359) 1908 *Rellin / Röllin* (57: 1, 133)	1. aplb. **Ralin* 2. aplb. **Radlin-* 3. aplb. **Rolin-* 'Ackerland, Feld, Joch, Morgen'	-in-
215	Rettin (OH)	1280 *Raketin* (125: 288) 1312 *villae Rückentin* (114: 2, 826) 1649/50/51/52 *Ruttyn / Ruttin* (18: 214) 1856 *Rettin* (116: 2, 351)	1. aplb. **Rokytina, *Rokytiny* 'Weidenbaum, Weidenstrauch, Bruchweide' 2. aplb. **Rokytin-* 3. aplb. **Rokotin-, *Rokątin-*	-ina/-iny -in -in-

Nr.	Ortsname	Belge	aplb. Grundform	ON-Typ
216	Ritzerau (LAU)	1222 *Hartwicus de Ricszerowe* (49: 1, 280) 1227/28 *Raueno de Rit(s)erowe* (49: 1, 345) 1230 *Ritserowe* (138: 150) 1240 *in molendino Rithserove* (130: 1, 40) 1292 *Ritzerowe* (60: 48) 1377 *Berthold van Rytzerow* (114: 6, 103) 1448 *des dorpes vnde gudes to Lutken Ritzerowe ... an deme gantzen houe beleghen* (130: 8, 503) 1465 *des slotes to Ritzerouwe mit myneme houe, dar yk vppe wone, mit der helfte des dorpes Lutken Ritzerouwe vnde myne haluen molen darby belegen* (130: 10, 684) 1856 *Ritzerau* (116: 2, 356)	1. aplb. *Ricer'ov-* 'Ritter' 2. aplb. *Ricer'ov-*	-ov- -ov-
217	Röbel (OH)	1214 *in Robole* (125: 28) 1263 *de Robole* (125: 160) 1263 *in Robele* (125: 161) 1321 *Godeke de Reuele* (16: 26) 1376 *Nikolaus de Robelen* (114: 6, 28) 1433 *Curia Robel* (45: 16) 1440 *curia Ostholte in Robele* (125: 298) 1856 *Röbel* (116: 2, 358)	1. aplb. *Robol-, *Robl- 2. aplb. *Roboly	Simplex -j-
218	Roge (OH)	1312 *villae Rogae* (114: 2, 826) 1318 *villae Roghe* (90: 20, 2888. fol.10) 1341 *in villis Roke et Holme* (65) 1346 *Hinrico dicte de Roghe* (114: 4, 257) 1650/52 *tho Roe* (18: 233) 1856 *Roge* (116: 2, 361)	aplb. *Rogy 'Horn, Landzunge, Spitze, Ecke, Biegung eines Flusses'	Simplex
219	Großrolübbe (PLÖ)	1649/51/52 *Großen-Relibbe / Relybbe, Groten Relibbe* (18: 210) 1856 *Groß-Rolübbe* (116: 2, 364)	aplb. *Radol'ub'-	-j-
220	Kleinrolübbe (OH)	1224 *Rodelube* (130: 2, 8) 1325 *villam Luttekenrodelvbe* (114: 3, 200) 1433 *in Rodelubbe* (45: 548) 1460 *Lutkerodelubbe* (95: 42) 1519 *Radelube* (9: 85/86) 1649/51/52 *Lutke-Ralibbe / Relybbe / Lůtken Relibbe* (18: 210) 1856 *Klein-Rolübbe* (116: 2, 364)	aplb. *Radol'ub'-	-j-
221	Römnitz (LAU)	1158 *Rvdemoyzle* (131: 41: 60) 1174 *cum villa Rodemozle* (131: 156) 1236 *Rodemoyzle* (49: 1, 448) 1289 *in villa Rodemuzle* (49: 3, 2014) 1333 *curiam Rodmuszle* (49: 25 A, 14146) 1392 *in deme høue to Rodemisse* (49: 22, 12382) 1481 *Rodemusse* (107: 454) 1587 *zur Römnitz* (78: 928)	aplb. *Radomysl'-	-j-

Nr.	Ortsname	Belege	aplb. Grundform	ON-Typ
222	+ Rossow (OH)	1415 *in dat velt to Rossouwe* (105: A 3) 1433 *in Rossowe* (45: 491) 1469 *de dorpe ... unde Rossow* (129: 4, 347) 1480 *to Ruszouwe* (129: 3, 17) 1484 *twe hove ackers uppe rossower velde* (65)	1. aplb. *Rosov- 2. aplb. *Rusov- 3. aplb. *Rošov-	-ov-
223	+ Ruggelin (OH)	1215 *Ruggeline* (114: 1, 311) 1237 *uillam Ruggelin* (125: 77) 1256 *Roggeline* (125: 122) 1280 *Rogelin* (125: 309) 1342 *camporum, que vulgariter Rucghelyne et Wostermere dicuntur* (114: 4, 84) 1346 *in quibusdam mansis dictis Rucghelineruelt* (125: 848)	1. aplb. *Rogalin- 2. aplb. *Rogalina, *Rogaliny 'Horn, Spitze, Ecke'	-in- -ina/-iny
224	Rülau (LAU)	1415 *dat dorp Lutow vnd dat holt dat benomed is de Rulow* (107: 230) 1580 *Rulower Höffe* (107: 3583) 1856 *Rülau* (116: 2, 97)	1. aplb. *Rul'ov- 2. aplb. *Rul'ov- 'reißen'	-ov-
225	Rüting (OH)	1369 *de dorpe unde gudere ... Rutyngh* (114: 6, 1277) 1397 *de dorpe ... Ruting / Rutingh* (114: 6, 1375) 1433 *in Rutyng* (45: 537) 1649/52 *Ruting / Růting* (18: 213) 1856 *Rüting* (116: 2, 371)	aplb. *Rud'nik- 'Erz, eisenhaltiger Sumpf'	-k-

– S –

Nr.	Ortsname	Belege	aplb. Grundform	ON-Typ
226	Sagau (OH)	1406 *in villis Kartzow et Tzaghow* (268) 1408 *tho Saghow* (129: 3, 49) 1479 *mit ... deme dorppe Sagouwe* (129: 4, 383) 1649/51 *Sagaw / Sagow* (18: 230) 1856 *Sagau* (116: 2, 378)	1. aplb. *Zachov- 2. aplb. *Žachov-	-ov-

Nr.	Ortsname	Belege	aplb. Grundform	ON-Typ
227	Sahms (LAU)	1230 *Sabenize* (138: 190) 1315 *exceptis hiis villis ... Sabenniz* (114: 3, 317) 1426 *uth unnsen dorperen to Wendeschen Pampow, Sabentz unde Elmenhorst* (84.5: 182) 1444 *vnse gantzen der dorpe vnde gudere Sabentzee, Pampouwe vnde Elmenhorst* (92: 96) 1470 *mit deme dorpe to Sabeltze* (129: 4, 125) 1652 *Sahmbs* (31) 1856 *Sahms* (116: 2, 378)	aplb. *Žab'nica 'Frosch, Kröte'	-nica
228	Salem (LAU)	1196-1200 *Nicolaus de Salem* (49: 1, 160) 1230 *ad utrvmque Salim* (138: 148) 1292 *Salem* (60: 48) 1313 *iuxta villam Zalem* (49: 6, 3650) 1402 *Lutteken Salem, Groten Salem* (127: 9, 161; 226) 1417 *Groten Zalem, Lutteken Zalem* (107: 238) 1445 *uth unsen twen dorpen unde guderen Salem vnde Verchouwe* (130: 8, 283) 1856 *Salem* (116: 2, 379)	aplb. *Žalim'-	-j-
229	+ Klein-Salem (LAU)	1230 *ad utrvmque Salim* (138: 148) 1402 *Lutteken Salem, Groten Salem* (127: 9, 161; 226) 1417 *Groten Zalem, Lutteken Zalem* (107: 238)	aplb. *Žalim'-	-j-
230	Salzau (Wendisch-Salzau) (PLÖ)	1264-1289 *domino Otto de Salsov* (37: 88) 1420 *to Zalzouwe* (129: 1, 99; 288) 1433 *Wendesche Salsouwe* (45: 45) 1466 *Screven to Zaltzow* (130: 11, 59) 1526 *tho Saltzouw* (88: 5674) 1649/52 *Salsow / Salsow hoff* (18: 31/208) 1856 *Salzau* (116: 2, 379)	aplb. *Žal-šov-	-ov-
231	+ Deutsch-Salzau (PLÖ)	1433 *Dudesche Salsouwe* (45: 45) 1652 *Salsow Dorff und Mühl* (18: 208)	aplb. *Žal-šov-	-ov-
232	Klein Sarau (LAU)	1230 *ad sclauicum Sarowe* (138: 152) 1292 *Lutken Zarow* (60: 51) 1383 *mynes dorpes alse Lutken Sarouw* (114: 6, 464) 1458 *in deme dorpe Lutteken Sarouwe* (130: 9, 657) 1466 *in unsen dorperen to Lutken Zarow unde Klempow* (130: 11, 168) 1856 *Klein-Sarau* (116: 2, 384)	aplb. *Žarov- 'Glut, Brandrodung, Hitze'	-ov-

Nr.	Ortsname	Belege	aplb. Grundform	ON-Typ
233	Sarkwitz (OH)	1317 *Hinricus de Cerkevitze* (16: 15) 1326 *Marquardus de Cerkeuitze* (16: 42) 1338 *in villa Scerkeuitze* (65) 1356 *in villa Cerkeuitze* (114: 4, 670, 705) 1364 *in Tzerkeuitze* (130: 3, 504) 1433 *Serkvitze* (45: 425) 1459 *to Serkeuitze* (130: 9, 733) 1650/52 *Sarckevitz / Sarckewitz* (18: 238) 1710 *Zarkwitz* (32: (1964) 25) 1856 *Sarkwitz* (116: 2, 384)	aplb. *C(e)rkvica* 'Kirche, kleine Kirche, Kapelle'	-ica
234	Sarnekow (LAU)	1194 *Scarnekowe* (114: 1, 188) 1230 *Tsarnekowe* (138: 148) 1292 *Zernecow* (60: 51) 1856 *Sarnekau* (116: 2, 386)	aplb. *Čarn-kov-	-ov-
235	Satjewitz (OH)	1433 *in Zadekeuitze* (45: 526) 1465 *Zatkevisse* (122: 191) 1649/51/52 *Saetwitz / Satiewitz Hoff* (18: 213) 1856 *Satjewitz* (116: 2, 387)	aplb. *Sadkovici*	-ovici
236	Scharbeutz (OH)	1271 *de tota villa Scorbuce* (130: 1, 327) 1272 *villam Schoreboce* (130: 1, 335) 1308 *ville Scorboze* (130: 2, 229) 1433 *Scarbutze* (45: 432) 1457 *uppe dat Schorboyzer veld* (129: 3, 80) 1650/52 *Scharbeutze* (18: 238) 1856 *Scharbeuz* (116: 2, 392) 1908 *Scharbeutz* (57: 2, 82)	aplb. *Skorobyc-	-j-
237	Großschlamin (OH)	1280 *Slemin magnum* (125: 307) 1316 *dhe molen tho Zlemyne* (92: 225) 1316 *Slemmin / molendinum Slemmyn* (114: 3, 492) 1329 *Slemmin* (65) 1433 *Grote Slemyn* (45: 366) 1649/51/52 *Großen Schlamyn / Groten Schlammin* (18: 214) 1856 *Groß-Schlamin* (116: 2, 401)	1. aplb. *Slemę 'Balken, Querbalken, Strohdach, Berggipfel' 2. aplb. *Slemen'	Simplex
238	Kleinschlamin (OH)	1280 *Slemin paruum* (125: 307) 1433 *Lutteke Slemmyn* (45: 361) 1474 *de dorppe Lutken Slemyn* (129: 4, 362) 1649/51/52 *Lutken Schlamyn, Lůtken Schlamin* (18: 214) 1856 *Klein-Schlamin* (116: 2, 401)	1. aplb. *Slemę 'Balken, Querbalken, Strohdach, Berggipfel' 2. aplb. *Slemen'	Simplex
239	Schlesen (PLÖ)	1304 *de Slescen* (114: 3, 70) 1322 *van Sletzen* (28: 2, 534) 1343 *de Slezen* (114: 4, 118) 1418 *Slesen* (74: 342) 1433 *Sletzen* (45: 45) 1649/52 *Slesien / Schlesien* (18: 31/209) 1856 *Schlesen* (116: 2, 402)	aplb. *Slez'n- 'Rosenmalve, Malve'	-n-

Nr.	Ortsname	Belege	aplb. Grundform	ON-Typ
240	Schwartbuck (PLÖ)	1216 *a Suarzepouc* (114: 1, 328, 1286) 1226 *inter Karznese et Zwartepuc* (114: 1, 446) 1232 *inter Karznesze et Zwartepuch* (114: 1, 501) 1418 *Swartepuk* (74: 342) 1649/52 *Swartbock / Schwartbock* (18: 31/207) 1856 *Schwartbuck* (116: 2, 429)	aplb. **Svartopuch, *Svartopuchy*	Kompositum
241	Schwochel (OH)	1304 *antiquum Swchele* (28: 2, 64) 1318/22 *Marquart Swochgel / Swoghele / Marquardus Zwochele* (16: 15/17/33) 1327 *Hasse de Swoghele* (16: 47) 1335 *villas Olden Zwogele* (114: 3, 647) 1366 *villam Oldenswûchele et curiam / villam Oldeswûchele* (130: 3, 555/556) 1433 *Antiqua Swoghel* (45: 384) 1650/51/52 *Swogell / Alt Swogell / Oldenschwôgel* (18: 233) 1856 *(Alt-)Schwochel* (116: 2, 434)	aplb. **Svoch-l-*	1.Simplex 2.-j-
242	+ Neu-Schwochel (OH)	1304 *Nouum Swchele* (28: 2, 64) 1335 *villas ... Nyen Zwogele* (114: 3, 647) 1400 *dorp Nyenswochele* (114: 6, 1658) 1427 *villarum ... Nyge-Schwuchele* (129: 3, 62) 1429 *in villa Nyen Swochele* (130: 7, 324) 1433 *Noua Swoghel* (45: 384)	aplb. **Svoch-l-*	1.Simplex 2.-j-
243	Schwonau (OH)	1358 *Iohannes Breyde de Swanowe / de Svanove* (114: 4, 776) 1386 *de hof unde dat gantze dorp to Swanow* (114: 6, 665) 1433 *Swanowe* (45: 327) 1649/50 *Swonow* (18: 31) 1856 *Schwonau* (116: 1, 155)	aplb. **Zvanov-*	-ov-
244	Sebent (OH)	1350 *de villa Zebenthe* (125: 137) 1356 *villam Sebente* (114: 4, 676) 1396 *Tymmen van Tzebente* (114: 6, 1287) 1464 *ere dorpere unde gudere ... Sebente* (129: 4, 342) 1649 *Seebend* (18: 31) 1856 *Sebent* (116: 2, 434)	1. aplb. **Žebęty* 2. aplb. **Všebądy*	Simplex
245	Segrahn (LAU)	1194 *Zageran* (114: 1, 188) 1230 *Sakkeran* (138: 148) 1292 *Seggeran* (60: 48) 1439 *Siggran* (84.2: 27; 61) 1503 *de halfen veltmarke Szegerayn myt deme haluen szehee vnde dem haluenn bergh to Zegerayn* (107: 544) 1504 *amme velde to Seggeran* (112: 496) 1595 *izo niemand gewust oder sagen kann, welch Segeran, Wendisch oder teutsch, groß oder klein, den Bülowen oder den Wackerbarthen zustehe* (112: 88) 1856 *Segrahn* (116: 2, 451)	aplb. **Zagor'ane* 'Bewohner hinter dem Berge, jenseits des Berges'	-jane

Nr.	Ortsname	Belege	aplb. Grundform	ON-Typ
246	+ Wendisch-Segrahn (LAU)	1230 *ad sclauicum Sakkeran* (138: 148) 1595 *izo niemand gewust oder sagen kann, welch Segeran, Wendisch oder teutsch, groß oder klein, den Bülowen oder den Wackerbarthen zustehe* (112: 88)	aplb. *Zagor'ane 'Bewohner hinter dem Berge, jenseits des Berges'	-jane
247	Selent (PLÖ)	1197 *Selente* (125: 18) 1342 *in parrochia Zelente* (114: 4, 55) 1433 *in parrochia Sellente* (45: 44) 1556 *im karspel Cellente ... tho Sellente* (103: 1) 1649/52 *Sehelendt / Sehlendt* (18:31/208) 1709 *Selent* (102: 4, 6)	aplb. *Želąty (Pl.)	Simplex
248	Selkau (Wendisch-Selkau) (PLÖ)	1264-1289 *Weneconi de Scelecov* (37: 26) 1415 *to Zelkow* (74: 342) 1433 *Wendesschen Selkowe* (45: 45) 1491 *des haves Sellekaus* (124: 26, 184-186a) 1856 *Selkau* (116: 2, 453)	1. aplb. *Žel-kov- 2. aplb. *Žel-chov-	-ov-
249	+ Deutsch-Selkau (PLÖ)	1433 *Dudessche Selkowe* (45: 45)	1. aplb. *Žel-kov- 2. aplb. *Žel-chov-	-ov-
250	Sereetz (OH)	1247 *ville Serez* (130: 1, 124) 1250 *villam quandam, que Zeretse dicitur* (130: 1, 155) 1256 *villam, que vvlgariter Cerace appellatur* (130: 1, 226) 1256 *uillam, que dicitur Sceraze* (130: 231) 1287 *ville Cerasce* (125: 308) 1301 *villam Cerece cum molendino* (114: 3, 13) 1317 *villam in Seretze* (125: 460) 1335 *ville nostre ... Cyretze* (125: 596) 1433 *Ceretze* (45: 399) 1463 *des dorpes Tziretze* (130: 10, 415) 1650/52 *Zerutsche* (18: 338) 1856 *Sereez* (116: 2, 454 1908 *Sereetz* (57: 16, 87)	1. aplb. *Ceradz, *Seradz 2. aplb. *Všeradź	-j-
251	Siblin (OH)	1295 *pro villis ... et Cetelin* (114: 2, 859) 1304 *villas ... Citline* (114: 3, 80) 1433 *ville ... in ... Cibbelin* (45: 38) 1469 *unse ... dorp Sebelin* (129: 3, 87) 1650/52 *Sebelyn / Sebelin* (18: 238) 1856 *Siblin* (116: 2, 455)	1. aplb. *Sedlin- 2. aplb. *Cět(e)lin-	-in-
252	Sibstin (OH)	1280 *Pustin teutonicum* (125: 288) 1294 *ville que dudeschen Postin dicitur* (125: 325) 1309 *contra villam Postyn* (114: 3, 200) 1316 *desse dhorp ... Posthyn* (114: 3, 329) 1325 *villam Postyn* (114: 3, 568) 1433 *Dudesche Postin* (45: 376) 1649/51/52 *Substeyn / Substyn / Subbestin* (18: 214) 1856 *Sibstin* (116: 2, 455)	aplb. *Postěn, *Postěn'e 'schattiger Ort'	Simplex

Nr.	Ortsname	Belege	aplb. Grundform	ON-Typ
253	Siems (HL)	1307 *apud Cimezen* (130: 2, 222) 1313 *villas nostras Poppekendorpe et Cymizce ... nuncupatam* (130: 2, 312) 1331 *villam Cymezen habentem sex mansos, et specialiter adiacentem paludam, dictam Cymezer mor* (130: 2, 532)	aplb. *Sěmici	-ici
254	Sierhagen (OH)	1280 *Syraue* (125: 306) 1304 *Volrado et suis fratribus dictis de Syra* (125: 401) 1338/40 *vor de Syraa* (130: 2, 1074) 1418 *Langen Detleve Boekwolden thor Syraven / tho der Syrawe* (129: 3, 59) 1425 *Detleff van Bokwolde tor Syrauen* (130: 6, 689) 1460 *... thor Sirawenn* (95: 42) 1462 *tho der Zyrave* (129: 3, 83) 1462 *in unde uth synem have unde molen to der Syrhave* (113) 1464 *hern Detleuses sone to der Cyrauen* (130: 10, 537) 1475 *to Syrave* (129: 4, 366) 1483 *thor Tzirave* (129: 3, 94) 1498 *na der Tzirhauen* (19: 471) 1519 *Syrhaven* (9: 85/86) 1649/52 *bey dem Edelhofe Sierhagen / Syrhagen* (18: 197/214) 1856 *Sierhagen* (116: 2, 459)	aplb. *Žirava, *Žiravy (Pl.) 'Weide, Futter'	-ava
255	Siggen (OH)	1307 *Otto de Sickem milites* (28: 2, 148) 1318 *van Sigghem* (28: 2, 428) 1325 *Detlevus et Henninggus milites ... de Sicghem* (129: 1, 231) 1354 *Ghoscalch van Zighem / Hennyngh van Zichem* (130: 3, 208) 1357 *Marquardus de Sygghem armiger, Elerus de Sigghem, Datum et actum in curia mea Sigghem* (114: 4, 617) 1381/83 *van Zigghem / van Ziggeme* (114: 6, 361/468) 1433 *in Zyggheme* (45: 525) 1479 *tome Siggen* (129: 4, 378) 1507 *to Siggem* (19: 564) 1649/52 *Siggen Hoff und Mühl* (18: 213) 1856 *Siggen* (116: 2, 462)	aplb. *Žichom-	-j-
256	Siggeneben (OH)	1350 *Johannes to Zygghenebe* (114: 4, 422) 1356 *in curia Zikkenoue* (114: 4, 706) 1399 *in curia Zigneue* (114: 6, 1530) 1433 *in Zyggheme ... cum ambabus curiis* (45: 533) 1460 *Siggeneve* (123: 137) 1467 *to Syggeneve* (51: 17 (1899) 4) 1649/52 *Siggeneben* (18: 213)	aplb. *Sjęgněv'	-j-

Nr.	Ortsname	Belege	aplb. Grundform	ON-Typ
257	+ Smütze (OH)	1343 *in campo, qui dicitur Smucze* (114: 4, 102) 1381 *up dem Smutze / Smůtze* (114: 6, 366) 1396 *in uno manso in campo quod dicitur Smůtze* (114: 6, 1269) 1414 *in campo vulgariter Smütze* (111) 1433 *extra valvam, quod dicitur Smutze* (45: 495) 1531 *uppe dem Smutzer velde* (105: A 6)	1. aplb. **Smyč-* 2. aplb. **Smyč-n-* 'Stoß, Hieb, Baumläufer, Torfblume, Schlupfweg'	Simplex n-Suffix
258	Söhren (OH)	1251 *Saren* (125: 109) 1280 *in Saren / Zare / in Zaren* (125: 298/303) 1284 *Saren* (125: 321) 1433 *ville ... Soren* (45: 312) 1440 *prope ... Sorne* (125: 309) 1649/52 *Soeren / Soren* (18: 230) 1856 *Söhren* (116: 2, 467)	1. aplb. **Žar'-n-* 2. aplb. **Žar, -y* 'Glut; Hitze; ausgebrannter Ort im Walde; Brandrodung; die durch absichtliches Niederbrennen des Holzes verursachte Waldblöße, die zum Feldbau bzw. zur Besiedlung benutzt wurde'	-n-Simplex
259	+ Starigard (OH)	ca. 1190 *Aldenburg, ea quae Slavica lingua Starigard, hoc est antiqua civitas* (30: 68)	aplb. **Starygard* 'alte Burg / Schloß / Stadt'	Wortverbindung
260	Sterley (LAU)	1194 *in parrochia Stralige ... villa* (114: 1, 188) 1240 *in uilla Stralie* (49: 1, 516) 1292 *Stralige / in dem kerspele to Strelige* (60: 48/50) 1355 *Stralie* (49: 8, 5613) 1343 *des ... berchvredes weghene ... in dem dorpe to Stralye* (130: 2, 786) 1370 *to Sterley ... to Sterlyghe* (130: 3, 745) 1383 *in villa Starlye* (84.2: 49) 1420 *in villa Sterlye* (130: 6, 202) 1442 *in deme kerspele to Stralye* (130: 8, 103) 1446 *in deme kerspele to Starlye* (130: 8, 391) 1541 *tho Starlie* (78: 597) 1577 *gudt Sterlei* (78: 3549) 1856 *Sterley* (116: 2, 492) 1884 *Sterlei* (47: 239)	aplb. **Str'aly* (Pl.) 'Pfeil, Flußarm'	Simplex
261	Stöfs (PLÖ)	1433 *Stouetze* (45: 46) 1494 *Stoffße* (68: 2) 1604 *dorffen Stoffesehe* (70: 2732) 1649/52 *Stöffis / Stoffis* (18: 31/209) 1856 *Stöfs* (116: 2, 497)	1. aplb. **Stav(e)c* 2. aplb. **Stavica* 'Ort am Teich'	-(e)c -ica

Nr.	Ortsname	Belege	aplb. Grundform	ON-Typ
262	Stolpe (OH)	1214 *in Ztolpe* (125: 28) 1263 *de quadam uilla que dicitur Stolpe* (125: 164)	aplb. **Stolp*, aplb. **Stolpy* (Pl.) 'Mauer, Wand, Palisadenzaun, Zaunpfahl, Vorrichtung im Fluß zum Fischfang'	Simplex
263	+ Stove (OH)	1304 *a Hinrico dicto Stoven* (125: 401) 1340 *Marquarde van Stoue* (114: 3, 1068) 1346 *Hinricus de Stove* (114: 4, 256) 1391 *Eler van Stoue* (114: 6, 984) 1448 *Keye van Stove* (129: 3, 74) 1652 *Dörfer ... Stoff* (18: 210)	aplb. **Stav*, **Stavy* (Pl.) 'Wehr, Staudamm, Deich'	Simplex
264	Strecknitz (HL)	1167 *in aquam S(tr)icniziam* (131: 111) 1199 *super rivum Strioneze* (93: 142) 1248 *super flumen, quod Strekenytze vocatur* (125: 1, 135) 1338 *inter et Strekenitse* (130: 2, 2; 1061) 1829 *Strecknitz* (120: 97) 1856 *Strecknitz, Hof* (116: 2, 501)	aplb. **Streg'nica*	-nica
265	+ Stresow (PLÖ)	1433 *Stresouwe* (45: 45) 1451 *dat dorp to Stresow ... in deme kerspele to Gikow* (124: 21, 198-201) 1546 *thor Stresow* (128: 74)	1. aplb. **Strežov-*, **Strešov-* 2. aplb. **Strež*, **Streš*	-ov-
266	Süsel (OH)	1163/64 *totius prouincie in Susle* (125: 5) 1259 *Zusele* (125: 142) 1271 *in parrochia Susele* (125: 217) 1375 *in parrochia Zůzele* (65) 1433 *villa Susele* (45: 18/19) 1454 *myn gantze dorpp Zuzell / tho Susell ... Sussel ... Zuzel unde see* (129: 3, 76) 1486 *by Zusell mit der Borchstede in deme see belegen* (129: 3, 97) 1649/50/52 *Süßell / Susell / Süssel* (18: 233) 1856 *Süsel* (116: 2, 509)	aplb. **Žužel*, **Žužely* (Pl.) 'Käfer, Insekt'	Simplex
267	+ Vorwerk Süsel (OH)	1856 *Süseler-Vorwerk, Süselerhof (Vorwerk Süsel)* (116: 2, 510) 1908 *Süsel, Vorwerk* (57: 16, 96)		
268	Süssau (OH)	1249 *in villa Sussowe* (125: 103) 1464 *de dorpere unde gudere ... Sussow* (129: 4, 342) 1649/51/52 *Sussov / Saßov / Susaw* (18: 213) 1856 *Süssau* (116: 2, 511)	1. aplb. **Sušov-* 'trockenes Land, Festland, trockner Bachlauf' 2. aplb. *Sušov-*	-ov-
269	Sütel (OH)	1319 *nostras villas ... Suthele* (125: 484) 1433 *in Sutel* (45: 520) 1649/52 *Suttel / Süttel* (18: 213) 1856 *Sütel* (116: 2, 512)	1. aplb. **Sut-l-* 2. aplb. **Sut-l* 3. aplb. **Sut-l-* 'Schutt, Schotter'	-j- Simplex

– T –

Nr.	Ortsname	Belege	aplb. Grundform	ON-Typ
270	Talkau (LAU)	1230 *Telekowe* (138: 190) 1241 *villam qui Telcowe dicitur* (114: 1, 610) 1351 *inter villarum Tramme et Telekowe* (130: 4, 39) 1545 *Telckow* (107: 698) 1551 *in dem Dorffe Talkow* (107: 711) 1648 *Talchouw* (107: 995) 1856 *Talkau* (116: 2, 514)	1. aplb. **Tel-kov-* 2. aplb. **Tel-kov-* 'Stier, Kalb'	-ov- -ov-
271	+ Tangmer (LAU)	1307 *Tankmer* (129: 2, 119) 1277 *villas nostras ... Tangmer* (49: 14, 11006)	1. aplb. **Tągomer'-* 2. aplb. **Tągomery*	-j-
272	Alttechau (OH)	1322 *Johannes de Techgowe* (16: 32) 1325 *in villam Techowe* (114: 3, 548) 1386 *villis et curiis ... Thegowe* (114: 6, 634) 1433 *Thechow* (45: 413) 1469 *in unsem dorpe Techow* (130: 11, 424) 1856 *Techau* (116: 2, 518) 1908 *Alt-Techau* (57: 2, 98)	aplb. **Těchov-*	-ov-
273	Neutechau (OH)	1856 *Neu-Techau* (116: 2, 518)	aplb. **Těchov-*	-ov-
274	+ Thömen (LAU)	1230 *Tomene* (138: 188) 1423 *to Thomen vnde Krukowe* (130: 6, 536) 1437 *Tømen* (130: 7, 731) 1443 *Thôme* (84.2: 49; 271) 1556 *dem dorffe und felde Thömen Krukow* (107: 728d) 1856 *Thömen* (116: 2, 54)	1. aplb. **Tominy* (Pl.) 2. aplb. **Tomin'-*	-j-
275	Thürk (OH)	1237 *uillam Turike* (125: 77) 1242 *uilla Tureke* (125: 83) 1251 *mansum in Thurhic / villa Thuric* (125: 109) 1256 *ville Tureke* (114: 2, 117) 1372 *in den dorpen to ... Thurike* (114: 4, 1467) 1433 *ville ... coloni episcopi ... Tureke* (45: 176) 1649/50/52 *Turicke* (18: 231) 1856 *Thürk* (116: 2, 525)	1. aplb. **Turek, *Turky* (Pl.) 2. aplb. **Tur-k-*	Simplex -k-
276	Tralau (PLÖ)	1855 *Tralau* (116: 1, 201)	aplb. **Tralov-*	-ov-
277	Tramm (LAU)	1230 *Tramme* (138: 190) 1543 *Tramm* (107: 693) 1856 *Tramm, Dorf* (116: 2, 533)	aplb. **Trąba, *Trąby* (Pl.) 'Röhre, Rohr, Schornstein, Trompete, trichterförmige Öffnung, Mündung'	Simplex

Nr.	Ortsname	Belege	aplb. Grundform	ON-Typ
278	Tramm (PLÖ)	1433 *Tramma* (45: 43) 1480 *de dorpere Tram Ratmerstorppe unde Gustorp* (129: 4, 386; 469) 1856 *Tramm* (116: 2, 533)	aplb. *Trąba, *Trąby (Pl.) 'Röhre, Rohr, Schornstein, Trompete, trichterförmige Öffnung, Mündung'	Simplex
279	Trems (HL)	1177 *addito eis riuo Pramice* (130: 1, 5) 1177 *trans rivum qui Pramece dicitur* (114: 1, 136) 1215 *Molendinum Premnize* (125: 30) 1216 *molendinum Premesce* (125: 31) 1247 *Premece* (130: 1, 124) 1298 *inter Zwartowe et Premezen et Trauenam* (130: 1, 680) 1299/1300 *fundum molendinum in Premze ... inter fluuios Zvartowe et Premze* (129: 1, 134; 151) 1319 *aquam Premescen, ad aquam molendini Premescen* (125: 30; 35) 1829 *Trems* (120: 105)	aplb. *Parmica 'Fähre'	-ica
280	Trent (PLÖ)	1220 *Thetlevus de Torente* (114: 1, 362) 1480 *de dorppe Trent* (129: 4, 386; 469) 1649/52 *Trenth / Trent* (18: 31/207) 1856 *Trent* (116: 2, 539)	aplb. *Tur'ąty	Simplex
281	+ Treschau (OH)	1433 *in Vrysgud sunt ...* (45: 505) 1445 *uppe deme Trysko* (104:, 7) 1447 *uppe deme tryskow* (84.3: Sta. Heiligenhafen, 1)	1. aplb. *Trěskov- 'Span, Splitter' 2. aplb. *Treškov- 3. aplb. *Tryskov-	-ov-

– V –

Nr.	Ortsname	Belege	aplb. Grundform	ON-Typ
282	+ Vellin (OH)	1384 *an deme houe to Vellyn* (130: 4, 438) 1398 *curiam Vellin cum molendino* (114: 6, 1312) 1483 *tusschen ... dem Vellyner velde ... den Vellyner diek* (129: 3, 94)	aplb. *Velin-	-in-

– W –

Nr.	Ortsname	Belege	aplb. Grundform	ON-Typ
283	Walksfelde (LAU)	1158 *duas villas ... et Walegotsa* (131: 41; 61) 1194 *Walegotsuelde* (114: 1, 188) 1230 *Walegotesvelde tota uilla* (138: 150) 1238 *villam, que dicitur Walegotesfelde* (49: 1, 480) 1306 *in villa Walgodesvelde* (49: 24, 13603) 1400 *Waluesuelde* (107: 182) 1545 *der dreier dorffer Walgedesfeld* (78: 993) 1571 *den dreyen dorfferen ... Wolgedesfelde* (78: 993) 1884 *Walksfelde* (47: 259)	aplb. *Voligošč-	-j-
284	Wandelwitz (OH)	1433 *in Wanderlitze* (45: 472) 1479 *ut sinen dorperen ... Wandernisse* (129: 4, 382) 1501 *Wandeluys* (91: 106) 1649/52 *Wandelwitz* (18: 213)	1. aplb. *Vądrolici 2. aplb. *Vądravica 'Wasser, Gewässer'	-ici -av-ica
285	+ Wanderoh (OH)	1433 *Wandera* (45: 564) 1557 *na der Wanderae / tho Wandera* (70: 2625, Zeugenliste) 1607 *dat Guett und Hoff Wanderow* (63) 1649/52 *Wanderade* (18: 210)	aplb. *Vądrava 'Wasser, Gewässer'	-ava
286	Wandrerruh (OH)	1433 *in Wandera* (45: 340) 1649/52 *Wandero / Wanderot* (18: 214) 1856 *Wanderohe* (116: 2, 563) 1875 *Wanderoog / Wanderoogkamp* (83a) 1908 *Wanderoh* (57: 1, 169) 1922 *Wanderohe Hof* (112) 1953 *Wandrer Ruh* (137) 1964/73 *Wandrerruh* (137)	aplb. *Vądrava 'Wasser, Gewässer'	-ava
287	Wangelau (LAU)	1230 *Wankelowe* (138: 190) um 1374 *in Wanghelow* (114: 4, 1505) 1434 *to ... Wangelow* (130: 7, 601) 1439 *Wangelouwe* (84.2: 49; 58) 1452 *Wanghelouwe* (130: 9, 75) 1856 *Wangelau* (116: 2, 565)	1. aplb. *Vąg-l'ov- 2. aplb. *Vąg-l'ov- 'Kohle' 3. aplb. *Vąg-lov- 'Winkel, Ecke'	-ov- -ov- -ov-
288	Wangels (OH)	1356 *Iohannes Wanghelitze* (114: 4, 670) 1373 *in Wangholisse* (114: 4, 1485) 1433 *in Wangheltze* (45: 552) 1607 *Wangelße* (63) 1652 *Wangels* (18: 210)	aplb. *Vąglici	-ici
289	Warnau (PLÖ)	1481 *Warnow* (129: 1, 133) 1493 *von der Warnouw* (74: 347) 1542 *Warnow* (129: 1, 158) 1856 *Warnau* (116: 2, 569)	1. aplb. *Varnov- 'Rabe' 2. aplb. *Varnov-	-ov- -ov-

Material   CI

Nr.	Ortsname	Belege	aplb. Grundform	ON-Typ
290	Wasbuck (OH)	1336 *villam dictam Waschebuch* (125: 621) 1375 *in villa Wasschebuk* (114: 4, 1559) 1391 *to Waschebuk* (114: 6, 984) 1464 *de dorpere ... Wasschebuk* (129: 4, 342) 1649/52 *Waschbueck / Waschbuck / Waßbuck* (18: 210) 1856 *Wasbuck* (116: 2, 570)	aplb. *Vyšebog, *Vyšebogy	Simplex
291	Großwessek (OH)	1293 *de Wotseke* (114: 2, 827) 1316 *her Emeke Wozseke* (114: 3, 329) 1320 *fratres dicti Wasceken / Wasceke* (114: 3, 421) 1321 *Emikino Wszeken ... militibus* (129: 3, 1) 1323 *Emeko de Wosceken / domini Emekinus Wozeke* (114: 3, 493/514) 1340 *Otto et Emeke et Iohannes fratres dicti de Wusseken* (114: 3, 1059) 1394 *in villis Grotenwosseken* (114: 6, 1136) 1433 *in Grote Wysseke* (45: 467) 1449 *in sinem dorpe vnde gude to Witzeke* (130: 8, 654) 1607 *Weissick* (63) 1649/52 *Großen Westseecke / Groten Westsecke* (18: 213) 1856 *Groß-Wessek* (116: 2, 583)	aplb. *Vosěk, *Vosěky (Pl.) 'Aushau, Verhau, Holzschlag, abgeholzter Teil des Waldes, befestigtes Kriegslager, umzäunter Platz für das Vieh, Hain, Hag'	Simplex
292	Kleinwessek (OH)	1274 *in Lutke Wisseke* (125: 232) 1276 *in villa nostra Woceke minori* (125: 249) 1415 *ex villa Luttekenweseke* (130: 5, 537) 1433 *in Lutke Wysseke* (45: 466) 1649/51/52 *Klein Westseecke / Lutken Westsecke* (18: 213) 1856 *Klein-Wessek* (116: 2, 584)	aplb. *Vosěk, *Vosěky (Pl.) 'Aushau, Verhau, Holzschlag, abgeholzter Teil des Waldes, befestigtes Kriegslager, umzäunter Platz für das Vieh, Hain, Hag'	Simplex

Nr.	Ortsname	Belege	aplb. Grundform	ON-Typ
293	+ Widöle (OH)	1329 *Dethleuus de Bochwolde ... in Wodole milites* (124) 1341 *hern Detleves sone van Bucwolde, de thu Wudole woneth* (114: 4, 8) 1359 *Lambertus de Bocwolde, dictus alias de Widdoele, armigeri* (130: 3, 341) 1360 *Lambertus de Widdøle ...* (130: 3, 356) 1360 *Lemmeke de Bocwolde di Widole* (130: 3, 367) 1362 *in Widdole* (114: 4, 967) 1362 *Lambert Bucwolde van Wodole* (130: 3, 257) 1366 *de Wydole* (124) 1366 *Lamberd van Bocwolde anders geheten Wedole / de Wudole* (114: 4, 1143/1151) 1433 *curia Wedolo* (45: 395) 1441 *to Wydole* (130: 8, 5) 1453 *in Wedole* (130: 20) 1466 *up deme haue to Wedole / to Wydole* (130: 11, 143)	aplb. *Vodoly, *Vodol'e* 'nahe bei' + 'Grube'	Kompositum präfixal/ Simplex
294	Wielen (PLÖ)	1221 *de Wilen* (114: 1, 372) 1329 *de Wylen* (51: 10/11 (1892/93) 457) 1442 *Wyllen* (74: 344) 1639 *in dem Dorff Wilen* (70: 1079) 1649/52 *Wiehlen / Wielen dabey eine Mühl* (18: 31/207) 1856 *Wielen* (116: 2, 591)	aplb. *Velen'-	-j-
295	+ Wizok (LAU)	1230 *Wizok* (138: 190)	aplb. *Vysok- 'hoch'	Simplex
296	Wöbs (OH)	1150 *villarum ... Vobisse* (114: 1) um 1190 *villas ... et Wobize* (30: 162/292) 1215 *Wobese* (125: 30) 1372 *in den dorpen to Webese / Wobese* (114: 4, 1467) 1649/50/52 *Wobs / Wabs* (18: 231) 1856 *Wöbs* (116: 2, 608)	aplb. *Vob-c- 'eingegrenzter Platz, Gemeinde, Ortschaft'	-c-
297	Wotersen (LAU)	1230 *Wotartze* (138: 190) 1353 *Volradus de Woterisse* (130: 3, 178) 1367 *in Wůtertze* (114: 4, 1231) 1429 *in vnde vth vnseme houe vnde gantzen dorpe to Woterse* (130: 7, 325) 1434 *to Wotersen* (130: 7, 602) 1509 *hoff vnde gudt tho Woterssen* (107: 557) 1856 *Wotersen* (116: 2, 612)	1. aplb. *Votarč (Sg.), *Votarče (Pl.) 2. aplb. *Votarč'e 'Zaun aus Stöcken und Reisig'	Simplex präfixal-nominal-suffigierter ON

– Z –

Nr.	Ortsname	Belege	aplb. Grundform	ON-Typ
298	Zarnekau (OH)	1256 *Scernekowe* (125: 123) 1288 *de villis ... et Zarnikowe* (125: 310) 1341 *prope Sarnekowe* (125: 830) 1433 *ville ... Zernekouwe* (45: 15) 1440 *stagnum in Tzernekow* (125: 303) 1649/50/51/52 *Zarnikaw / Zarnikow / Zarnekow* (18: 230) 1856 *Zarnekau* (116: 2, 617)	1. aplb. *Čarnkov- 2. aplb. *Č(e)rnkov-	-ov-
299	Groß Zecher (LAU)	1194 *Scachere* (114: 1, 188) 1230 *Tsachere* (138: 146) 1349 *Zechere* (21: 1, 516) 1446 *to Groten Tzecher* (130: 8, 391) 1490 *myt dem haue vnde ... dorpe Groten Secher* (107: 486) 1856 *Groß-Zecher* (116: 2, 618)	1. aplb. *Čachory (Pl.) 2. aplb. *Čachor'-	Simplex -j-
300	Klein Zecher (LAU)	1230 *in sclauico tsachere* (138: 146) 1292 *Wendeschen Zechere / Lutken Zechere* (60: 47/50) 1335 *Slauicali Zechere* (49: 8, 5612) 1376 *in parva villa Tzecher ... in capella ville parve Tzecher* (107: 982) 1416 *enen hoff to lutken Zegcher* (84.2: 87, fol. 26) 1459 *capella beate et glorissime virginis marie in villa minori Sechere* (84.2: 87, fol. 22) 1474 *ad capellam beate marie in lutken Secher* (84.2: 87, fol. 24) 1484 *Lutkenzecher* (107: 405) 1856 *Klein-Zecher* (116: 2, 619)	1. aplb. *Čachory (Pl.) 2. aplb. *Čachor'-	Simplex -j-
301	Ziethen (LAU)	1158 *cum villis ... Ziethene* (124: 41; 60) 1174 *cum villa ... Cithene* (124: 103; 156) 1236 *Citene Maius et Minus* (49: 1, 448) 1294 *villam Cythene Maiorem et Cythane Slauicalem* (49: 3, 2275) 1295 *in uilla Cytane ac Cytane Slauicali* (49: 3, 2307) 1320 *Theutonica Cythene* (49: 25 A, 13925) 1323 *in villis ... Cythane Theutonica et Cythane Slauicali* (49: 7, 4493) 1447 *to Siten* (130: 8, 449)	aplb. *Sit'n- 'Riedgras, Binsenkraut'	-n-
302	+ Wendisch-Ziethen (Klein-Ziethen) (LAU)	1194 *Cithene totum* (49: 1, 154) 1294 *villam Cythene Maiorem et Cythane Slauicalem* (49: 3, 2275) 1295 *in uilla Cytane ac Cytane Slauicali* (49: 3, 2307) 1323 *in villis ... Cythane Theutonica et Cythane Slauicali* (49: 7, 4493) 1337 *ville nostre Cithne Slauicalis* (49: 9, 5796)	aplb. *Sit'n- 'Riedgras, Binsenkraut'	-n-

13.2 Slawisch-Deutsche Mischnamen

Das folgende Verzeichnis umfaßt in alphabetischer Reihenfolge die primären slawisch-deutschen onymischen Hybride Ost- und Südholsteins und stellt die Materialbasis für die linguistische Analyse des Sprachkontakts dar.

Sowohl die Ortsnamen als auch die Namenbelege und -deutungen sind aus den Monographien von Schmitz (1981, 1986, 1990) exzerpiert und für die kontaktlinguistische Untersuchung tabellarisch aufbereitet.

In den Ortsnamenbelegen folgt auf die zeitliche Datierung die in der jeweiligen Quelle dokumentierte Namenform. In Klammern befindet sich der entsprechende Quellenverweis. Dabei bezieht sich die erste Ziffer auf die laufende Nummer im Quellenverzeichnis; die weiteren Ziffern verweisen auf die Seitenzahl der jeweiligen Quelle, auf die Urkunden- bzw. Regestennummer usw.

In der Rubrik 'slawisches BW' werden die von Schmitz rekonstruierten mittelniederdeutschen Ortsnamengrundformen sowie die in ihnen enthaltenen altpolabischen Anthroponyme genannt. Wenn mehrere mittelniederdeutsche Grundformen und slawische Anthroponyme möglich sind, dann werden diese ebenfalls aufgezählt. Falls dem Bestimmungswort ein altpolabisches Appellativum zugrunde liegt, dann wird dieses mit der Abkürzung 'aplb. App.' bezeichnet und die jeweilige Lexembedeutung angegeben.

In der Spalte 'deutsches GW' wird das mittelniederdeutsche Grundwort des jeweiligen Oikonyms genannt und die Lexembedeutung dieses Zweitgliedes aufgeführt. Diese Deutung ist ebenfalls den Monographien von Schmitz entnommen.

Material   CV

– B –

Nr.	Ortsname	Belege	slawisches BW	deutsches GW
1	Bankendorf (OH)	1322 *villam Bowerkendorpe* (125: 569) 1464 *Bouwerkendorpe* (130: 10, 456) 1607 *Bakendorp* (70: 3199) 1608 *Boickendorff / Bowkendorff* (30: 3199) 1609 *Banckendorff / Banckendörpff* (30: 3199) 1631 *Backendorff / Bakendorff* (91: 300a / 70: 2077) 1634 *zu Bankendorf* (70: 2077) 1649/51 *Bauckendorp* (18: 31) 1652 *Bouckendorp Hoff* (18: 213) 1855 *Bankendorff* (116: 1, 187)	aplb. PN: aplb. *Bobr-k-, *Bobrko	mnd. *dorp* 'Dorf' mhd. *dorf* ahd. *thorf* 'Einzelsiedlung'
2	Bannesdorf (OH)	1231 *uille Sclauorum Bondemaerthorp / in Blandemaerthorp* (40: 1, 51) 1329 *Bamerstorpe* (114: 3, 689) 1392 *Bammerstorpe* (116: 6, 1012) 1437 *Banmerstorpe* (130: 7, 745) 1485 *Bantmerstorpe* (129: 2, 13) 1558 *Bandmestorpp* (129: 3, 97) 1590 *Bandemstorp* (129: 3, 97) 1648/52 *Bandelstorp* (18: 158) 1854 *Bannesdorf* (120: 31)	aplb. PN: aplb. *Bądimir, *Bądiměr	mnd. *dorp* 'Dorf' mhd. *dorf* ahd. *thorf* 'Einzelsiedlung'
3	+ Banstorf (HL)	1316 *Curia St. Spiritus* (116: 2, 155) 1546 *den Monneckenhoff* (44: 3, 707) 1581 *Bunstorf* (79: 653) 1590 *Banstorf alias der Munckhof* (79: 654) 1614 *Banßtorf alias der Münchhof* (79: 655)	aplb. PN: aplb. *Bąš	mnd. *dorp* 'Dorf' mhd. *dorf* ahd. *thorf* 'Einzelsiedlung'
4	Barensdorf (OH)	1304 *uillam Barensdorpe* (125: 401) 1325 *villam Barenstorpe* (114: 3, 568) 1475 *Barnstorpp* (129: 4, 366) 1651/52 *Baredorp / Borenstorpp* (18: 210) 1855 *Barensdorf* (116: 1, 188)	Gf. mnd. *Barn(e)sdorp > *Barensdorp aplb. PN: aplb. *Barn-	mnd. *dorp* 'Dorf' mhd. *dorf* ahd. *thorf* 'Einzelsiedlung'
5	Bauersdorf (PLÖ)	1264-1289 *Marquardus clericus dictus Bowerstorpe / Otto de Boverstorpe* (37: 38/70) 1433 *Bowerstorpe* (45: 45) 1649 *Baursdorp* (18: 31) 1855 *Bauersdorf* (116: 1, 198)	Gf. mnd. *Bobrsdorpe aplb. PN: aplb. *Bobr	mnd. *dorp* 'Dorf' mhd. *dorf* ahd. *thorf* 'Einzelsiedlung'
6	Behlendorf (LAU) [Lübeck]	1194 *Belendorpe ... ad Minus Belendorp* (49: 1, 154) 1230 *Belenthorp* (138: 154) 1292 *in dem kerspele to Belendorpe* (60: 51) 1458 *in deme kerspel to Beelendorpe* (130: 9, 658) 1855 *Behlendorf* (116: 1, 200)	Gf. mnd. *Bělendorpe aplb. PN: aplb. *Běl	mnd. *dorp* 'Dorf' mhd. *dorf* ahd. *thorf* 'Einzelsiedlung'

Nr.	Ortsname	Belege	slawisches BW	deutsches GW
7	Behlendorf (LAU) [Klein-Behlendorf]	1194 *in parrochia sancti Georgii ... Belendorpe ... ad Minus Belendorpe* (49: 1, 154) 1230 *ad Minus Belenthorp* (138: 154) 1829 *Behlendorfer Hof* (120: 19)	Gf. mnd. **Bělendorpe* aplb. PN: aplb. **Běl*	mnd. *dorp* 'Dorf' mhd. *dorf* ahd. *thorf* 'Einzelsiedlung'
8	Beschendorf (OH)	1322 *Becekendorp* (114: 3, 470) 1383 *tuschen Bezekendorp* (114: 6, 468) 1433 *Besekendorpe* (45: 339) 1652 *Beschendorp* (18: 214) 1855 *Beschendorf / Beeschendorf* (116: 1, 212)	Gf. mnd. **Bezekendorp* aplb. PN: aplb. **Bezeko*	mnd. *dorp* 'Dorf' mhd. *dorf* ahd. *thorf* 'Einzelsiedlung'
9	Blieschendorf (OH)	1231 *in Blisaekaenthorp* (40: 1, 51) 1329 *de Blisekindorp* (114: 3, 689) 1335 *in villa Blisekendorpe* (114: 3, 902) 1507 *to Bliesschendorp* (129: 3, 24) 1652 *Blischendorf* (18: 158) 1854 *Blieschendorf* (115: 47)	aplb. PN: aplb. **Bliz-k-, *Blisek*	mnd. *dorp* 'Dorf' mhd. *dorf* ahd. *thorf* 'Einzelsiedlung'
10	Bliesdorf (OH)	1280 *Blisesdorpe magnum* (125: 288) 1302 *Nicolaus de Blisestorpe* (28: 2, 30) 1358 *Blistorpe* (117: 4, 784) 1363 *ville Blystorp* (130: 3, 485) 1433 *Blistorpe* (45: 369) 1649/51/52 *Bliestorp / Blysdorf* (18: 214) 1855 *Bliesdorf* (116: 1, 224)	aplb. PN: aplb. **Bliz*	mnd. *dorp* 'Dorf' mhd. *dorf* ahd. *thorf* 'Einzelsiedlung'
11	Bliestorf (LAU)	1301 *Nicolaus de Blisestorpe* (130: 2, 142) 1380 *dat halve dorp, dat gheheten is Blystorpe* (130: 4, 368) 1382 *achter Blistorp* (130: 4, 408) 1400 *ex ... villa Blystorp* (49: 24, 13573) 1457 *in Blisestorppe ...* (130: 9, 493) 1855 *Bliestorf* (116: 1, 225)	Gf. mnd. **Blizesdorpe* aplb. PN: aplb. **Bliz, *Bliza*	mnd. *dorp* 'Dorf' mhd. *dorf* ahd. *thorf* 'Einzelsiedlung'
12	+ Klein-Bliesdorf (OH)	1280 *Blisedorpe paruum* (125: 288)	Gf. mnd. **Blizesdorpe* aplb. PN: aplb. **Bliz, *Bliza*	mnd. *dorp* 'Dorf' mhd. *dorf* ahd. *thorf* 'Einzelsiedlung'
13	Bojendorf (OH)	1231 *Boyaenthorp* (40: 1, 51) 1329 *de Bogymdorp* (114: 3, 689) 1652 *Boyendorp / Boiendorp* (18: 185) 1854 *Bojendorf* (115: 52)	Gf. mnd. **Bojendorp* aplb. PN: aplb. **Bojan*	mnd. *dorp* 'Dorf' mhd. *dorf* ahd. *thorf* 'Einzelsiedlung'
14	Brodau (OH)	1280 *Prodanisdorp* (125: 288) 1316 *Prodenstorp* (114: 3, 329) 1350 *in villa Brodestorpe* (114: 4, 420) 1526 *Brodensdorf* (116: 1, 263) 1614 *zu Prodow* (70: 362) 1649/52 *Brodaw / Brodow* (18: 214) 1855 *Brodau* (116: 1, 263)	aplb. PN: aplb. **Prodan*	mnd. *dorp* 'Dorf' mhd. *dorf* ahd. *thorf* 'Einzelsiedlung'

Nr.	Ortsname	Belege	slawisches BW	deutsches GW
15	+ Brodesende (LAU)	1335 *de ... Stralie et Brodesende* (49: 8, 5612) 1503 *de dorppstede to Brodesende* (107: 544)	Gf. mnd. **to dem(e), tom(e) Brodesende*	mnd. *ende* 'Ende; Grundstücks-, Gebietsgrenze' nnd. *End*
16	+ Bunendorf (PLÖ)	1197 *villam ... bunentorp in luttekenburg* (125: 18) 1263 *in Bunendorpe* (125: 160) 1271 *uillam que Bunendorp dicitur* (125: 213) 1283 *de Bunendorpe* (125: 289)	aplb. PN: aplb. **Bun-*	mnd. *dorp* 'Dorf' mhd. *dorf* ahd. *thorf* 'Einzelsiedlung'

– C –

Nr.	Ortsname	Belege	slawisches BW	deutsches GW
17	+ Cemersdorf (LAU)	1230 *Cemerstorp* (138: 190)	Gf. mnd. **Semer(e)sdorpe* aplb. PN: aplb. **Semer*	mnd. *dorp* 'Dorf' mhd. *dorf* ahd. *thorf* 'Einzelsiedlung'

– D –

Nr.	Ortsname	Belege	slawisches BW	deutsches GW
18	+ Dalugenrode (OH)	1307 *villam dictam Dalughenrode* (114: 3, 155) 1383 *twe hoven to Dalugenrode* (114: 6, 468) 1433 *Lugenrod* (45: 345)	Gf. mnd. **Dalugenrode* aplb. PN: aplb. **Daluga*	mnd. *rode, rod, rot* 'Rodung, Rodeland, Beseitigung des Waldes durch Ausgraben der Wurzelstöcke, Neubruch, Neuland'
19	+ Darganthorp (OH)	1231 *uille Sclauorum Darganthorp* (40: 1, 51)	Gf. mnd. **Dargandorp* aplb. PN: aplb. **Dargan*	mnd. *dorp* 'Dorf' mhd. *dorf* ahd. *thorf* 'Einzelsiedlung'

Nr.	Ortsname	Belege	slawisches BW	deutsches GW
20	Dassendorf (LAU)	1334 *Dertzendorp* (49: 8, 5559) 1365 *in villa Derzekendorpe* (130: 4, 141) 1428 *in deme dorpe vnde veltmarke to Dartzendorpe* (130: 7, 251) 1439 *to ... Thomen, Crukouwe vnd Dersendorpe* (130: 7, 800) 1490 *in ... Darsendorpp* (107: 485a) 1855 *Dassendorf* (116: 1, 323)	Gf. mnd. *Derž-kendorpe, *Deržekendorpe, *Deržkendorpe aplb. PN: aplb. *Deržek, *Deržik, *Derško, *Deržka	mnd. *dorp* Dorf mhd. *dorf* ahd. *thorf* Einzelsiedlung
21	Dazendorf (OH)	1259 *Dazendorp* (130: 1, 244) 1264/89 *de Dastorpe* (37) 1289 *Dazendorpe* (130: 1, 686) 1433 *in Dacendorpe* (45: 499) 1855 *Dazendorf* (116: 1, 324)	aplb. PN: aplb. *Daš, *Dadź	mnd. *dorp* 'Dorf' mhd. *dorf* ahd. *thorf* 'Einzelsiedlung'
22	Dobersdorf (PLÖ)	1500 *zu Doberstorp* (129: 1, 405) 1518 *to Doberstorppe* (19: 150) 1603 *zu Doberstorff* (91: 267) 1652 *Doberstorp* (18: 205) 1719 *dem Guthe Doberstorff* (102: 4, 7) 1855 *Dobersdorf* (116: 1, 331)	Gf. mnd. *Dobrsdorp(e) aplb. PN: aplb. *Dobr	mnd. *dorp* 'Dorf' mhd. *dorf* ahd. *thorf* 'Einzelsiedlung'
23	Düchelsdorf (LAU)	1373 *Roduchestorp* (26: C III, 1 und G 99) 1463 *vp Roduwerstorper veld* (130: 10, 291) 1652 *Duchelsdorp* (18) 1855 *Düchelsdorf* (116: 1, 339)	Gf. mnd. *Raduchel(e)sdorpe, *Radochel(e)sdorpe aplb. PN: aplb. *Raduchel, *Radochel	mnd. *dorp* 'Dorf' mhd. *dorf* ahd. *thorf* 'Einzelsiedlung'
24	Dummersdorf (LAU)	1268 *villam que Dummerstorp dicitur* (130: 1, 307) 1855 *Dummersdorf* (116: 1, 341)	1. Gf. mnd. *Domer(e)sdorpe, *Domamer(s)dorpe aplb. PN: aplb. *Domer, *Domamer/ *Domamir 2. Gf. mnd. *Dom(a)bor(e)sdorpe aplb. PN: aplb. *Dom(a)bor	mnd. *dorp* 'Dorf' mhd. *dorf* ahd. *thorf* 'Einzelsiedlung'

– G –

Nr.	Ortsname	Belege	slawisches BW	deutsches GW
25	Gadendorf (PLÖ)	1242 *Rodolfus et Timmo de Godendorp* (114: 1, 627) 1264-1289 *Johannes de Godenthorpe* (37: 52) 1339 *de Godendorpe* (114: 3, 1016) 1433 *Thodendorpe* (45: 46) 1543 *tho Gadendorpp* (86: 12/2) 1640 *Gadendorff* (99: 1) 1649 *Gadendorp* (18: 31) 1739 *Gadendorff* (99:6) 1855 *Gadendorf* (116: 1, 401)	aplb. PN: aplb. *God, *Goda, *Godo	mnd. *dorp* 'Dorf' mhd. *dorf* ahd. *thorf* 'Einzelsiedlung'
26	Gahlendorf (OH)	1231 *Galenthorp* (40: 1, 51) 1320/21 *Sighir de Golendorp* (114: 3, 689) 1329 *de Galindorpe* (114: 3, 689) 1376 *Ghalendorpe* (114: 6, 23) 1386 *Galendorp* (114: 6, 622) 1521 *Galendorpp* (129: 2, 31) 1649/52 *Galendôrp* (18: 158) 1854 *Galendorf* (115: 163)	Gf. mnd. *Galendorp aplb. PN: aplb. *Gal(a)-	mnd. *dorp* 'Dorf' mhd. *dorf* ahd. *thorf* 'Einzelsiedlung'
27	Altgalendorf (OH)	1292 *in villa Kalendorp* (125: 317) 1307 *in Antiquo Galendorpe* (125: 418) 1346 *Oldegalendorpe* (114: 4, 256) 1365 *in villa Antiqua Galendorpe* (114: 4, 1124) 1376 *ville Ghalendorpe* (130: 4, 288) 1433 *in Olde Galendorpe* (45: 471) 1651/52 *Olde Galendôrp* (18: 213) 1855 *Altgalendorf* (116: 1, 165)	Gf. mnd. *Galendorp aplb. PN: aplb. *Gal(a)-	mnd. *dorp* 'Dorf' mhd. *dorf* ahd. *thorf* 'Einzelsiedlung'
28	Seegalendorf (OH)	1389 *de villis ... Galendorp* (114: 6, 824) 1433 *in Nyegalendorpe* (45: 480) 1651/52 *Segalendôrp* (18: 213) 1856 *Seegalendorf* (116: 2, 438)	Gf. mnd. *Galendorp aplb. PN: aplb. *Gal(a)-	mnd. *dorp* 'Dorf' mhd. *dorf* ahd. *thorf* 'Einzelsiedlung'
29	Gammendorf (OH)	1231 *Gammenthorp, uilla Sclauorum* (40: 1, 51) 1329 *de Gammindorpe* (114: 3, 689) 1488 *Gammendorpe* (129: 3, 24) 1854 *Gammendorf* (115: 166)	aplb. PN: aplb. *Gąba	mnd. *dorp* 'Dorf' mhd. *dorf* ahd. *thorf* 'Einzelsiedlung'
30	+ Gardensee (LAU)	1230 *Gardense* (138: 146) 1321 *villam Gardoze* (49: 18, 10473) 1322 *piscatura maiori ville Gardense stagni adiacentis* (49: 7, 4388) 1592 *das Gardenseerholtz* (107: 523)	Gf. mnd. *Gardensē	mnd. *sē* 'lacus, Landsee, Binnensee' nnd. *See* 'Landsee'

Nr.	Ortsname	Belege	slawisches BW	deutsches GW
31	Gleschendorf (OH)	1259 *Goleskendorp* (125: 142) 1272 *in Golessekendorpe* (130: 1, 335) 1280 *Gholeskendorpe* (125: 306) 1339 *Glessekendorpe* (125: 639) 1433 *in Gleskendorpe* (45: 419) 1650/52 *Gleschendorp* (18: 238) 1855 *Neu-/Alt-Gleschendorp* (116: 1, 409)	aplb. PN: aplb. *Golešk(a), *Golišk(a)	mnd. *dorp* 'Dorf' mhd. *dorf* ahd. *thorf* 'Einzelsiedlung'
32	Gleschendorf (PLÖ)	1433 *Gleskendorpe* (45: 46) 1649/52 *Glyschendorp / Glischendorff* (18: 31/207) 1855 *Gleschendorf* (116: 1, 140)	aplb. PN: aplb. *Golešk(a), *Golišk(a)	mnd. *dorp* 'Dorf' mhd. *dorf* ahd. *thorf* 'Einzelsiedlung'
33	Gneversdorf (HL)	1313 *villam nostram Gnewestorpe* (125: 446) 1329 *versus villam Ghnewestorpe* (130: 2, 1, 502) 1334 *villam Gnewestorpe sitam in parrochia Trauenemunde* (125: 587) 1829 *Gneversdorf* (120: 12)	Gf. mnd. *Gněv(e)sdorpe, *Gněv-š(e)dorpe aplb. PN: aplb. *Gněv, *Gněv-š'	mnd. *dorp* 'Dorf' mhd. *dorf* ahd. *thorf* 'Einzelsiedlung'

– H –

Nr.	Ortsname	Belege	slawisches BW	deutsches GW
34	Hutzfeld (OH)	1150 *duarum villarum, Wittesvelde et Vobisse* (114: 1, 89) um 1190 *duas villas ... Gothesvelde* (30: 292) 1215 *Gudesuelde* (125: 30) 1280 *in Gutisuelde* (125: 288) 1356 *Marquardus Ghudesvelt* (114: 4, 705) 1372 *in den dorpen to ... Husevelde* (114: 4, 1467) 1433 *ville ... Gutesveld* (45: 176) 1649/50/52 *Hutzfelde / Hutzefelde* (18: 231) 1855 *Huzfeld* (116: 1, 548) 1908 *Hutzfeld* (57: 16, 53)	aplb. PN: aplb. *Chud-	mnd. *velt* 'freies, offenes Land; Feld; Wiese; Weide; Ackerland' ahd. *feld* mhd. *velt(d)* 'Acker- und Wiesenflur'

– J –

Nr.	Ortsname	Belege	slawisches BW	deutsches GW
35	Jasdorf (PLÖ)	1433 *Beastorpe* (45: 45) 1543 *thom Jastorpe* (86: 31/2) 1649/52 *Jasdorp / Jastorp* (18: 31/209) 1856 *Jasdorf* (116: 2, 2)	Gf. mnd. **Jarsdorpe* aplb. PN: aplb. **Jar*	mnd. *dorp* 'Dorf' mhd. *dorf* ahd. *thorf* 'Einzelsiedlung'

– K –

Nr.	Ortsname	Belege	slawisches BW	deutsches GW
36	Kählstorf (LAU)	1292 *Koselstorpe* (53: 51) 1321 *in villis ... Klempowe Koselstorpe et Sarowe* (114: 3, 448) 1378 *ville Kozelstorpe* (130: 4, 353) 1440 *Kolstorpe / Koelstorpe* (84.2: 49; 5/6) 1456 *in villis ... Gholdensee et Kolstorpe* (130: 9, 362) 1856 *Kählstorf* (116: 2, 16)	Gf. mnd. **Kozel(e)sdorpe* aplb. PN: aplb. **Kozel*	mnd. *dorp* 'Dorf' mhd. *dorf* ahd. *thorf* 'Einzelsiedlung'
37	Karstinebuerfeld (OH)	1433 *in Kerstinerbueruelde* (45: 502) 1507 *twe veldtmarkede Tulebur und Karstineburvelde* (84.3: Sta. Heiligenhafen 1, 17, 159) 1743 *von den zweyen Feldern, die Tuhlbuer und Carstinebur ... genannt werden* (15: 2)	aplb. App.: aplb. **Charstina, *Charstiny* 'Gesträuch, Gebüsch, Hecke, Reisig'	mnd. *velt* 'freies, offenes Land; Feld; Wiese; Weide; Ackerland' ahd. *feld* mhd. *velt(d)* 'Acker- und Wiesenflur'
38	Kasseedorf (OH)	1201 *villam Chuseresthorp / Coserstorp* (129: 1, 9) 1201 *uillam que dicitur Kuseresthorp* (130: 1, 9) 1361 *villam Kuseristorpe* (114: 4, 912) 1382 *de molendino Kûz(erstor)pe* (114: 6, 407) 1479 *mit ... deme dorppe Kuserstorppe* (129: 4, 383) 1649/52 *Kußhersdorp / Küshersdorp* (18: 230) 1855 *Casseedorf* (116: 1, 287)	aplb. PN: aplb. **Kos-r,* aplb. **Kosyr*	mnd. *dorp* 'Dorf' mhd. *dorf* ahd. *thorf* 'Einzelsiedlung'

Nr.	Ortsname	Belege	slawisches BW	deutsches GW
39	+ Kerzenhagen (PLÖ)	1259 *Indago, Kersenhagen* (125: 142) 1280 *de parrochia Hagene* (125: 288; 302) 1286 *Kercenhagen* (129: 1, 385) 1316 *dhat karspel thůme Kercenhagen* (114: 3, 329) 1369 *in parrochia Kertzenhaghen* (114: 6, 2, 1253) 1433 *ipse villa Kerstenhaghen* (45: 44) 1463 *ecclesia in Carstenhagen* (129: 1, 130; 326) 1652 *Carstenhagendorff jetzt Probsthagen genandt* (18: 207)	aplb. App.: **Karčnica* 'Wurzelstock, ausgegrabener Baumstumpf, Strauch, Busch'	mnd. *hagen* 'Hag; Hagen; Hekke; Knick; lebender Zaun zwischen Wiesen, Feldern, Grenzhecke, Dornbusch, umzäuntes, eingefriedetes Feldstück; abgeschlossener mit Häusern umstandener Platz' ahd. *hagan* mhd. *hage(n)* 'Einfriedigung zum Schutz und zur Verteidigung eines Ortes'
40	Kleinharrie (PLÖ)	1238 *ludestesharegen* (114: 1, 583) 1340 *ville dicte luttekenharghe* (114: 3, 1086) 1349 *in minori Harghe* (114: 4, 388) 1383 *in deme dorpe tho Luttekenharghe* (114: 6, 1, 476) um 1500 *tho Lutkenharge* (91: 104a) 1855 *Klein-Harrie* (116: 1, 486)	aplb. PN: aplb. **L'udost*	mnd. *hōr(e), hār(e)* 'Dreck, Unrat, Straßendreck, Abfall, Kot, Mist, Schlamm, Moorerde, Lehm'
41	+ Klotesfelde (LAU)	1174 *cum villa Rodemozle, Cithene, Clotesuelde, Verchowe* (49: 1, 113) 1230 *Clotesvelde* (138: 148) 1295 *in uilla Clotesuelde* (49: 3, 2307) 1358 *quodam spacio agri dicto Clotesuelder Horst* (49: 14, 8430) 1541 *Dath Regester von dem Acker tho Klotesfelde* (78: 1597)		mnd. *velt* 'freies, offenes Land; Feld; Wiese; Weide; Ackerland' ahd. *feld* mhd. *velt(d)* 'Acker- und Wiesenflur'
42	Kraksdorf (OH)	1433 *in Krakstorpe* (45: 524) 1652 *Kracksdorp* (18: 213) 1856 *Kraksdorf* (116: 2, 47)	aplb. PN: aplb. **Krak*	mnd. *dorp* 'Dorf' mhd. *dorf* ahd. *thorf* 'Einzelsiedlung'
43	+ Küstorf (OH)	1293 *villam ... Kusekestorpe* (130: 1, 607) 1379 *villam Kuzekestorpe* (129: 2, 429) 1433 *in Kustorpe* (45: 504) 1743 *das Dorf Küseckelsdorf oder Küßtorf* (15: 99)	aplb. PN: aplb. **Kuš-k-, *Kušek*	mnd. *dorp* 'Dorf' mhd. *dorf* ahd. *thorf* 'Einzelsiedlung'

Material   CXIII

– L –

Nr.	Ortsname	Belege	slawisches BW	deutsches GW
44	Liensfeld (OH)	1215 *Malinesuelde* (114: 1, 311) 1280 *in Mellinesuelde* (125: 288) 1288 *Malinesvelde* (125: 310) 1393 *to dem Linsvelde* (114: 6, 1083) 1433 *Malinesuelt* (45: 37) 1440 *Linsvelde* (125: 303) 1649/50/52 *Liensfelde / Lienesfeldt* (18: 238) 1856 *Liensfeld* (116: 2, 88)	Gf. mnd. *Malinesvelde aplb. PN: aplb. *Malin	mnd. *velt* 'freies, offenes Land; Feld; Wiese; Weide; Ackerland' ahd. *feld* mhd. *velt(d)* 'Acker- und Wiesenflur'
45	Luschendorf (OH)	1365 *in Lossendorp* (130: 3, 537) 1433 *Lussendorpe* (45: 415) 1460 *tho Lossendorp* (129: 3, 82) 1650/52 *Lasendorp / Lassendorp* (18: 238) 1856 *Luschendorf* (116: 2, 212)	aplb. PN: aplb. *Łosza, aplb. *Łoza	mnd. *dorp* 'Dorf' mhd. *dorf* ahd. *thorf* 'Einzelsiedlung'

– M –

Nr.	Ortsname	Belege	slawisches BW	deutsches GW
46	Malkendorf (OH)	1322 *Marquardus de Malekendorpe* (16: 31) 1340 *villam meam dictam Malkendorp* (130: 2, 697) 1433 *Malekendorpe* (45: 449) 1453 *to Malekendorppe* (130: 9, 148) 1650/52 *Malckendorp* (18: 233) 1856 *Malkendorf* (116: 2, 644)	aplb. PN: aplb. *Mal-k-, *Malek	mnd. *dorp* 'Dorf' mhd. *dorf* ahd. *thorf* 'Einzelsiedlung'
47	+ Malutzendorf (OH)	1280 *Malussendorpe* (125: 288) 1304 *villam nostram Malucekendorp cum molendino* (114: 3, 70) 1433 *Malutzendorp* (45: 358)	aplb. PN: aplb. *Maluška, *Malučka	mnd. *dorp* 'Dorf' mhd. *dorf* ahd. *thorf* 'Einzelsiedlung'
48	Meischensdorf (OH)	1340 *in villis ... Møysmerstorpe* (114: 3, 1083) 1396 *in villa Moysmerstorp* (114: 6, 1281) 1607 *Meußmerstorff* (63) 1652 *Maissendörp* (18: 158) 1856 *Meischenstorf* (116: 2, 137)	aplb. PN: aplb. *Myslimir; *Myslimĕr	mnd. *dorp* 'Dorf' mhd. *dorf* ahd. *thorf* 'Einzelsiedlung'

Nr.	Ortsname	Belege	slawisches BW	deutsches GW
49	+ Mistorf (PLÖ)	1224 *Mistestorp* (114: 1, 422) 1224 *Mistesthorp* (114: 1, 423) 1232 *Mistesthorp* (114: 1, 504) 1329 *de Mistorpe* (125: 678) 1420 *Mystorpe* (129: 1, 98; 287) 1424 *to Mystorpe* (129: 1, 105)	Gf. mnd. **Mistesdorp(e)* aplb. PN: aplb. **Mist*	mnd. *dorp* 'Dorf' mhd. *dorf* ahd. *thorf* 'Einzelsiedlung'
50	Mönchneversdorf (OH)	1231 *villas ... Niverstorpe* (130: 2, 11) 1282 *villam Niuverstorp* (114: 2, 626) 1325 *villam Neuerstorpe* (114: 3, 568) 1460 *hoff unde dorp Neverstorpe* (95: 42) 1475 *in den dorpen Neverstorpp* (129: 4, 366) o. J. *to Monnikenneverstorpe* (98: 52a) um 1490 *op de monkenhofe op Neverstorperen* (33: 14 (1970) 107) 1649/50/52 *Mȯ̈nk Neuerstorf / Munchnebersdorp / Moncheneverstorp* (18: 205) 1856 *Mönchneverstorf* (116: 2, 152)	aplb. PN: aplb. **Nevěr*	mnd. *dorp* 'Dorf' mhd. *dorf* ahd. *thorf* 'Einzelsiedlung'

- N -

Nr.	Ortsname	Belege	slawisches BW	deutsches GW
51	Nessendorf (PLÖ)	1433 *in Bonessendorpe* (45: 59) 1649 *Nistendorp* (18: 31) 1856 *Nessendorf* (116: 2, 177)	aplb. PN: aplb. **Boneš*	mnd. *dorp* 'Dorf' mhd. *dorf* ahd. *thorf* 'Einzelsiedlung'
52	Neversfelde (OH)	1216 *Neueresvelde* (125: 31) 1244 *in Neuersvelde* (125: 90) 1251 *Niuersuelde* (125: 109) 1262 *Neuersuelde* (125: 155) 1440 *montes vocati Newersvelder Berge et holm prope Newersvelde* (125: 309) 1649/52 *Neversfelde* (18: 231)	aplb. PN: aplb. **Nevěr*	mnd. *velt* 'freies, offenes Land; Feld; Wiese; Weide; Ackerland' ahd. *feld* mhd. *velt(d)* 'Acker- und Wiesenflur'

Material   CXV

– P –

Nr.	Ortsname	Belege	slawisches BW	deutsches GW
53	Pansdorf (OH)	1332 *Goscalcus de Panstorpe* (16: 66) 1340 *Henneko de Panzstorp* (16: 87) 1413 *in villa Panstorp* (130: 5, 571) 1433 *Panstorpe* (45: 414) 1652 *Ponßdorp* (18: 238) 1856 *Pansdorf* (116: 2, 275)	aplb. PN: 1. aplb. *Pąt-c, *Pątac, *Pątec 2. aplb. *Pąt-š, *Pątiš	mnd. *dorp* 'Dorf' mhd. *dorf* ahd. *thorf* 'Einzel- siedlung'
54	Pohnsdorf (OH)	1224 *Ponasthorp / Ponatesthorp* (114: 1, 422/423) 1295 *villam Ponatztorpe* (125: 339) 1375 *in villa Ponestorpe* (114: 4, 1559) 1433 *Ponstorp* (45: 442) 1650/52 *Ponsdorp / Ponßdorp* (18: 214) 1856 *Pohnsdorf* (116: 2, 296)	aplb. PN: aplb. *Pon'at	mnd. *dorp* 'Dorf' mhd. *dorf* ahd. *thorf* 'Einzel- siedlung'
55	Pohnsdorfer- mühle (OH)	1361 *villam Ponstorpe* (130: 3, 388) 1375 *in villa Ponestorpe* (114: 4, 1559) 1649/50/52 *Ponsdorp / Ponstorp und Mühl* (18: 233) 1856 *Pohndorfer-Mühle* (116: 2, 296)	aplb. PN: aplb. *Pon'at	mnd. *möl(l)e* 'Mühle'
56	Pohnsdorf (PLÖ)	1224 *Ponasthorp* (114: 1, 422) 1224 *Ponatesthorp* (114: 1, 423) 1286 *Ponazdorp* (129: 1, 388) 1460 *Poonstorp* (129: 4, 25; 43) 1513 *Ponestorpp* (129: 1, 148) 1649/52 *Ponsdorp* (18: 31/206) 1856 *Pohnsdorf* (116: 2, 295)	aplb. PN: aplb. *Pon'at	mnd. *dorp* 'Dorf' mhd. *dorf* ahd. *thorf* 'Einzel- siedlung'
57	+ Prüsdorf (OH)	1325 *villam Pyrekestorpe* (114: 3, 568) 1335 *villam Purekestorp* (114: 3, 885) 1338 *ville Purikestorpe* (114: 4, 257) 1433 *Purekestorp* (45: 324) 1460 *mit den wusten veltmarken ... Purechstorpe* (95: 42)	aplb. PN: aplb. *Pur-k-	mnd. *dorp* 'Dorf' mhd. *dorf* ahd. *thorf* 'Einzel- siedlung'
58	+ Pukendorf (LAU)	1194 *Pukentorpe* (49: 1, 154)	1. Gf. mnd. *Pukendorpe 2. Gf. mnd. *Puchendorpe aplb. PN: aplb. *Puch	mnd. *dorp* 'Dorf' mhd. *dorf* ahd. *thorf* 'Einzel- siedlung'
59	+ Pütendorf (OH)	1259 *Puttekendorpe* (125: 140) 1280 *Puttigkendorpe / in Puttekendorpe* (125: 296, 303) 1336 *uillam dictam Pûtekendorpe* (125: 789)	aplb. PN: aplb. *Pyt-k-, *Pytek	mnd. *dorp* 'Dorf' mhd. *dorf* ahd. *thorf* 'Einzel- siedlung'

– Q –

Nr.	Ortsname	Belege	slawisches BW	deutsches GW
60	Quisdorf (OH)	1256 *in Cutsdorp* (125: 123) 1327 *Marquardus de Quizstorpe* (16: 48) 1338 *in villa Quidstorpe* (125: 634) 1342 *Hinricus de Quidzstorp* (16: 93) 1353 *ex villa mea Quistorpe* (114: 4, 562) 1649/50/52 *Quisdorp / Quistorp* (18: 230) 1856 *Quisdorf* (116: 2, 312)	aplb. PN: 1. aplb. *Kut 2. aplb. *Chud 3. aplb. *Chut	mnd. *dorp* 'Dorf' mhd. *dorf* ahd. *thorf* 'Einzelsiedlung'

– R –

Nr.	Ortsname	Belege	slawisches BW	deutsches GW
61	Rathjensdorf (PLÖ)	1246 *Borchardus de Ratmerstorp* (114: 1, 666) 1528 *Ratjensdorf* (91: 122a) 1621 *Ratmensdorff* (69: 1707) 1649/52 *Ratensdorp / Ratenstorp* (18: 31/209) 1856 *Ratjensdorf* (116: 2, 323)	aplb. PN: aplb. *Ratimir', *Ratimer'	mnd. *dorp* 'Dorf' mhd. *dorf* ahd. *thorf* 'Einzelsiedlung'
62	+ Ratemersthorp (OH)	1231 *uille Sclauorum ... in Rataemaersthorp* (40: 1, 52)	aplb. PN: aplb. *Ratiměr, *Ratimir	mnd. *dorp* 'Dorf' mhd. *dorf* ahd. *thorf* 'Einzelsiedlung'
63	Ratjendorf (PLÖ)	1418 *Radkendorp* (129: 1, 95; 285) 1418 *villa Radekendorpe* (74: 342) 1433 *Ratekendorpe* (45: 46) 1436 *Ratkendorpe* (74: 343) 1488 *Radkendorpp* (74: 347) 1649/52 *Ratchendorp / Ratchendôrp* (18: 31/207) 1856 *Ratjendorf* (116: 2, 322)	Gf. mnd *Rad-kendorp(e) aplb. PN: aplb. *Rad-k-, *Radek	mnd. *dorp* 'Dorf' mhd. *dorf* ahd. *thorf* 'Einzelsiedlung'
64	Altratjensdorf (OH)	1301 *in ... Ratmersdorp* (114: 3, 13) 1373 *pro curia ... et villis Ratmerstorpe* (124) 1649/50/52 *Ratem / Ratensdorp* (18: 541) 1856 *Ratjensdorf* (116: 2, 322) 1908 *Alt-Rathjensdorf* (57: 1, 15)	aplb. PN: aplb. *Ratiměr, *Ratimir	mnd. *dorp* 'Dorf' mhd. *dorf* ahd. *thorf* 'Einzelsiedlung'

Nr.	Ortsname	Belege	slawisches BW	deutsches GW
65	Neuratjensdorf (OH)	1325 *in villa Radekestorpe* (125: 519) 1433 *in Ratekestorpe* (45: 497) 1649 *Ratzigsdorp* (18: 31) 1856 *Ratjensdorf* (116: 2, 323) 1908 *Neu-Rathjensdorf* (57: 1, 112)	aplb. PN: aplb. **Radek*	mnd. *dorp* 'Dorf' mhd. *dorf* ahd. *thorf* 'Einzel-siedlung'
66	Ratzeburg (LAU)	Ende 11. Jh. *Polabingi, quorum civitas Razispurg* (2: 250) 1062 *castellum Razezburg dictum ... et in pago Polabi situm* (114: 1, 45) 1154 *Raczburc* (49: 1, 56) 1158 *borchwerc ... Raceburg ... ecclesiam sancti Georgii in Raceburg* (49: 1, 65) 1163 *Henricus Comes de Racesborch* (130: 1, 3) 1188 *usque ad Racesburch* (130: 1, 7) Ende 12. Jh. *Polabi, civitas eorum Racisburg / Racesburg / in Racesburg / Raceburg* (30: 42/100/104/210) vor 1227 *usque ad Raceburch* (49: 1, 143) 1226 *Raceburc* (130: 1, 35) 1230 *de Borchvelt Raceburg* (138: 156) ab 1250 *Rathibor* (12) 1370 *vse slot thů Rascesborch* (130: 3, 709) 1394 *vppe deme slote to Razeborch* (49: 22, 12640) 1428 *des stichtes to Razeborgh* (130: 7, 251) 1652 *Ratzeborg* (18) 1856 *Ratzeburg* (116: 2, 324) 1884 *Ratzenburg* (47: 290)	Gf. mnd. **Racesborch* aplb. PN: aplb. **Rac*	mnd. *borch, borg* 'Burg, Feste, Schloß, Haus, Stadt' ahd. *burg, burc* mhd. *burc* 'befestigter Ort, Schloß, Burg, Stadt'
67	Rensefeld (OH)	1177 *ville Ranzeuelde* (114: 1, 136) 1199 *in Ranziveld* (93: 142) 1231 *villam Ranziuelde* (114: 1, 490) 1235 *ecclesia de Renseuelde* (130: 1, 72) 1362 *in ... Renzevelde* (124) 1433 *in ... Renseuelde* (45: 434) 1650/52 *Rensefelt / Rensefeldt* (18: 231) 1856 *Rensefeld* (116: 2, 346)	aplb. PN: aplb. **Raniš-*, aplb. **Ran-š*	mnd. *velt* 'freies, offenes Land; Feld; Wiese; Weide; Ackerland' ahd. *feld* mhd. *velt(d)* 'Acker- und Wiesenflur'
68	+ Ritzersdorf (PLÖ)	1240 *Riszerestorp* (114: 1, 609, 1286) 1240-1250 *Rytseresdorp* (129: 1, 17; 208) 1286 *Rytseresdorp* (129: 1, 388)	1. aplb. App.: aplb. **ricer* 'Ritter' 2. aplb. PN: aplb. **Ricer'*	mnd. *dorp* 'Dorf' mhd. *dorf* ahd. *thorf* 'Einzel-siedlung'

– S –

Nr.	Ortsname	Belege	slawisches BW	deutsches GW
69	Sahrensdorf (OH)	1231 *uille Sclauorum ... Ziarnaesthorp / in Zarnaesthorp* (40: 1, 51) 1320/21 *Dyrae de Zyarnestorp* (114: 3, 433) 1329 *Sarnisdorp* (114: 3, 689) 1378 *in Sarnestorpe* (114: 6, 220) 1494 *to Sarnstorpe* (129: 3, 30) 1548 *zu Sarenstorp* (129: 3, 62) 1615 *zu Sarenstorf* (106: 40) 1648/49/52 *Sarendorp / Sarensdorp* (18: 158) 1854 *Sahrensdorf* (115: 443)	aplb. PN: aplb. *Čarn*	mnd. *dorp* 'Dorf' mhd. *dorf* ahd. *thorf* 'Einzelsiedlung'
70	Satjendorf (PLÖ)	1433 *Sattekendorpe* (45: 46) 1649/52 *Satchendorp* (18: 31/207) 1742 *Satjendorf* (100: 1)	aplb. PN: aplb. *Sad-k-*, *Zad-k-*	mnd. *dorp* 'Dorf' mhd. *dorf* ahd. *thorf* 'Einzelsiedlung'
71	+ Scharfstorf (PLÖ)	1331 *in villa ... dicta Scheruerstorpe, sita in parrochia Gycowe* (125: 558) 1363 *ville Schervestorpe* (114: 4, 1028) 1363 *in villa Sceruestorp* (62: 1, 2687) 1433 *Scherfstorpe* (45: 46) 1514 *un symme Dorpe Scharffstorppe* (129: 1, 150; 348) 1649/52 *Scharfesdorp / Scharfestorf* (18: 31/207)	aplb. PN: aplb. *Skarb*, *Skarbiš*	mnd. *dorp* 'Dorf' mhd. *dorf* ahd. *thorf* 'Einzelsiedlung'
72	Scharstorf (PLÖ)	1224 *Skeruesthorp* (114: 1, 422) 1224 *Skervesthorp* (114: 1, 423) 1232 *Sceruesthorp* (114: 1, 504) 1390 *in stagno in Scherûestorpe* (114: 6, 2, 920) 1452 *villae sive curiae Scherfstorp* (129: 1, 392) 1513 *Scharvestorpp* (129: 1, 148; 346) 1649/52 *Scharfesdorp / Scharfestorf* (18: 31/207) 1856 *Scharsdorf* (116: 2, 393)	aplb. PN: aplb. *Skarb*, *Skarbiš*	mnd. *dorp* 'Dorf' mhd. *dorf* ahd. *thorf* 'Einzelsiedlung'
73	+ Schlagsdorf (LAU)		Gf. mnd. *Slavesdorp* aplb. PN: aplb. *Slav(a)*, *Slav-š*	mnd. *dorp* 'Dorf' mhd. *dorf* ahd. *thorf* 'Einzelsiedlung'

Nr.	Ortsname	Belege	slawisches BW	deutsches GW
74	Schlagsdorf (OH)	1231 *uille Sclauorum ... in Sclawaesthorp / Slawaesthorp* (40: 1, 50/52) 1329 *de Slawistorpe* (114: 3, 689) 1361 *in villa nostra Slawerstorpe* (114: 4, 492) 1428 *in villis Slawestorpe ...* (130: 7, 144) 1534 *Slauestorpe* (118: 384) 1615 *zue Schlagelstorf* (106: 40) 1648/52 *Schlagestorp / Schlagesdorp* (18: 185) 1854 *Schlagsdorf* (115: 452)	Gf. mnd. *Slavesdorp aplb. PN: aplb. *Slav(a), *Slav-š	mnd. *dorp* 'Dorf' mhd. *dorf* ahd. *thorf* 'Einzelsiedlung'
75	Schürsdorf (OH)	1277 *in Scursdorpe* (130: 1, 384) 1308 *usque in campum dictum Scoratorpe* (130: 2, 229) 1370 *in villa dicta Schorstorpe / de villa Schurstorp* (114: 4, 1346/1356) 1385 *in deme dorpe tho Scursdorpe* (114: 6, 579) 1427 *Schurstorpe* (129: 3, 62) 1650/52 *Schurstorp / Schůresdorp* (18: 238) 1856 *Schürsdorf* (116: 2, 425)	Gf. mnd. *Skor(e)sdorpe aplb. PN: aplb. *Skor	mnd. *dorp* 'Dorf' mhd. *dorf* ahd. *thorf* 'Einzelsiedlung'
76	Schwinkenrade (OH)	1349 *villam suam Swinekenrode* (130: 2, 922) 1856 *Schwinkenrade* (116: 1, 230)	Gf. mnd. *Svinekenrode aplb. PN: aplb. *Svinek	mnd. *rode, rod, rot* 'Rodung, Rodeland, Beseitigung des Waldes durch Ausgraben der Wurzelstöcke, Neubruch, Neuland'
77	Sierksrade (LAU)	1230 *Ciresrode* (138: 152) 1313 *in villis Goldeniz et Cyresrode* (125: 445) 1401 *dat gut to Tzirsrode* (130: 5, 11) 1415 *curia Cirsrode* (130: 5, 543) 1492 *uppe deme have tome Sirsrade* (83) 1696 *in Zirichsrade* (78: 724) 1718 *wegen Sirxerade* (78: 616) 1797 *Zircksrade* (80: 67) 1856 *Sirksrade* (116: 2, 465)	1. Gf. mnd. *Žir(e)srode aplb. PN: aplb. *Žir(a) 2. Gf. mnd. *Sir(e)srode aplb. PN: aplb. *Sir(a)	mnd. *rode, rod, rot* Rodung, Rodeland, Beseitigung des Waldes durch Ausgraben der Wurzelstöcke, Neubruch, Neuland'

Nr.	Ortsname	Belege	slawisches BW	deutsches GW
78	Sipsdorf (OH)	1222 *in villa que Zubbisthorp dicitur* (125: 40) 1225 *mansum hollandrensem in uilla Zubbestorpe* (125: 52) 1256 *in Zubestorp* (114: 2, 117) 1280 *in Subbesdorpe / molendinum in Subesdorp cum manso* (125: 303/309) 1332 *villa Subbestorpe* (124) 1433 *in Zibbestorpe* (45: 573) 1452 *in villis ... et Subbestorpe* (130: 9, 104) 1652 *Sibstorp* (18: 213) 1855 *Sibsdorf* (116: 2, 465)	aplb. PN: aplb. *Sob, *Sobeš, *Sob-š, *Sobiš	mnd. *dorp* 'Dorf' mhd. *dorf* ahd. *thorf* 'Einzel-siedlung'
79	Sirksfelde (LAU)	1230 *Sirikesvelde* (138: 150) 1324 *in uilla theutonicali Zyrickes-uelde* (114: 3, 537) 1325 *in villa Zirikesvelde* (28: 2, 636) 1327 *Syrekesuelde* (114: 3, 623) 1415 *in Cirxuelde* (130: 5, 523) 1447 *na Tzirekesuelde* (130: 8, 465) 1856 *Sirksfelde* (116: 2, 465)	1. Gf. mnd. *Sirik(e)svelde* aplb. PN: aplb. *Sirik 2. Gf. mnd. *Žrik(e)svelde* aplb. PN: aplb. *Žirik	mnd. *velt* 'freies, offenes Land; Feld; Wiese; Weide; Ackerland' ahd. *feld* mhd. *velt(d)* 'Acker- und Wiesenflur'
80	+ Wendisch-Sirksfelde (LAU)	1230 *ad sclauicum Sirikesvelde* (138: 152) 1291 *in slauicali villa Syrekesvelde* (49: 3, 2092) 1465 *mit den wosten veltmarken Tzirkesuelde ...* (130: 10, 684) 1468 *mit den wosten veltmarken Czirkesfelde* (130: 11, 389) 1747 *der Zircksfeller wüste orth* (108: 22)	1. Gf. mnd. *Sirik(e)svelde* aplb. PN: aplb. *Sirik 2. Gf. mnd. *Žrik(e)svelde* aplb. PN: aplb. *Žirik	mnd. *velt* 'freies, offenes Land; Feld; Wiese; Weide; Ackerland' ahd. *feld* mhd. *velt(d)* 'Acker- und Wiesenflur'
81	+ Spolsdorf (PLÖ)	1222 *Spolestorpe* (125: 43) 1224 *Spolesthorp* (114: 1, 422) 1232 *Spolesthorp* (114: 1, 504)	aplb. PN: aplb. *Spol	mnd. *dorp* 'Dorf' mhd. *dorf* ahd. *thorf* 'Einzel-siedlung'
82	+ Stochelsdorf (HL)	1230 *Stochelestorp* (138: 152)	Gf. mnd. *Stochel(e)sdorpe* aplb. PN: aplb. *Stochel	

Material   CXXI

Nr.	Ortsname	Belege	slawisches BW	deutsches GW
83	Stockelsdorf (OH)	1303 *inter villas ... Stochghelstorpe* (130: 2, 172) 1320 *villam Stochelstorpe* (130: 2, 384) 1331 *ville Stochgholstorpe* (130: 2, 529) 1334 *dat dorp tho Stochelstorpe* (130: 2, 574) 1357 *ville Stokkelstorpe* (130: 3, 271) 1433 *an deme gude vnde dorpe to Stockelstorpe* (130: 7, 528) 1650/52 *Stockelsdorp* (18: 231) 1856 *Stockelsdorf* (116: 2, 49)	aplb. PN: aplb. *Stoch-l, *Stochel	mnd. *dorp* 'Dorf' mhd. *dorf* ahd. *thorf* 'Einzelsiedlung'
84	+ Sucksdorf (OH)	1249 *de sex villis Theutonicis ... Sukesdorp* (125: 103) 1371 *ville Sukstorp* (114: 4, 1416) 1433 *in Zukstorpe* (45: 518) 1649/51 *Sucksdorp* (18: 30/31)	Gf. mnd. *Žuk(e)sdorp	mnd. *dorp* 'Dorf' mhd. *dorf* ahd. *thorf* 'Einzelsiedlung'
85	Sulsdorf (OH) [Oldenburg]	1267 *in villa, que dicitur Zoldestorpe* (130: 1, 298) 1433 *in Suldestorpe* (45: 498) 1649 *Sülsdorp* (18: 31) 1856 *Sulsdorf* (116: 2, 514)	aplb. PN: 1. aplb. *Sul 2. aplb. *Sulda	mnd. *dorp* 'Dorf' mhd. *dorf* ahd. *thorf* 'Einzelsiedlung'
86	Sulsdorf (OH) [Fehmarn]	1231 *uille Sclauorum ... in villa Sullonis* (40: 1, 52) 1329 *de Suldestdorpe / Suldestorp* (114: 3, 689) 1521 *(zu) Sulstorpp* (129: 3, 29) 1534 *Sulstorpe* (118: 384) 1648/49/52 *Sulstorp / Sulstrop / Sůlstorp* (18: 158) 1854 *Sulsdorf* (115: 522)	aplb. PN: aplb. *Sul	mnd. *dorp* 'Dorf' mhd. *dorf* ahd. *thorf* 'Einzelsiedlung'
87	+ Sursdorf (OH)	1271 *ville Surstorpe* (130: 1, 327) 1274 *in villa Surstorpe / in villam Surestorpe* (130: 1, 352/353) 1303 *in villa Sursdorpe, que nunc vulgariter dicitur Hering(wersdorpe)* (130: 2, 165) 1309 *villam Surstorpe, que modo wlgariter Herincwaschdorpe nominatur* (130: 2, 244)	aplb. PN: aplb. *Surov- *Šurov- *Šury *Šurkovici	mnd. *dorp* 'Dorf' mhd. *dorf* ahd. *thorf* 'Einzelsiedlung'
88	Suxdorf (OH)	1280 *Sukesdorp* (130: 307) 1322 *molendinum Sukestorpe ... prope villam Sukestorpe* (114: 3, 470) 1371 *ville Sukstorp* (114: 4, 1416) 1383 *an deme dorpe to Zukestorpe* (114: 6, 469) 1433 *Sukestorpe* (45: 353) 1649/52 *Suckesdörp / Sueckstorp* (18: 214) 1856 *Suksdorf* (116: 2, 513)	aplb. PN: aplb. *Žuk(e)sdorp	mnd. *dorp* 'Dorf' mhd. *dorf* ahd. *thorf* 'Einzelsiedlung'

– T –

Nr.	Ortsname	Belege	slawisches BW	deutsches GW
89	Techelwitz (OH)	1286 *duas villas ... Thessengnewendorp et Techelwitzendorp* (125: 304) 1292 *Tossemaro dicto Draken in uilla Thecghelevicendorpe* (125: 316) 1305 *in duabus villis ... et Thechelvicendorpe* (125: 405) 1331 *in villis ... Techeluitzendorpe* (125: 564) 1450 *in villis ... Techeluisse* (130: 8, 687) 1470/74 *van Thegelwische* (19: 45) 1649/52 *Techelwitz* (18: 213)	Gf. mnd. *Těchlovicendorp* aplb. PN: aplb. *Těchlovic *Těchlovici	mnd. *dorp* 'Dorf' mhd. *dorf* ahd. *thorf* 'Einzelsiedlung'
90	Teschendorf (OH) [Oldenburg]	1286 *duas villas ... Thessengnewendorp et Techelwitzendorp* (125: 304) 1305 *villis ... Thessengnewendorpe* (125: 405) 1433 *in Teskendorpe* (45: 474) 1450 *in villis Tesschendorpp* (130: 8, 728) 1649/52 *Teschendõrp* (18: 213) 1856 *Teschendorf* (1516: 2, 520)	aplb. PN: aplb. *Těšigněv*	mnd. *dorp* 'Dorf' mhd. *dorf* ahd. *thorf* 'Einzelsiedlung'
91	Teschendorf (OH) [Fehmarn]	1231 *Tessikaenthorp* (40: 1, 51) 1329 *de Tessekind(orpe)* (114: 3, 689) 1508 *(zu) Teskendorppe* (129: 3, 25) 1534 *Tesckendorpe* (118: 383) 1615 *zu Teskendorf* (106: 40) 1648/49/52 *Teschendorp* (18: 158) 1854 *Teschendorf* (115: 528)	Gf. mnd. *Těš-kendorp* aplb. PN: aplb. *Těš-k-, *Těšek, *Těšik	mnd. *dorp* 'Dorf' mhd. *dorf* ahd. *thorf* 'Einzelsiedlung'
92	+ Tesmersdorf (OH)	1231 *villas Tesmerthorpe ... Niverstorpe* (130: 2, 11)	aplb. PN: aplb. *Těšiměr, *Těšimir	mnd. *dorp* 'Dorf' mhd. *dorf* ahd. *thorf* 'Einzelsiedlung'
93	+ Tæssemærsthorp (OH)	1231 *uille Sclauorum ... Tæssemærthorp / in Thæssemærsthorp* (40: 1, 51)	aplb. PN: aplb. *Těšiměr, *Těšimir	mnd. *dorp* 'Dorf' mhd. *dorf* ahd. *thorf* 'Einzelsiedlung'
94	Testorf (OH)	1224 *in villam Tezlavesthorp* (130: 2, 8) 1229 *tres uillas ... Tezlavesdorp* (130: 2, 10) 1231 *villam Tezlavesthorpe* (130: 2, 11) 1287 *villis ... Teslevestorp* (125: 308) 1325 *villam Tesleuestorpe* (130: 9, 249) 1519 *Tesdorpf* (9: 85/86) 1649/52 *Testorp* (18: 205) 1856 *Testorf* (116: 2, 521)	Gf. mnd. *Těslavesdorp* aplb. PN: aplb. *Teslav*	mnd. *dorp* 'Dorf' mhd. *dorf* ahd. *thorf* 'Einzelsiedlung'

Nr.	Ortsname	Belege	slawisches BW	deutsches GW
95	Neutestorf (OH)	1856 *Neu-Testorf* (116: 2, 522)	Gf. mnd. **Těslavesdorp* aplb. PN: aplb. **Teslav*	mnd. *dorp* 'Dorf' mhd. *dorf* ahd. *thorf* 'Einzelsiedlung'
96	Testorferfelde (OH)	1856 *Testorferfelde* (116: 2, 364)	aplb. PN: aplb. **Teslav*	
97	+ Toradesdorf (LAU)	1230 *Toradestorp* (138: 154)	Gf. mnd. **Turad(e)sdorpe* aplb. PN: aplb. **Turad*	mnd. *dorp* 'Dorf' mhd. *dorf* ahd. *thorf* 'Einzelsiedlung'
98	Trenthorst (PLÖ)	1372 *villam dictam Trenthorst* (114: 4, 1442) 1856 *Trenthorst* (116: 2, 540)	aplb. PN: aplb. **Tur'ǫty*	mnd. *horst* 'Gestrüpp, Buschwerk, stehengebliebenes Unterholz, unzugängliche Hecke' ahd./mhd. *hurst*
99	Tresdorf (PLÖ)	1433 *Tresdorpe* (45: 43) 1441 *villam Trystorpe* (124: 20, 41-46) 1561 *dorf Trestorf* (70: 891) 1649/52 *Tryßdorp / Tristorp* (18: 31/209) 1856 *Tresdorf* (116: 2, 540)	Gf. mnd. **Tredesdorpe* aplb. PN: aplb. **Treš'*	mnd. *dorp* 'Dorf' mhd. *dorf* ahd. *thorf* 'Einzelsiedlung'

– U –

Nr.	Ortsname	Belege	slawisches BW	deutsches GW
100	+ Utæsthorp (OH)	1231 *uille Sclauorum ... in Utæsthop* (40: 1, 52)	aplb. PN: aplb. **Utěš*	mnd. *dorp* 'Dorf' mhd. *dorf* ahd. *thorf* 'Einzelsiedlung'

– W –

Nr.	Ortsname	Belege	slawisches BW	deutsches GW
101	Wankendorf (PLÖ)	1316 *Wanikendhorpe* (114: 3, 329) 1399 *in Wanekendorp* (114: 6, 2, 1500) 1576 *Wannkendorp* (101: 22) 1650 *Wanckendorp* (18: 32) 1856 *Wankendorf* (116: 2, 566)	aplb. PN: aplb. *Van-k-	mnd. *dorp* 'Dorf' mhd. *dorf* ahd. *thorf* 'Einzelsiedlung'
102	Waterneversdorf (PLÖ)	1433 *Neuerstorpe* (45: 46) 1443 *to Neverstorpe in dem karspele to Lütkenborch* (130: 8, 175) 1493 *to Neuerstorpe* (62: 2, 7358) 1649/52 *Neversdorp / Neverstorp hoff* (18: 31/209) 1674 *Lehngut Neverstorff* (91: 353) 1856 *Waternversdorf* (116: 2, 570)	aplb. PN: aplb. *Nevěr	mnd. *dorp* 'Dorf' mhd. *dorf* ahd. *thorf* 'Einzelsiedlung'
103	Westermarkelsdorf (OH)	1231 *Marlefsthorpe* (40: 1, 51) 1329 *de Marlovistorpe* (114: 3, 689) 1340 *in villa dicta Marleuestorpe* (130: 2, 701) 1362 *de Marlestorp* (130: 3, 417) 1459 *in Mursuelstorppe* (130: 9, 693) 1534 *Marlstorpe* (118: 384) 1649/52 *Marlsdorp / Marelsdorp* (18: 185) 1854 *Wester-Markelsdorf* (115: 341)	aplb. PN: aplb. *Marlov	mnd. *dorp* 'Dorf' mhd. *dorf* ahd. *thorf* 'Einzelsiedlung'

13.3 Quellenverzeichnis

[1] Acta Pontificum Danica. Band 1-7. København 1904-1943.

[2] Adam von Bremen: Bischofsgeschichte der Hamburger Kirche. In: Quellen des 9. und 11. Jahrhunderts zur Geschichte der Hamburgischen Kirche und des Reiches. Hrsg. und neu übertragen von W. Trillmich. (= Ausgewählte Quellen zur deutschen Geschichte des Mittelalters, Bd. 11). Darmstadt 1961.

[3] Annales Bosovienses. In: Georg Eccard: Corpus historicum medii aevi. Band I. Leipzig 1723.

[4] Annales Egmundani. Hrsg. von G. H. Pertz. (= Monumenta Germaniae historica. Scriptores rerum Germanicarum in usum scholarum ex Monumentis Germaniae historicis. Band 16, S. 442-479). Hannover 1859.

[5] Annales Magdeburgenses. Hrsg. von G. H. Pertz. (= Monumenta Germaniae historica. Scriptores rerum Germanicarum in usum scholarum ex Monumentis Germaniae historicis. Band 16, S. 105-196). Hannover 1859.

[6] Annalista Saxo. Hrsg. von G. H. Waitz und P. Kilon. (= Monumenta Germaniae historica. Scriptores rerum Germanicarum in usum scholarum ex Monumentis Germaniae historicis. Band 6, S. 542-777). Hannover 1844.

[7] Archiv der Hansestadt Lübeck. Akten der Gothmunder Fischer.

[8] Archiv der Hansestadt Lübeck. Taufbücher St. Jacobi.

[9] Archiv der Hansestadt Lübeck. Urkunden Sacra Sankt Petri.

[10] Archiv der Hansestadt Lübeck. Wettakten über die Fischerei.

[11] Arnold von Lübeck (Arnoldi abbatis Lubecensis): Chronica Slavorum. Hrsg. von G. H. Pertz. (= Monumenta Germaniae historica. Scriptores rerum Germanicarum in usum scholarum ex Monumentis Germaniae historicis. Band 14). Hannover 1868.

[12] Boguphali Chronicon Poloniae historica. Band 2. Lemberg 1872.

[13] Brehmer, N. H.: Entdeckungen im Altertum. 2. Abteilung. Weimar 1822.

[14] Calenberger Urkundenbuch. Hrsg. von W. von Hodenberg. Abteilungen 1.3-9. Hannover 1855-1858.

[15] Chronik der Stadt Heiligenhafen. Verfaßt und hrsg. von H. Scholtz. Neudruck Heiligenhafen 1930.

[16] Civilitates. Lübecker Neubürgerlisten 1317-1356. Hrsg. von O. Ahlers. (= Veröffentlichungen zur Geschichte der Hansestadt Lübeck, Bd. 19). Lübeck 1967.

[17] Commentarium Urbanorum Raphaelis Volterranis 38 libri. Paris 1511.

[18] Danckwerth, C.: Newe Landesbeschreibung der zwey Herzogthümer Schleswich und Holstein zusambt vielen dabey gehörigen newen Landcarten ... Elaboriert von J. Meyer. Husum 1652.

[19] Danske Middelalderlige Regnskaber. 1. R. Band 1. Udg. af G. Galster. Københaven 1944-1953.

[20] Decius, J. L.: Liber de Vetustatibus Polonorum. 1521.

[21] Detmar-Chronik. In: Die Chroniken der niedersächsischen Städte. Lübeck, Band 1. 2. Auflage. (= Die Chroniken der deutschen Städte vom 14. bis ins 16. Jahrhundert, Bd. 19). Göttingen 1962. Nachdruck der 1. Auflage, Leipzig 1884.

[22] Diplomatorium danicum. Københaven 1938ff.

[23] Epistola Sidonis. In: Analecta ad historiam Novo-monasterii. Hrsg. von N. Beeck. (= Quellensammlung der Gesellschaft für Schleswig-Holstein-Lauenburgische Geschichte, Bd. 4: Scriptores minores rerum Slesvico-Holtsatensium). Kiel 1874, S. 172-184.

[24] Erstes Eutiner Stadtbuch.

[25] Gutsarchiv Gudow.

[26] Gutsarchiv Rondeshagen.

[27] Das Hamburgische Schuldbuch von 1286. Bearbeitet von E. v. Lehe. (= Veröffentlichungen aus dem Staatsarchiv der Freien und Hansestadt Hamburg, Bd. 4). Hamburg 1956.

[28] Hamburgisches Urkundenbuch. Band 1-4. Hamburg 1907-1967.

[29] Hansisches Urkundenbuch. Band 1-11. Hrsg. vom Hansischen Geschichtsverein. Halle / München / Leipzig 1876-1916.

[30] Helmold von Bosau (Helmoldi presbyteri Bozoviensis): Slawenchronik (Chronica Slavorum). Neu übertragen und erläutert von H. Stoob. 2. verbesserte Auflage. (= Ausgewählte Quellen zur deutschen Geschichte des Mittelalters, Bd. 19). Darmstadt 1973.

[31] Irenicus, F.: Germaniae exegesos volumina duodecim. Hagenau 1518.

[32] Jahrbuch des Kreises Eutin. Ab 1970: Jahrbuch für Heimatkunde Eutin, 1ff. Eutin 1967ff.

[33] Jahrbuch für Heimatkunde im Kreis Oldenburg/Holstein, 1ff. Ab Jg. 14 (1970): Jahrbuch für Heimatkunde Oldenburg in Holstein. Ab Jg. 15 (1971): Jahrbuch für Heimatkunde Oldenburg/Ostholstein. Oldenburg 1957ff.

[34] Joannis Długossi seu Longini historiae Polonicae libri XII. Hrsg. von Henrica Lib. Bar. ab Huyssen. Leipzig 1711/12.

[35] Kadłubek, W.: Historia polonica. In: Joannis Długossi seu Longini historia Polonica. Band II. Leipzig 1712.

[36] Kämmereirechnungen der Stadt Hamburg. Hrsg. von K. Koppmann / H. Nirrnheim / G. Bolland. Hamburg 1869-1951.

[37] Kieler Stadtbuch aus den Jahren 1264-1289. Hrsg. von P. Hasse. Kiel 1875.

[38] Kirching G. / Müller G.: Compendium historiae Lubecensis. Hamburg 1677.

[39] Knytlingasaga. In: Sogur Danakonunga. Ugd. av. C. af Peterson och E. Olson. København 1919-1925.

[40] Kong Valdemars Jordebog (König Waldemars Erdbuch = Liber census Daniae). Udg. ... ved Sv. Aakjær. København 1926-1945.

[41] Korner H.: Chronica novella. In: Corpus historicum medii aevi, sive scriptores res in orbe universo, praecipue in Germania, a temporibus maxime Caroli M. Imperatoris usque ad finem seculi post C. n. XV. gestas enarrantes aut illustrantes, e variis codicibus manuscriptis et nunc primum ed. a Jo. Georgio Eccardo (Johann Georg Eckhard). T. 1.2. Lipsiae 1723.

[42] Korner, H.: Chronica novella. Hrsg. von J. Schwalm. Göttingen 1895.

[43] Laur, W.: Die Ortsnamen in Schleswig-Holstein mit Einschluß der nordelbischen Teile von Groß-Hamburg und der Vierlande. (= Gottorfer Schriften zur Landeskunde Schleswig-Holsteins, Bd. 6). Schleswig 1960.

[44] Lübecker Ratsurteile. Hrsg. von W. Ebel. Band 1-4. Göttingen 1955-1967.

[45] Das Lübecker Zehntregister von 1433. Hrsg. und eingeleitet von W. Prange. (= Quellen und Forschungen zur Geschichte Schleswig-Holsteins, Bd. 62). Neumünster 1972.

[46] Lüneburgs ältestes Stadtbuch und Verfestungsregister. Hrsg. von W. Reinecke. Hannover / Leipzig 1903.

[47] Manecke, U. F. C.: Topographisch-historische Beschreibung der Städte, Ämter und adelichen Gerichte des Herzogthums Lauenburg, des Fürstentums Ratzeburg und des Landes Hadeln. Hrsg. und mit einem Anhang nebst Zusätzen versehen von W. Dührsen. Mölln i. L. 1884. Nachdruck Hannover / Döhren 1975.

[48] Martini Cromeri Varmienses episcopi Polonia. Coloniae Agrippinae 1589.

[49] Mecklenburgisches Urkundenbuch. Band 1-25. Schwerin 1863-1936.

[50] Meiern, J. G. von: Gründliche Nachricht von dem an die Stadt Lübeck Anno 1359 verpfändeten Domino et Advocatia oder Herrschaft und Vogtey Möllen. Aus Original-Diplomatibus und Urkunden völlig erwiesen. O. O. 1740.

[51] Mitteilungen der Gesellschaft für Kieler Stadtgeschichte, 1ff. Kiel 1877ff.

[52] Möllner Stadtbuch. Landesarchiv Schleswig-Holstein. Abteilung 400II, Nr. 81.

[53] Münster, Sebastian: Cosmographia. Das ist: Beschreibung der ganzen Welt / Darinnen Aller Monarchien Keyserthumben / Ko_nigreichen / Fu_rstenthumben, Graff- und Herrschafften / La_nderen / Sta_tten und Gemeinden ... Band I-IV. Faksimile-Druck nach dem Original von 1628. Lindu 1978.

[54] Nicolai Mareschalci Chronicon der Mecklenburgischen Regenten Reim-Weise. In: Westphalen, E. J. von: Monumenta inedita rerum Germanicarum praecipue Cimbricarum et Megapolensium ... Band 1. Leipzig 1739, S. 562-652.

[55] Nicolai Mareschalci Thurii Deflorationes antiquitatum ob origine mundi usque ad annum 1522 Libri V. In: Westphalen, E. J. von: Monumenta inedita rerum Germanicarum praecipue Cimbricarum et Megapolensium ... Band 1. Leipzig 1739, S. 1419-1483.

[56] Niedersächsisches Hauptstadtarchiv Hannover. Celle Des.

[57] Oldekop. H.: Topographie des Herzogtums Holstein einschließlich Kreis Herzogtum Lauenburg, Fürstentum Lübeck, Enklaven (8) der freien und Hansestadt Lübeck, Enklaven (4) der freien und Hansestadt Hamburg. Band 1-2. Kiel 1908. Nachdruck Kiel 1974.

[58] Philippi Clüveri Germaniae antiquae libri tres. Lugduni Batavorum 1631.

[59] Poehlder Chronik. In: Wattenbach, W.: Deutschlands Geschichtsquellen im Mittelalter bis zur Mitte des 13. Jahrhunderts. 5. Auflage. Band 2. Berlin 1886.

[60] Prange, W.: Das Ratzeburger Hufenregister von 1292. Landesherrliche Rechte in den Ländern Ratzeburg und Boitin. In: Zeitschrift der Gesellschaft für Schleswig-Holsteinische Geschichte 111 (1986), S. 39-92.

[61] Register der Landbede 1525. In: Scheele, H.: Die Lauenburgische Bauernschaft in der ersten Hälfte des 16. Jahrhunderts. Kiel 1935, S. 15ff.

[62] Repertorium diplomaticum regni Danici mediævalis. Fortegnelse over Danmarks breve fra middelalderen 1. og 2. Raekke. København 1894-1936.

[63] Reichsarchiv in Kopenhagen. Privatarkiver Henning Pogwisch til Farve.

[64] Rode, Johann (Rufus): Cronica van Lubeke 1105-1276. In: Die Chroniken der niedersächsischen Städte. Lübeck, Band 1. (= Die Chroniken der deutschen Städte vom 14. bis ins 16. Jahrhundert, Bd. 19). Leipzig 1884, S. 7-114.

[65] Rothert, H. F.: Die Anfänge der Städte Oldenburg, Neustadt und Heiligenhafen. (= Quellen zur Geschichte Schleswig-Holsteins, Bd. 59). Neumünster 1970.

[66] Der sogenannten Rufus-Chronik erster Theil von 1105-1395. In: Die Chroniken der niedersächsischen Städte. Lübeck, Band 2. (= Die Chroniken der deutschen Städte vom 14. bis ins 16. Jahrhundert, Bd. 26). Leipzig 1899, S. 177-276.

[67] Saxonis Grammatici Gesta Danorum. Udg. af J. Olrik og H. Rœder. Band 1-2. København 1931.

[68] Schleswig-Holsteinisches Landesarchiv. Abteilung 1: Gemeinschaftliches Archiv. Landesherren bis 1544.

[69] Schleswig-Holsteinisches Landesarchiv. Abteilung 7: Herzogtum Schleswig-Holstein-Gottorf.

[70] Schleswig-Holsteinisches Landesarchiv. Abteilung 15: Adliges Landgericht.

[71] Schleswig-Holsteinisches Landesarchiv. Abteilung 49.

[72] Schleswig-Holsteinisches Landesarchiv. Abteilung 65.1: Deutsche Kanzlei zu Kopenhagen. Akten bis ca. 1730.

[73] Schleswig-Holsteinisches Landesarchiv. Abteilung 108: Ämter Plön und Ahrensbök.

[74] Schleswig-Holsteinisches Landesarchiv. Abteilung 119: Adliges Kloster Preetz.

[75] Schleswig-Holsteinisches Landesarchiv. Abteilung 121.

[76] Schleswig-Holsteinisches Landesarchiv. Abteilung 125.2.

[77] Schleswig-Holsteinisches Landesarchiv. Abteilung 173: Landschaft Fehmarn.

[78] Schleswig-Holsteinisches Landesarchiv. Abteilung 210: Lauenburgische Regierung zu Ratzeburg.

[79] Schleswig-Holsteinisches Landesarchiv. Abteilung 218.

[80] Schleswig-Holsteinisches Landesarchiv. Abteilung 232: Amt Ratzeburg.

[81] Schleswig-Holsteinisches Landesarchiv. Abteilung 233: Amt Schwarzenbek.

[82] Schleswig-Holsteinisches Landesarchiv. Abteilung 236: Stadt Mölln.

[83] Schleswig-Holsteinisches Landesarchiv. Abteilung 260.

[83a] Schleswig-Holsteinisches Landesarchiv. Abteilung 309: Flurbuch.

[84] Schleswig-Holsteinisches Landesarchiv. Abteilung 400.1-5: Handschriften.

[85] Schleswig-Holsteinisches Landesarchiv. Abteilung 402: Karten, Risse, Pläne.

[86] Schleswig-Holsteinisches Landesarchiv. Abteilung 410: Reproduktionen aus fremden Archiven.

[87] Schleswig-Holsteinisches Landesarchiv. Abteilung 420.

[88] Schleswig-Holsteinisches Landesarchiv. Abteilung 415.

[89] Schleswig-Holsteinisches Landesarchiv. Abteilung Katasterkarte Fürstentum Lübeck. Vermessungsregister.

[90] Schleswig-Holsteinisches Landesarchiv. Urkunden-Abteilung A: Schleswig-Holstein.

[91] Schleswig-Holsteinisches Landesarchiv. Urkunden-Abteilung B: Holstein.

[92] Schleswig-Holsteinisches Landesarchiv. Urkunden-Abteilung 1: Gemeinschaftliches Archiv der Landesherren.

[93] Schleswig-Holsteinisches Landesarchiv. Urkunden-Abteilung 7: Schleswig-Holstein-Gottorf bis 1773.

[94] Schleswig-Holsteinisches Landesarchiv. Urkunden-Abteilung 8: Holstein-Gottorf bis 1773.

[95] Schleswig-Holsteinisches Landesarchiv. Urkunden-Abteilung 115: Benediktinerkloster Cismar.

[96] Schleswig-Holsteinisches Landesarchiv. Urkunden-Abteilung 118: Augustiner-Nonnenkolster Plön.

[97] Schleswig-Holsteinisches Landesarchiv. Urkunden-Abteilung 119: Benediktiner-Nonnenkloster Preetz.

[98] Schleswig-Holsteinisches Landesarchiv. Urkunden-Abteilung 121: Zisterzienserkloster Reinfeld.

[99] Schleswig-Holsteinisches Landesarchiv. Urkunden-Abteilung 124.29.

[100] Schleswig-Holsteinisches Landesarchiv. Urkunden-Abteilung 124.30.

[101] Schleswig-Holsteinisches Landesarchiv. Urkunden-Abteilung 125.3.

[102] Schleswig-Holsteinisches Landesarchiv. Urkunden-Abteilung 126.

[103] Schleswig-Holsteinisches Landesarchiv. Urkunden-Abteilung 126.15.

[104] Schleswig-Holsteinisches Landesarchiv. Urkunden-Abteilung 134.

[105] Schleswig-Holsteinisches Landesarchiv. Urkunden-Abteilung 140.

[106] Schleswig-Holsteinisches Landesarchiv. Urkunden-Abteilung 173: Landschaft Fehmarn.

[107] Schleswig-Holsteinisches Landesarchiv. Urkunden-Abteilung 210: Herzogtum Lauenburg.

[108] Schleswig-Holsteinisches Landesarchiv. Urkunden-Abteilung 232.

[109] Schleswig-Holsteinisches Landesarchiv. Urkunden-Abteilung 236: Stadt Mölln.

[110] Schleswig-Holsteinisches Landesarchiv. Urkunden-Abteilung 268: Domkapitel Lübeck (darin auch Archiv des Bischofs).

[111] Schleswig-Holsteinisches Landesarchiv. Urkunden-Abteilung 269.

[112] Schleswig-Holsteinisches Landesarchiv. Urkunden-Abteilung 390.

[113] Schleswig-Holsteinisches Landesarchiv. Urkunde Bistum Lübeck / Stadt Lübeck.

[114] Schleswig-holstein-lauenburgische Regesten und Urkunden. Band 1-3: Bearbeitet und hrsg. von P. Hasse. Hamburg / Leipzig 1886-1896. Band 4-5: Hrsg. von V. Pauls. Kiel / Neumünster 1924-1932. Band 6-7: Hrsg. von der Gesellschaft für Schleswig-Holsteinische Geschichte. Neumünster 1962-1980.

[115] Schröder, J. von: Topographie des Herzogthums Schleswig. 2. neu bearbeitete Auflage. Oldenburg in Holstein 1854. Nachdruck Walluf bei Wiesbaden 1973.

[116] Schröder, J. von / Biernatzki, H.: Topographie der Herzogthümer Holstein und Lauenburg, des Fürstenthums Lübeck und des Gebiets der freien und Hanse-Städte Hamburg und Lübeck. Band 1-2. 2. neu bearbeitete Auflage. Oldenburg in Holstein 1855/56. Nachdruck Walluf bei Wiesbaden 1973.

[117] Seedorf H.: Chronica der Kayserlichen freyen Reichs Stadt Lübeck. Aufgesetzet 1677.

[118] Sønderjyske Skatte- og Jordebøger. Udg. ved F. Falkenstjerne og A. Hude. København 1895-1899.

[119] Thietmar von Merseburg: Chronik. Neu übertragen und erläutert von W. Trillmich. (= Ausgewählte Quellen zur deutschen Geschichte des Mittelalters, Bd. 9). Darmstadt 1957.

[120] Topographie und Statistik von Lübeck und dem mit Hamburg gemeinschaftlichen Amte Bergedorf. Ein Beitrag zur topographisch-statistisch-historisch-politischen Beschreibung der Freien Hansestadt Lübeck und dem Landgebiete derselben. Unter Mitwirkung mehrerer Gelehrter hrsg. von H. L. und E. G. Behrens. 1. Teil.

[121] Todtenbuch des Klosters St. Michael in Lüneburg. In: Gebhardi, J. L. L.: Historisch-genealogische Abhandlungen . 3. Teil. Braunschweig / Hildesheim 1766, S. 1-39.

[122] Trautmann, R.: Die wendischen Ortsnamen Ostholsteins, Lübecks, Lauenburgs und Mecklenburgs. (= Quellen und Forschungen zur Geschichte Schleswig-Holsteins, Bd. 59). Neumünster 1939.

[123] Trautmann, R.: Die slavischen Ortsnamen Mecklenburgs und Holsteins. 2. Auflage. (= Abhandlungen der Sächsischen Akademie der Wissenschaften, Philologisch-historische Klasse, Bd. 45, H. 3). Berlin 1950.

[124] Urkundenbuch des Bisthums Lübeck. Gesammelt von W. Leverkus. Handschriftlich aufbewahrt im Landesarchiv Schleswig.

[125] Urkundenbuch des Bisthums Lübeck. Hrsg. von W. Leverkus. (= Codex Diplomaticus Lubecensis Abt. 2). Oldenburg 1856.

[126] Urkundenbuch zur Chronik der Stadt Plön. Hrsg. von J. Chr. Kinder. 2. Auflage. Plön 1890. Nachdruck Kiel 1977.

[127] Urkundenbuch zur Geschichte der Herzöge von Braunschweig und Lüneburg und ihrer Lande. Gesammelt und hrsg. von H. Sudendorf. Theil 1-11. Hannover 1859-1880 / Göttingen 1883.

[128] Urkundenbuch zur Geschichte des Landes Dithmarschen. Altona 1834.

[129] Urkundensammlung der Schleswig-holstein-lauenburgischen Gesellschaft für vaterländische Geschichte (ab Band 3 der Gesellschaft für Schleswig-Holstein-Lauenburgische Geschichte). Band 1-4. Kiel 1839-1875.

[130] Urkundenbuch der Stadt Lübeck. Band 1-11 und Register. (= Codex Diplomaticus Lubecensis Abt. 1). Lübeck 1843-1932.

[131] Die Urkunden Heinrichs des Löwen, Herzogs von Sachsen und Bayern. Bearbeitet von K. Jordan. (= MGH Laienfürsten- und Dynastenurkunden der Kaiserzeit. Band 1. Teil 1.2). Weimar 1941-1949.

[132] Vaterländisches Archiv für das Herzogthum Lauenburg. Davon 4-13.1 als Neue Folge auch unter dem Titel: Archiv des Vereins für die Geschichte des Herzogtums Lauenburg 1-10.1.

[133] Versus de vita Vicelini. In: Analecta ad historiam Novomonasterii. Hrsg. von N. Beeck. (= Quellensammlung der Gesellschaft für Schleswig-Holsteinisch-Lauenburgische Geschichte, Bd. 4: Scriptores minores rerum Slesvico-Holtsatensium). Kiel 1874, S. 57-171.

[134] Verzeichnis der Gemeinden, Ortschaften und Wohnplätze in Schleswig-Holstein. Nach dem Gebietsstand vom 1. Januar 1953 und Bevölkerungsstand vom 13. September 1950. Hrsg. vom Statistischen Landesamt Schleswig-Holstein. Kiel 1953.

[135] Verzeichnis sämtlicher Ortschaften der Provinz Schleswig-Holstein mit Einschluß des Kreises Herzogtum Lauenburg, des oldenburgischen Landesteils Lübeck und der Gebiete der Freistaaten Hamburg und Lübeck. Berlin 1972.

[136] Westphalen, E. J. von: Monumenta inedita rerum Germanicarum praecipue Cimbricarum et Megapolensium ... Band 1-4. Leipzig 1739-1745.

[137] Wohnplatzverzeichnis Schleswig-Holstein. Amtliches Verzeichnis der Ämter, Gemeinden und Wohnplätze. Kiel 1953-1973.

[138] Wurms, H.: Das Ratzeburger Zehntregister von 1230. Latainisch-deutsch. In: Kaack, H.-G. / Wurms, H.: Slawen und Deutsche im Lande Lauenburg, Ratzeburg. O. O. 1983, S. 137-205.

[139] Zeitschrift der Gesellschaft für Schleswig-Holsteinische Geschichte, 1ff. Kiel 1870ff.